房地产
营销策划与执行

FANGDICHAN YINGXIAO CEHUA YU ZHIXING

余洁　编著

第二版

化学工业出版社

·北京·

本书主要内容包括绪论、房地产营销环境分析与评价、房地产市场调查与预测、房地产市场定位、房地产推售计划及控制、房地产营销推广与媒体运作、项目现场体验营销设计与包装、房地产客户开发与管理、房地产销售执行。

本书兼顾了理论与实践、营销策划与执行并重，突出案例的指导性与应用性，可供在房地产领域从事营销策划和销售的人员、房地产经营与管理、土地管理等领域的管理人员参考，也可供高等学校房地产管理、工程管理及相关专业的师生学习参阅。

图书在版编目（CIP）数据

房地产营销策划与执行/余洁编著. —2版. —北京：化学工业出版社，2018.1（2022.9重印）
ISBN 978-7-122-30501-5

Ⅰ.①房… Ⅱ.①余… Ⅲ.①房地产-营销策划 Ⅳ.①F293.35

中国版本图书馆 CIP 数据核字（2017）第 208227 号

责任编辑：刘兴春　卢萌萌　　　　　　　　　装帧设计：王晓宇
责任校对：宋　玮

出版发行：化学工业出版社（北京市东城区青年湖南街 13 号　邮政编码 100011）
印　　装：天津盛通数码科技有限公司
787mm×1092mm　1/16　印张 16　字数 379 千字　2022 年 9 月北京第 2 版第 6 次印刷

购书咨询：010-64518888　　　　　　　　　　售后服务：010-64518899
网　　址：http://www.cip.com.cn

凡购买本书，如有缺损质量问题，本社销售中心负责调换。

定　　价：58.00 元　　　　　　　　　　　　　　　　　　　版权所有　违者必究

前言

从 2013 年本书初次出版至今,中国的房地产市场发生了巨大的变化。2017 年两会前期,习近平主席主持召开了中央财经领导小组第十五次会议,审议了《关于党的十八大以来中央财经领导小组工作和 2017 年重点工作的报告》,提出经济工作的四个重点:深入推进去产能;防控金融风险;建立促进房地产市场平稳健康发展长效机制;振兴制造业。其中,在谈到房地产政策时,并未提及 2015 年以来的"去库存",而是更加强调平稳健康发展长效机制:要充分考虑到房地产市场特点,紧紧把握"房子是用来住的、不是用来炒的"的定位,深入研究短期和长期相结合的长效机制和基础性制度安排。要完善一揽子政策组合,引导投资行为,合理引导预期,保持房地产市场稳定。要调整和优化中长期供给体系,实现房地产市场动态均衡。

未来将以居住功能为出发点,以市场定位为基准,在土地制度、住房信贷制度、税收制度、住房保障制度以及交易制度等方面构建起合理的、能够满足老百姓基本居住需求的制度体系,使房地产成为真正的民生产业,让房子回到那些需要住房的人手里。而房地产政策从"经济政策"回归到"民生政策",是制度重构的提前和基础。

房地产市场的复杂性和难预测性,使得在房地产营销策划的研究和实践中必须始终保持未雨绸缪的姿态。在把握市场脉动的频率时,准确分析出目标客户群的产品诉求;在判断市场环境的优劣时,适时制订出有效的推广宣传策略;在推盘销售时,紧盯竞争对手,出其不意地进行有节奏的销售。顺势而变,顺势而为,正是本书修订并再版的主旨所在。

修订后的本书主要有如下 3 个改变。

1. 对篇章结构进行了调整。由原来(初版)的 8 章 29 节,调整为 9 章 31 节。重点调整了第五章 房地产推售计划与控制,在该章中,增加了"房地产定价策略"一节;并增加了第六章 房地产营销推广与媒体运作。

2. 对编著内容进行了补充和完善。首先,对理论体系和内容进行了进一步的补充和完善,例如,在第六章 房地产营销推广与媒体运作中,结合目前的营销新手段,增加了"互联网营销",其中对微营销等进行了分析。其次,对书中相关的时事性案例进行了更换,以体现营销策划的主要目的和宗旨。最后,对一些原书中表述不当或已不符合当下市场形势的观点进行了删减或修改。

3. 本次修订主要的编著者为余洁。

本书仍保留了上一版最大的特色：理论联系实际，策划与执行并重。书中的操盘思想与案例来自编著者在房地产行业多年积累的顾问和教学经验；编著者实操经验丰富，力求通过全面实用的理论和大量经典生动的案例呈现现实房地产营销过程中的内容、要求和深度；依赖本书严谨而富有逻辑的编著体系和合理的架构，体现了先导性、全面性、实战性的写作风格，增强了可读性和易读性，实现了教材、工具书、参考书的多角色覆盖。

本书在修订的过程中，得到了山东世联怡高物业顾问有限公司和业内部分专业人士的大力支持和帮助，山东师范大学商学院房地产系程道平教授给予了一贯的指导与鼓励，程方圆、张娜娜参与了校稿工作，在此对他们表示衷心的感谢！同时，感谢化学工业出版社的鼓励与支持，使得该书得以再版。

限于编著者的水平和编著时间，书中难免仍有不足和疏漏之处，恳请广大读者提出宝贵意见，不胜感激。

编著者
2017 年 7 月

第一版前言
Preface

　　我国房地产市场化的道路注定异常曲折,充满变数。究其原因,房地产业所面临的主要问题不在房地产业本身,而在于宏观经济的其他方面。尤其在全球金融危机以后,我国的房地产市场走势起伏越来越激烈,时而量价齐升,时而量跌价平,时而量价齐跌,时而又回到了价平量跌,循环波动。从房地产调控方面看,1998年是刺激消费,控制供给;到了2005年是遏制需求,2008年则采用刺激需求,2010年至今,又以增加供给、抑制投资投机需求为主要目标。尽管如此,在跌宕起伏的市场变化中,我们仍能看到三个清晰的现实:一是社会、经济、人口持续发展下的巨大的需求,包括刚性需求和投资需求;二是土地资源稀缺性下有限的供给;三是房地产业对我国国民经济的贡献举足轻重,形成一定的支柱地位,也与民生休戚相关。由此得到两点肯定的结论:一是房地产市场有其内在的周期循环规律;二是我国的房地产市场终会驶向持续健康发展的轨道。因此,在如此复杂多变的市场环境下,在日趋发展成熟的房地产开发与激烈的行业竞争中,"未雨绸缪""谋定而后动",是房地产企业立于不败之地的两大至上法则。

　　运用法则的过程,实质就是在房地产领域内运用科学规范的策划行为,房地产策划就是根据房地产开发项目的具体目标,以客观的市场调研和市场定位为基础,以独特的主题策划为核心,综合运用各种策划手段,按一定的程序对未来房地产开发项目进行创造性的规划,并以具有可操作性的房地产策划文本作为结果的活动。

　　事实上,房地产策划的最终目的是为了营销。而作为房地产策划的一个分支,通过房地产营销策划,对房地产项目内外环境予以准确分析,并在有效运用经营资源的基础上,对一定时间内经营活动的行为方针、目标、战略以及实施方案进行设计和谋划,最终实现开发商、消费者、代理商、银行、物业管理等多角度的共赢。

　　入世后,随着外资房地产企业的涌入,我国房地产市场竞争的日趋激烈,房地产营销策划逐渐得到业界的广泛关注与相当程度的认可。房地产营销策划虽然开始从注重表面转向追求内涵,从杂乱无章趋向规范有序,但纵观目前营销策划行为,在很多地方仍值得深思。不少开发商对房地产营销策划的认识仍停留于肤浅的表层,甚至由于理解的偏颇,而在实际运作中使房地产营销策划走向误区,主要表现为过分夸大营销策划的作用、忽视营销策划的作用、营销策划的"经验论"、技巧决定论、只讲炒作不讲实际等。鉴于此，为了让广大的房地产从业人士、正在高校学习房地产开发与管理专业的学生以及涉足该行业的相关人士能系统掌握房地产营销策划的精髓和要诀，经过多年的房地产市场历练和三年的总结研究，我们编著了《房地产营销策划与执行》。

  本书的最大特色是：理论联系实际，策划与执行并重。要彰显这一特点，并非易事。我们有三个依靠和保障：依靠本书的编著者，他们全部来自从事房地产行业多年的一线专家和学者，实操经验丰富，力求通过全面实用的理论和大量经典生动的案例，体现现实工作中的内容、要求和深度；依靠本书严谨而富有逻辑的编著体例和合理的架构，体现了先导性、全面性、实战性的写作风格，增强了可读性和易读性，实现了教材、工具书、参考书的多角色覆盖；依靠本书在编著过程中得到的大量的支持与帮助，使得本书在编著中反复斟酌、几易其稿，保证了编著水平和出版质量。

  本书编著过程中，得到了山东世联怡高物业顾问有限公司和业内部分专业人士的大力支持和帮助，山东师范大学商学院房地产系程道平教授给予了大量的意见和指导，王明康同志参与了终稿的校稿工作。在此对他们表示由衷的感谢！同时，我们还要感谢化学工业出版社的支持，以及本书在编著过程中所参考的著作、书籍的作者们。

  限于编著者水平和编著时间，书中难免有不足和疏漏之处，恳请广大读者提出宝贵建议和指正意见，我们将不胜感激。

编著者

2013 年 3 月

目 录 Contents

第一章 绪论 ························ 1

第一节 房地产营销策划的内涵及作用 ·············· 1
- 一、房地产营销与房地产策划 ················· 1
- 二、房地产营销策划的内涵 ·················· 1
- 三、房地产营销策划的作用 ·················· 2
- 四、我国房地产营销策划的现状与发展趋势 ·········· 3

第二节 房地产营销策划的思路与方法 ·············· 5
- 一、房地产营销策划的总体思路 ················ 5
- 二、房地产营销策划的原则 ·················· 7
- 三、房地产营销策划的思维方法 ················ 8

第三节 房地产营销策划的三大工具 ··············· 11
- 一、SWOT战略模型 ······················ 12
- 二、全攻略图 ························· 13
- 三、营销执行计划表 ····················· 13

第二章 房地产营销环境分析与评价 ················ 15

第一节 房地产营销环境概述 ·················· 15
- 一、营销环境 ························· 15
- 二、房地产营销环境的特征 ·················· 16
- 三、研究房地产营销环境的意义 ················ 16

第二节 房地产宏观营销环境分析 ················ 17
- 一、政治法律环境 ······················ 17
- 二、人口环境 ························· 18
- 三、自然环境 ························· 19
- 四、经济环境 ························· 19
- 五、社会文化环境 ······················ 20
- 六、科学技术环境 ······················ 21

第三节 房地产微观营销环境分析 ················ 21
- 一、房地产供应商 ······················ 21
- 二、房地产营销中介 ····················· 22
- 三、消费者 ·························· 22
- 四、竞争者 ·························· 22

五、公众 ··· 23
　第四节　房地产营销环境评价方法 ·· 25
　　　一、SWOT 分析法 ·· 26
　　　二、PEST 分析法 ·· 27

第三章　房地产市场调查与预测 ·· 29
　第一节　房地产市场调查概述 ·· 29
　　　一、房地产市场调查的概念 ·· 29
　　　二、房地产市场调查的主要内容 ·· 31
　　　三、房地产市场调查的方法 ·· 32
　　　四、房地产市场调查的步骤 ·· 33
　第二节　房地产市场调研的技术设计 ·· 35
　　　一、抽样调查设计 ·· 35
　　　二、问卷设计 ·· 39
　　　三、房地产市场调研报告的撰写 ·· 45
　第三节　房地产市场预测 ·· 49
　　　一、房地产市场预测的概念 ·· 49
　　　二、房地产市场预测的分类 ·· 49
　　　三、房地产市场预测的主要内容 ·· 51
　　　四、房地产市场预测的方法 ·· 52

第四章　房地产市场定位 ·· 56
　第一节　竞争战略的选择 ·· 56
　　　一、竞争对手分类 ·· 56
　　　二、竞争对手的识别 ·· 57
　　　三、竞争对手资料的收集 ·· 58
　　　四、竞争对手的分析 ·· 58
　　　五、竞争战略模型的选择 ·· 59
　第二节　房地产项目客户定位 ·· 64
　　　一、客户细分 ·· 64
　　　二、客户定位 ·· 67
　第三节　房地产项目产品定位 ·· 72
　　　一、房地产产品 ·· 72
　　　二、房地产产品定位的概念 ·· 73
　　　三、住宅类房地产产品定位 ·· 74
　　　四、商业地产产品定位 ·· 77
　　　五、其他类房地产产品定位 ·· 82
　第四节　房地产项目形象定位 ·· 84
　　　一、项目形象定位的概念 ·· 84
　　　二、项目形象定位的前提 ·· 84

三、形象定位的过程 ·· 84
　　四、展示形象 ··· 87

第五章　房地产推售计划及控制 ·· 94

第一节　房地产销售计划的制订 ·· 94
　　一、销售目标的确定 ·· 94
　　二、销售目标的分解 ·· 94
　　三、制订销售计划基本流程 ··· 96
　　四、目标管理原则 ··· 98
　　五、销售节点的制定 ·· 98

第二节　房地产项目价格定位 ··· 101
　　一、影响房地产定价的主要因素 ·· 101
　　二、房地产定价的基本流程 ·· 102
　　三、价格定位的方法 ··· 103
　　四、房地产定价策略 ··· 107
　　五、价格的调整 ··· 111

第三节　销售控制 ··· 111
　　一、销售控制的目的 ··· 111
　　二、销售控制策略 ·· 112

第六章　房地产营销推广与媒体运作 ··· 117

第一节　营销推广计划与控制 ··· 117
　　一、房地产营销推广概述 ··· 117
　　二、房地产营销推广计划 ··· 121
　　三、房地产营销推广策略 ··· 123
　　四、房地产营销推广计划的执行及控制 ····································· 125

第二节　媒体运作策略 ··· 133
　　一、媒体分类及其特点 ·· 133
　　二、媒体组合策略 ·· 136
　　三、媒体费用控制 ·· 139

第三节　互联网营销 ··· 142
　　一、房地产传统营销 ··· 142
　　二、房地产网络营销 ··· 142
　　三、微博营销 ··· 143
　　四、微信营销 ··· 144

第七章　项目现场体验营销设计与包装 ····································· 149

第一节　体验营销概述 ··· 149
　　一、体验 ··· 149
　　二、体验营销 ··· 150

三、体验营销的构成要素 151
　　四、体验营销的体验形式 153
第二节　房地产体验营销概述 155
　　一、房地产体验营销的概念 155
　　二、房地产体验营销的主要环节 156
　　三、房地产体验营销的策略 156
　　四、房地产体验营销策划要点 157
第三节　体验营销形象包装 159
　　一、建立项目的CIS系统 159
　　二、CIS设计方法与技巧 159
　　三、楼盘包装 162
　　四、楼盘包装设计要点 170
第四节　房地产营销物料准备 171
　　一、楼书 171
　　二、折页 172
　　三、海报、单张 173
　　四、户型图 173
　　五、客户通讯 173
　　六、模型 173
　　七、展板 174
　　八、名片、手提袋、工牌等其他道具 175

第八章　房地产客户开发与管理 176

第一节　客户管理概述 176
　　一、客户关系管理的概念 176
　　二、客户关系管理的功能 177
第二节　客户分类与管理 178
　　一、客户分类 178
　　二、客户需求管理 180
　　三、投诉管理 182
　　四、沟通管理 185
　　五、客户营销管理 187
第三节　客户管理系统的技术应用 190
　　一、客户管理（CRM）系统概念 190
　　二、CRM系统组成部分 190
　　三、CRM系统的主要功能 192
　　四、CRM系统作用 194
第四节　客户渠道开发策略 195
　　一、行销客户渠道开发 195
　　二、分销渠道 197

三、水平营销（异业联盟）渠道开发……………………………………… 200
　　四、团购客户渠道开发………………………………………………………… 202

第九章　房地产销售执行 …………………………………………………… 207

　第一节　房地产销售团队建设 ……………………………………………… 207
　　一、团队价值认识……………………………………………………………… 207
　　二、房地产销售团队的建设…………………………………………………… 210
　　三、团队建设中常遇到的问题………………………………………………… 214
　　四、团队管理…………………………………………………………………… 217
　第二节　案场管理 …………………………………………………………… 220
　　一、建立案场管理制度………………………………………………………… 220
　　二、案场业务流程管理………………………………………………………… 224
　　三、销售现场的礼仪规范……………………………………………………… 226
　　四、把控核心销售动作………………………………………………………… 226
　第三节　房地产销售会议管理 ……………………………………………… 227
　　一、会议管理的目的及意义…………………………………………………… 227
　　二、销售会议的管理…………………………………………………………… 228
　　三、房地产销售中会议类型及内容…………………………………………… 230

参考文献 …………………………………………………………………………… 242

第一章 绪论

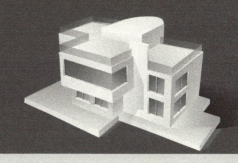

第一节　房地产营销策划的内涵及作用

一、房地产营销与房地产策划

随着社会经济的不断发展，营销的概念也在不断地丰富和完善。美国营销协会（American Marketing Association，简称 AMA）从管理的角度给予的定义是：营销是指为了组织自身及利益相关者的利益而创造、传播、传递顾客价值、管理顾客关系的一系列过程。营销的任务是辨别和满足人类与社会的需要，亦可简明定义为"满足需求的同时而获利"。营销的对象很多，包括有形的商品、无形的服务、事件、体验、人物、地点、财产权等。

房地产营销是以消费者对房地产产品的需求为起点和核心，通过创造性劳动来挖掘市场的兴奋点、机会点和支撑点，在获得消费者认同的前提下实现交易，并着力提供相关配套及后续服务方案的全过程行为，是一种以达到实现经济效益、社会效益、生态效益三者共赢为最终目的的全程营销。

策划是人类运用脑力的理性行为，是一种思维活动、智力活动，也就是人们认识、分析、判断、预测、构思、想象、设计、运筹、规划的过程。这个过程，充满了创造性思维闪烁的火花。

房地产策划是指在房地产领域内运用科学规范的策划行为，根据房地产开发项目的具体目标，以客观的市场调研和市场定位为基础，以独特的主题策划为核心，综合运用各种策划手段，按一定的程序对未来房地产开发项目进行创造性的规划，并以具有可操作性的房地产策划文本作为结果的活动。

房地产策划的最终目的是为了营销，营销的目的是实现开发商、消费者、代理商、设计师、银行、物业管理等多角度的共赢；房地产营销的对象包括有形的商品、无形的商品、事件、体验、人物、理念等。

二、房地产营销策划的内涵

房地产营销策划是房地产策划的一个分支，是达成房地产项目经营成功的先发设想，也是一项计划活动、决策之前的构思、探索和设计的过程。通过房地产营销策划，对房地产项目内外环境予以准确分析，并在有效运用经营资源的基础上，对一定时间内经营活动的行为方针、目标、战略以及实施方案进行设计和谋划。它是对营销活动的全面规划，是房地产营销管理的核心工作，主要目的在于制订项目的营销对策和实施计划，促进和保障营销活动顺利进行。

把握和理解房地产营销策划的内涵主要从以下几个方面入手。

（1）房地产营销策划是房地产营销管理活动的核心。房地产营销策划将房地产管理活动的每一个环节引入全新的构思与创新，形成一整套方案，并以之作为营销执行的准绳，以及纠正、评定绩效等行动的依据。

（2）房地产营销策划的灵魂在于创意。营销策划本身是一种创新行为，房地产营销策划是否创新关键在于创意成功与否。

（3）房地产营销策划是一种全程开发中贯穿市场意识的行为方式。房地产营销策划既要关注现实消费区域的市场情况，还要从长远着眼，重视培养潜在客户区域市场。

（4）房地产营销策划是一个系统学科，通过吸纳哲学、经济学、社会学、心理学、行为科学、计算机科学等诸学科的研究成果，以丰富和完善房地产营销策划理论体系。

按不同的分类标准，房地产营销策划有不同的类型。按照房地产营销管理内容，可将其分为房地产市场调查策划、房地产市场定位策划、房地产产品策划、房地产营销渠道策划、房地产价格策划、房地产销售策划、房地产广告策划等；按房地产开发阶段，可将房地产营销策划分为开发前营销策划、开发阶段的营销策划、销售阶段的营销策划、物业管理阶段的营销策划。

不同阶段的营销策划的侧重点也不同：开发前营销阶段侧重于房地产项目的营销机会与威胁分析、投资方向的选择、竞争对手分析和开发项目定位等；开发阶段营销策划侧重于供求分析、市场调研等，分析消费者的消费观念并引导消费观念的变革；销售阶段营销策划侧重于根据购房者的需求和动机，完成品牌策划、价格组合策划、促销策划等；物业管理阶段的营销策划侧重于物业管理的宣传、利用业主的口碑帮助销售等。

三、房地产营销策划的作用

真正意义上的营销策划就是要将目标项目置于房地产发展的大背景下进行具体分析，以消费者的未来期望、市场的现实需求、行业的竞争态势为依据，通过房地产市场细分，来确定它的核心定位，目的就是要为项目的营建在设计、建设、销售、服务、管理等方面提出比竞争者更有效地满足顾客需求的实施细则，从而准确地建立起一套价值体系，力求通过产品差异化战略，最大限度地避免竞争、超越竞争，使开发商及其产品在社会公众面前树立良好的品牌形象，最终达到不战而屈人之兵的营销战略境界，达到把企业整体地销售给社会大众的目的。

营销策划的重要作用主要体现在以下4个方面。

1. 更好地满足消费者的需求

消费者的需求会随着时间和不同产品的推出而改变，消费者的生活经历、受教育程度、工作性质、家庭结构、个人审美情趣各不相同，每个人对物业品质的关注点亦大不相同。而营销策划是通过项目设定，深入分析土地的地理特征、交通条件、景观环境、周边社区环境，确定消费者期望物业类型，再结合土地既有资料来确定项目定位、建筑功能等。所以，基于市场、竞争、客户展开营销策划的项目必然会更好地满足消费者的需求。

2. 增强物业品质

房地产营销策划是在目标明确并深刻了解潜在消费者深层次及未来需求的基础上，运用整合营销概念，对项目从规划、设计、区位、环境、房型、价格、品牌、包装、推广上进行整合，规划出合理的建设取向。营销策划使产品在舒适、安全、健康及可持续性等诸方面都有了明显的提升，既适应了未来的发展趋势又带来相应的增值潜力。

3. 提升房地产开发商的品牌价值

随着房地产竞争的白热化，形似意近的广告铺天盖地而来，使得消费者在选择购房时转向实力雄厚、有良好口碑的开发商所开发的楼盘。在消费者的心目中，牌子硬、信誉好的企业势必会逐渐拥有一个固定的消费群体。

开发商品牌建立提升的过程是通过消费者对所购买楼盘的口碑效应和认同程度来实现的，所以开发出符合消费者需求的高品质楼盘才是提升开发商品牌的根本。而消费者需要的楼盘、能承受的价位、期望的物业服务等就是营销策划的任务，然后通过适当的宣传推广，提升楼盘和开发商的企业形象，以逐步达到提升开发商品牌的目标。

4. 为房地产企业带来更大的利润空间

在今天的市场环境中，消费者拥有了前所未有的选择权和使用权。唯有通过有针对性、目的性、有意识地锁定客户群，根据特定的客户群规划设计产品，避免产品的同质化到继而避免简单的价格竞争等方面进行全方位的营销策划，方能实现房地产企业收益的最佳回报。

四、我国房地产营销策划的现状与发展趋势

（一）我国房地产营销策划现状

随着我国社会主义市场经济的迅速发展，社会进步与生活水平的提高，物业形态多种多样，消费者对居住条件的需求层次日益明显。就目前情况来说，"整合营销"与"全程营销"是我国房地产营销策划的主要方式。

房地产营销策划极大地促进了我国房地产市场的发展与繁荣，也更是促进了房地产策划学科的发展。但是，我国房地产营销策划还存在一些不足。

1. 市场调研不足

策划类事务不是靠冲动和想当然进行的，而是以大量的真实准确的市场信息为依据。而掌握市场信息就必须依靠科学的市场调研，通过了解同行业状况，分析竞争对手，窥探市场需求等情况帮助企业进行市场定位。《孙子兵法》有云："知己知彼，方能百战不殆。"正是对此最好的诠释。然而，纵观现今房地产业，许多房地产开发商缺乏广泛而有深度的市场调研，脱离实际，使得营销策划成为空中楼阁，经不起时间的推敲和市场的考验。如调查方式单一、缺乏相互印证、不论楼盘大小取样总是一个常数；调查数据针对性不足，对项目规模、位置、特点等消费对象的关系缺乏整体把握；样本数量不足，以偏概全，导致结果与实际差距很大等。

2. 目标市场不明，市场定位模糊

调查显示，在大多数的房地产营销策划报告中，对消费者的描述必然充斥着这样的字

眼："中高收入的成功人士""注重生活品质""自住和投资兼有"等千篇一律的套话。随着人民生活水平的提高，消费者对高档住宅的需求虽在逐步增长，但由于消费者群体社会地位、收入水平和文化素养的差异，其需求也会表现出多层次性的特点。许多房地产开发商并未全面、充分地认识到这种市场需求的差异，不顾当地经济实力和居民的承受能力，甚至毫不顾及企业自身的资源条件，没有明确的目标，不进行科学的市场定位，盲目兴建高档公寓、别墅、办公楼和商业住房，最终导致诸多楼盘滞销，而适应广大中低收入家庭的经济住房却十分短缺。

3. 产品卖点把握不准，痴迷炒作

一个开发项目，卖点往往很多，规划、房型、景观、配套、物业等都可以成为卖点。然而，目前的策划手法通常将一系列的卖点罗列，以推销产品。这种营销方式不但缺乏对客户细分的研究，更对产品的细分不够，因而达不到预期的目标。例如房型，仅仅粗浅地按房间数分类，不过是"自立一房""温馨两房""满巢三房"之类。实际上，不同的目标客户群要求的居住功能不同，对房屋的类型如：厨房、书房、餐厅等各组件的有无和布局要求都不一样。如对卖点把握不准，很难满足消费者的要求。与此同时，当前房地产界炒作之风盛行，如热衷于概念炒作，以概念制造"卖点"。从市场营销的角度来看，"概念"虽然可以作为与竞争者相区别的符号系统，在传播中具有高度的识别性和心理冲击力，但在房地产市场竞争日益激烈的今天，房地产企业仅靠炒作是很难长远发展的。

4. 迷恋广告攻势

目前开发商偏好借助广告媒体搏位，似乎广告做得越多，声势造得越大，楼盘就越好销售。事实上，这种"用大炮打蚊子"的做法有效性差，成本高。最极端的案例是深圳某公司代理的一个项目，700万广告费只收回了3000万销售款。其实广告仅仅是宣传促销中的一种方式而已，有时采用其他宣传手段也能达到良好的营销效果。

5. 脱离市场需求创新

房地产是"创新制胜"的行业，一般情况下，在一个新项目推出后的3~6个月时间内就有可能被跟随者复制。走过"跑马圈地"的风潮之后，如今的房地产市场开始在内涵上深入挖掘，在创新中谋发展，从设计到销售，从用材到用人，房地产的创新，使其产品价值含金量增长，即所谓"创新创造财富"。而如今的房地产开发企业在创新方面似乎都有一种"缺氧"的感觉，甚至一些所谓的创新产品不过是"王婆卖瓜"罢了，而离真正的消费需求却相去甚远。

（二）我国房地产营销策划的发展趋势

我国房地产业蓬勃发展，各种营销理念和营销手法推陈出新，毫无疑问，全方位营销导向下的更加整体化、更具一致性的营销观念阶段即将来临。

全方位营销概念是由市场营销学权威菲利普·科特勒（Philip Kotler）提出，是以对营销项目、过程和活动的开发、设计及实施的范围和相关关系的了解为基础。全方位营销认为"所有事物都与营销息息相关"，因此需要一种广泛的、整合的观念。全方位营销主要包含关系营销、整合营销、内部营销和绩效营销四部分（见图1-1），力图认识并调和营销活动的边界和复杂性。

关系营销的目标是与顾客、营销伙伴（开发商、代理商、广告代理商、金融界等）建

立长期、互惠的满意关系，以便获得并保持长期的业绩和业务。关系营销在各方之间建立起强大的经济、技术和社会纽带关系，这也要求与正确的组成团体建立正确的关系。这种多方位关系构成了双方互惠的基础。最终建立强大的营销网络（由公司和与其建立了互惠商业关系的利益方组成），这就要求了解不同群体的能力和资源，以及他们的需求、目标和欲望，从而针对不同顾客提供不同的产品、服务等。

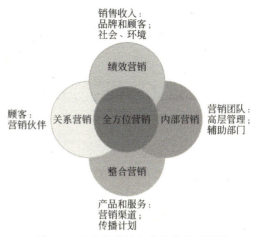

图 1-1　全方位营销组成部分关系简图

整合营销方式下，营销者的任务是通过设计营销活动并整合营销项目来最大化为顾客创造、传播和传递价值，其营销组合决策基于"4P"理论，即产品（Product）、价格（Price）、地点（Place）及促销（Promotion）。整合营销是企业经营目标兼顾企业、顾客、社会三方的共同利益，各种营销技巧相互结合、相互补充所构成的企业市场营销理念。以客户为中心，开展大量的营销活动进行宣传和传递价值，以实现总体效果的最大化，企业必须将其需求管理、资源管理和网络管理体系整合在一起。

内部营销是指成功地雇佣、培训和激励企业员工，使之更好地为顾客服务。内部营销分两个层次进行：一是管理层、营销团队、广告、产品服务管理等共同发挥作用并从顾客的角度进行协调；二是相关辅助部门给予营销支持，也是源于顾客的角度。

绩效营销是全方位营销下的必要部分，以了解项目营销活动和营销方案获得利润回报，并更广泛地把握对社会、经济、环境、法律等的影响和效应。管理者除了考虑销售收入外，还要关注市场份额、顾客流失率、消费者满意度、产品质量等。绩效营销既要体现品牌建立、客户群增长下的财务盈利，又要展现市场经济中社会责任下的品质营销。

在全方位营销理念的指导下，房地产营销策划模式将改变从静态的角度分析、研究市场，而是营造有利环境去迎合市场，运用房地产领域内外技术、网络，以动态的观念主动迎接市场挑战，更清楚地认识企业与市场之间互动的关系和影响，努力地发现潜在市场，创造新的市场同时承担起必要的社会责任，以达到提升房地产价值、房地产品牌的目的，实现企业、顾客、社会三方共赢的目标。

第二节　房地产营销策划的思路与方法

一、房地产营销策划的总体思路

房地产营销策划的最终目的是在既定的市场环境下锁定目标，通过实施获得效益最大化。该效益包括经济效益、社会效益和生态效益。因此，目标的确定成为该项工作的核心点。寻找目标的实质是对产生问题的梳理、判别与解决，它是房地产营销策划工作的起点，也是房地产营销策划工作的终点。

房地产营销策划一般的研究思路（见图1-2），主要包括以下几个方面。

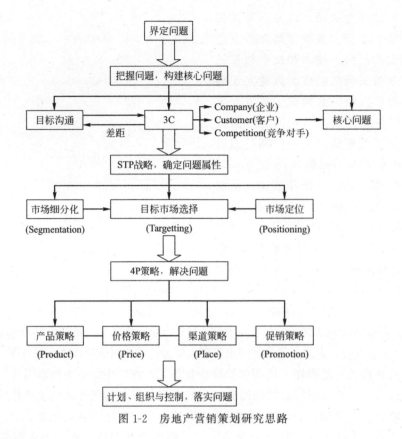

图 1-2　房地产营销策划研究思路

1. 界定问题

营销策划是面向营销过程应用的学问，是营销过程的策划设计。因此，首先应该运用营销学的理论，对项目进行分析研究，确定工作方向，有的放矢。

在明确目标过程中，应注意以下几点。

（1）主体意识　营销策划工作多数情况下是在接受委托情况下开展的，营销管理者必须弄清委托者的本意、要求，即主题，把有限的时间、资源和精力投放到主题当中，切忌南辕北辙。通常情况下，委托人希望通过营销策划无外乎解决以下问题：拿地问题、建房问题、企业及项目树立品牌问题、资金回笼问题等。

（2）辩证求解　营销策划是在企业与消费者之间求解，有人比喻为"导师+医生"，即从开发理念、项目定位、地位选择、规划设计、项目建设到营销推广、市场销售、物业管理等，开发商需要提供顾问、策划服务。营销管理者应充分整合企业有限的资源和社会资源，做好营销策划的每一项工作。总之，一切研究问题都应以客户的目标为出发点，以市场为导向。

2. 确定问题属性

营销管理者要对界定清楚的问题进行深入分析，以便从诸多问题中抓住核心问题，并进一步对需要解决的问题的重要性给予排序。分析、确立核心问题可以从三方面入手，即企业（本体）、客户（消费者）和竞争对手，被称为"3C"理论。而后可以采用STP战略分析法确定问题属性，制订目标市场选择战略，即所谓"STP"：市场细分化（Segmentation）、目标市场选择（Targetting）、市场定位（Positioning）。确定问题属性，其实也是信息收集、加工、处理的过程。对收集的市场信息资料充分发挥营销者的智力创新功能，进行加工处理，透过现象，去粗取精、去伪存真，探索房地产市场的发展规律，对目标问题进行深层次剖析，最终找到目标市场。

3. 运用策略，解决问题

在对目标问题属性的正确把握前提下，运用4P策略解决问题是营销策划的核心。4P策略，又称市场营销组合战略，即产品（Product）、价格（Price）、渠道（Place）和促销（Promotion）策略组合。在市场营销管理过程中，企业要满足顾客、实现经营目标，就不能孤立考虑单一因素或手段，而是必须从目标市场需求和市场营销环境中形成统一、配套的市场营销组合，争取整体效应。

4. 形成房地产营销策划文书

通过以上工作一般可形成多种概要性方案的框架，对创意后形成的概要性方案再进行充实、编辑，并用文字和图表简要表达出来，反复敲定最终形成房地产营销策划文书。一项完整的房地产营销策划方案通常包含市场调查、目标客户群的分析、价格定位、销售目标体系、进入市场的时机与姿态、确定销售方式、公关计划、推广成本预算、干扰因素分析、执行监控等内容。房地产营销策划文书形成后，通常要向委托人讲解、汇报，最终形成营销行动指南。

5. 计划、组织与控制，落实问题

企业要为每一次的市场营销活动精心准备计划，并分析、预见实施中可能遇到的各种问题，思考具体的解决措施，因此，企业必须制定市场的营销计划并进行管理，将所有的市场营销战略和战术均落实到能有效执行的市场营销计划内，并且能够对营销活动的计划、盈利、效率、战略等进行监督、评价和控制。

此外，由于竞争激烈，市场风云变幻，营销策划方案制订时与执行时的客观环境、约束条件等随时都可能发生变化，因此解决问题的过程应是从构思到行动结束不断检查调整、螺旋推进的过程。

二、房地产营销策划的原则

房地产营销策划是一项系统性的工程，操作过程中必须遵循一定的原则。房地产营销策划的原则应遵循可行性、周期连贯性、适度超前性、可调整性等。

1. 客观事实为依据的原则

房地产营销策划的前提与核心是：为了达到营销策划的最终目的，必须以客观事实为基础。因此，营销工作从一开始就要对成堆的、大量的信息进行梳理。

房地产营销策划的基石是准确的市场信息，包括全面收集原始信息、保证收集信息准确性，及时、准确地对信息进行加工，去伪存真，保持信息的系统性和连续性。因此，该原则是房地产项目策划的基础性原则，亦是关键性原则。

2. 可行性原则

首先，营销策划方案具有可行性。策划方案一定是众多方案中最优的、最可行的、适应市场变化的具体要求的。其次，经济性要可行。所谓"经济性"是指以最小的经济投入

实现最大的营销目标。再次，策划方案的有效性要可行。方案的有效性是指房地产营销策划方案实施过程中能合理有效地利用人力、物力、财力和时间，营销风险最小，方案的实施效果能达到甚至超过方案设计的预定目标。

3. 周期连贯性原则

房地产项目一般分周期开发，而周期连贯性原则就是保证项目全程策划和营销活动管理的一致性。即在制订策划方案时，要明确策划阶段的各个节点，使各营销阶段相互呼应、节奏明晰，每一阶段均有各自的侧重点，而各个阶段的营销推广都汇集到同一个核心策划主题上。这样，客户对项目的印象就会逐渐加强，项目的销售就有了持续的、不断增加的关注群体。

4. 适度超前性原则

在充分把握营销对象客观实际的基础上，不仅从客户出发，根据目标客户群的年龄、性格、家庭构成、文化程度、婚姻经验、价值认同、个人喜好、心理特征等方面存在的客观共性进行梳理总结，还要结合目标客户群未来的发展趋势、营销环境的变化趋势、区域、城市的发展趋势等，制订出既要符合实际，又要有所超前的营销策划方案，这样才能被客户所青睐，才能获得成功。

5. 可调整性原则

要在动态变化的环境中，及时准确地把握发展变化的目标、信息，预测可能变化发展的方向，使得房地产营销策划必须遵循可调整性原则，以"随机应变"。这一原则是完善策划方案的重要保证，要求时刻掌握策划对象的变化信息，否则其策划就失去了准确性、科学性和有效性；当客观情况发生变化影响策划目标时，需及时调整策划目标，修正策划方案；增强动态意识和随机应变观念，把握营销策划主动权。

三、房地产营销策划的思维方法

房地产营销管理作为系统性工作，要求营销工作者从策划、营销、执行等各环节、各步骤要从全局出发形成系统性思维。在此基础上，熟练掌握工作过程中的方式方法，运用营销工具，以保证房地产营销策划工作高效执行。

（一）结构化思维

事实上，营销管理人员在营销策划过程中会发现，需要解决的问题多是一团相互纠缠、纵横交结的乱麻，因此，建立结构化思维的主要目的在于帮助我们理清思路，找到事物之间的相互联系与规律，从而圆满解决问题。

结构化思维的本质就是逻辑，其目的在于对问题的思考更完整、更有条理。但"结构"不是"解构"，结构化的思维并不意味着对问题机械、简单地肢解。

根据世界级领先的全球性管理咨询公司麦肯锡公司（Mckinsey&Company）的成功经验及研究成果，其"金字塔原理"与"MECE法则"在培养严谨的结构化思维（见图1-3）中得到广泛的应用。

金字塔原理是一种重点突出、逻辑清晰、主次分明的逻辑思路、表达方式和规范动作。金字塔的基本结构是：中心思想明确，结论先行，以上统下，归类分组，逻辑递进。先重要后次要，先全局后细节，先结论后原因，先结果后过程。

MECE 法则，意即 Mutually Exclusive, Collectively Exhaustive，中文意思是"互斥、完全穷尽"。就是对于一个重大的议题，能够做到不重叠、不遗漏的分类，而且能够借此有效把握问题的核心，并解决问题的方法。所谓的不遗漏、不重叠指在将某个整体（不论是客观存在的还是概念性的整体）划

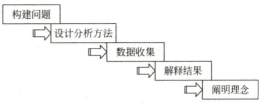

图 1-3　麦肯锡结构化思考方式

分为不同的部分时，必须保证划分后的各部分符合两大要求：各部分之间互斥（Mutually Exclusive），同时所有部分完全穷尽（Collectively Exhaustive）。

MECE 法则是麦肯锡思维过程的一条基本准则。"相互独立"意味着问题的细分是在同一维度上并有明确区分、不可重叠的，"完全穷尽"则意味着全面、周密。该法则重点在于帮助分析人员找到所有影响预期效益或目标的关键因素，并找到所有可能的解决办法，而且它会有助于管理者进行问题或解决方案的排序、分析，并从中找到令人满意的解决方案。

运用结构化思维方式（见图 1-3）进行房地产营销策划，经过了一个结构化、逻辑化的思考过程，既理清了纷繁复杂的操盘逻辑，又从逻辑和高度上把握了问题。

（二）房地产营销策划逻辑树

建立逻辑树，是 MECE 法则在房地产营销策划中的专业表达。逻辑树又称问题树、演绎树或分解树等，它是将问题的所有子问题分层罗列，从需要解决的核心问题开始，逐步向下分解扩展，一直到穷尽为止。房地产营销策划就要采用"逻辑树"的方法将完成营销目标作为解决问题的核心与"主干"，然后将解决该核心问题的目标分成若干个"树枝"，在"树枝"上也会有相应的分解子目标，形成"枝杈"，直到穷尽，也就是把营销工作细分至可操作的客观事实为止。

房地产营销逻辑树以销售量目标（也是企业盈利目标）为主干，以提高进线量、到访量和提高成交率为次主干，次主干继续分出的"树枝"主要是基于西方现代营销学之父菲利普·科特勒提出的"4P 理论"，即产品（Product）、价格（Price）、渠道（Place）、促销（Promotion）四个要素。具体来讲，在提高进线量、到访量这一次主干上分解为专业、系统、高效的推广和渠道开发两个树枝；在提高成交率这一次主干上分解为系统、高效的营销组织、合理的产品组合和科学的定价 3 个树枝。这 5 个树枝又各分出若干枝节，直至穷尽，最终形成房地产营销"逻辑树"（见图 1-4）。

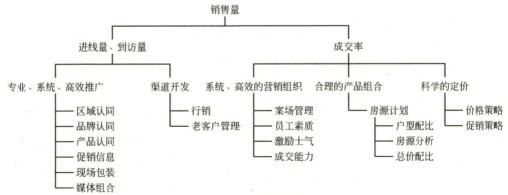

图 1-4　房地产营销逻辑树

事实上，提高进线量、到访量作为已知问题，分支成推广和渠道两支主要解决的是如何把客户引出来的问题。通常采用专业、系统、高效的推广传递价值给广大新客户，从大配套、升值潜力如道路、重大市政、名校、名店等事实节点来达成区域认同。从企业品牌和项目品牌两个角度来传递品牌价值，达成品牌认同，企业品牌主要包括企业文化、企业实力、企业资源、企业品牌价值和过往开发案例。项目品牌主要包括项目资源、项目文化底蕴、项目名人代言、强强联手开发和品牌组合（品牌代理或品牌物管等）。传递产品价值主要是从户型、园林及学校、会所、商业项目配套等方面推广，另外通过邀请老客户现身说法，给出优质评价也是一种很好的产品价值推广方法。发布促销信息是推广中较为有效的手段之一，包含优惠和赠送价值（面积）、抽奖、降价或涨价刺激。眼见为实，耳听为虚，项目现场包装展示对客户会起到非常大的冲击力。现场包装主要包括营销中心展示、工地围挡和广告牌、示范区展示。媒体组合通常为媒体投放结合事件营销以吸引客户关注（见图1-5）。

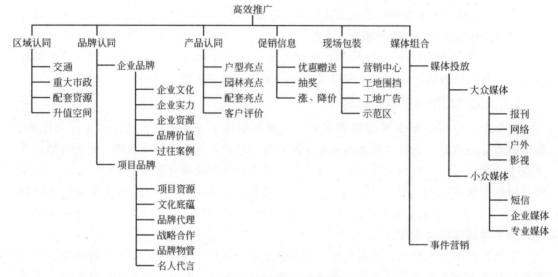

图1-5　营销推广逻辑树

而渠道开发主要分为线上、线下两类渠道。线下主要针对老客户，具体措施主要为节日问候、活动互动、期刊赠送、困难支持和老带新优惠等。还要针对推广遗漏的客户采取线上营销措施，如拓展单位团购、设置外展场和繁华区派单等（见图1-6）。这种全方位、立体化的推广，再加上渠道开发充分传播给新老客户项目信息及购买价值，进而解决进线量、到访量的问题。

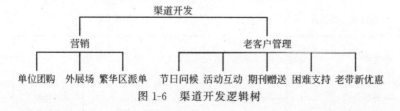

图1-6　渠道开发逻辑树

和提高进线量、到访量一样作为次主干，需要考虑的还有如何提高成交率。在房地产销售中，有"来不来看环境、买不买看户型、定不定看价格"这种现象。因此，把提高成交率作为已知问题分解为系统、高效的营销组织，合理的产品组合和科学的定价，主要解决的是如何让客户认可的问题。

如何改善营销环境？这就需要有系统、高效的营销组织。营销组织主要是从制度、培训、绩效和技巧四个方面来考虑，具体为案场管理制度、员工素质培训、绩效激励士气和成交能力的提升技巧四部分。案场管理制度包括案场环境、员工形象、服务规范、制度体系和流程管理。员工素质培训内容有营销知识体系、营销技能和客户管理；激励士气包括绩效体系、提升淘汰力度和士气激励；成交能力主要包含掌握MCC自我管理、逼定能力、气氛控制和成交率分析。营销组织逻辑树如图1-7所示。

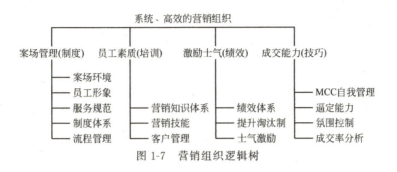

图1-7 营销组织逻辑树

如何让客户看房后会产生想买的欲望？那就要在产品组合上下工夫了。合理的产品组合主要是依据房源计划来考虑的，房源计划基于市场，包含户型配比研究、房源配比分析和总价配比研究3个方面。产品组合研究逻辑如图1-8所示。

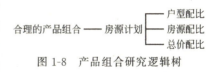

图1-8 产品组合研究逻辑树

"定不定看价格"意味着在实际销售中价格始终是消费者在购买过程中关注度排第一的因素。在成功沟通客户、打造产品、传递价值之后，销售环节是精准把握目标市场、实现赢利的收获环节。在此环节，合理科学的定价十分重要，它主要包含价格策略和促销策略两部分。在价格策略层面主要包括定价策略、价格变化策略。定价策略又分为开盘定价、户型定价、供需比定价策略，价格变化策略主要包括低开高走、高开低走、稳定价格策略。实际操盘当中，最常使用的是低开高走定价策略。在促销策略层面主要包括涨价、降价促销、礼品吸引以及付款方式优惠，具体到销售节点上多为售卡促销、开盘促销、节日促销和活动促销。同样的价格，不同的付款方式对销售结果也有较大影响。定价体系逻辑树如图1-9所示。

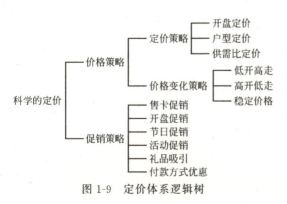

图1-9 定价体系逻辑树

第三节 房地产营销策划的三大工具

房地产营销策划的方法首先要培养并形成结构化思维，同时也要掌握三个基本工具，即构建SWOT战略模型、制订营销总攻略图和营销执行计划表。

一、SWOT 战略模型

在严谨逻辑下的问题分解之后,如何统筹分解的问题以形成统一的步调?这就要求房地产营销策划专业人士要充分把握市场调研信息,掌握并熟练运用 SWOT 战略分析模型,进行"战略"/"策略"提炼。

SWOT 分析是 20 世纪 80 年代初,由美国旧金山大学的管理学教授韦里克提出,被经常用于企业战略制定、竞争对手分析等场合。它实际上是将对企业内外部条件各方面内容进行综合和概括,进而分析组织的优劣势、面临的机会和威胁的一种方法。SWOT 战略模型中,S——strength(优势),W——weakness(弱势),O——opportunity(机会),T——threat(威胁),S、W 是内部因素,O、T 是外部因素。

策略是目标下解决问题的方法的统领,推导策略的工具就是 SWOT 分析,通过项目分析(优势、劣势)、市场分析(机会、威胁),从而推导出本项目的策略。

操作一个项目前,要对优势、劣势、机会、威胁逐一进行分析,分析自身条件和外部环境,明确项目的发展方向。如本项目所具备的其他同类项目产品不具有的优势或哪方面的不足,如何利用这些优势或避免、弥补劣势。优势、劣势通常考虑的因素有地段要素、环境要素、地块和产品要素、开发商、项目要素等。面对机遇,如何抓住,使它与整体的发展战略相一致,促成项目的顺利进行。威胁意味着风险的存在,提前对风险进行分析,制订相应的措施,尽可能地将其降到最低值。机会、威胁通常考虑的因素有经济形势、城市规划、行业形势、市场竞争、客户情况等。

S、W、O、T 四个方面既要进行单一分析,尽可能多地去考虑优势和机会,尤其是必须抓住核心优势和大机会——这是房地产营销"挖掘物业价值"的要旨所在,又要综合考虑,取其平衡点,得出合理、可行的结论(见表1-1)。

表 1-1 SWOT 分析战略表

我们的战略 (需要考虑的因素)	S • 擅长什么 • 能做什么别人做不到的 • 和其他项目有什么不同 • 客户为何而来	W • 什么不能做 • 缺乏什么要素 • 别人什么比我们好 • 有哪些不能满足客户
O • 市场中有什么适合我们的机会 • 我们可以学什么 • 怎样可以与众不同	SO • 发挥优势,抢占机会	WO • 利用机会,克服劣势
T • 市场最近有什么改变 • 竞争者的动向 • 是否会受到政策环境的改变影响 • 是否有什么事威胁到项目的生存	ST • 发挥优势,转化威胁	WT • 减少劣势,避免威胁

二、全攻略图

全攻略图实质是对解决方案的全解表达。包括总攻略图和总控图两部分，总攻略是在策略的指导下，根据消费者的购买行为及过程确定的营销安排，包含的内容涉及整个营销环节的组织，如推广、展示、价格等。项目总攻略详解如图1-10所示。总攻略是项目目标与执行安排之间的关键点，可以将总攻略理解为上传下达的工具（见图1-11）。而总控图是为完成目标的各个单位的动态计划表，一般包含销售目标、工程节点、推广计划、活动安排、关键物料等，对于竞争激烈的房地产项目或市场，还会增加各竞争对手的情况，使营销安排更有针对性。

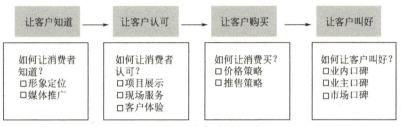

图1-11 总攻略流程图

总攻略图与总控图的最大区别是：总攻略图是相对静态的，提出营销总体的大方向和主要解决问题的诸方面，总控图则是将总攻略下的营销动作结合销售目标、工程进度等动态的时间节点进行工作安排，两者动静结合，共同组成策略下的具体解决方案。

三、营销执行计划表

营销执行计划表（见表1-2）在营销策划工作中通常也称作"大表"，计划表是在总控图的基础上进行营销执行工作的细化分解，关键点是所有工作必须落实到"什么时间"、"谁"、"做什么"。执行计划表一般分两个部分，策略安排部分和工作分解部分，有时工作计划表也会与总控图结合起来。

表1-2 营销执行工作计划表（样表）

时间	1月	2月	3月	4月	……
销售目标	300套	……			
关键工程节点	样板间施工完成	……			
营销活动	新年系列活动	……			
核心方案	(1)新年音乐会 (2)嘉年华酒会活动方案 (3)一期客户深度访谈	……			
媒体推广策略	报纸＋直邮，老客户拜访送礼	……			
关键物料	(1)产品手册 (2)直邮广告设计稿 (3)客户拜访礼品	……			
合作公司的确定	(1)会议公司 (2)广告公司	……			
……					

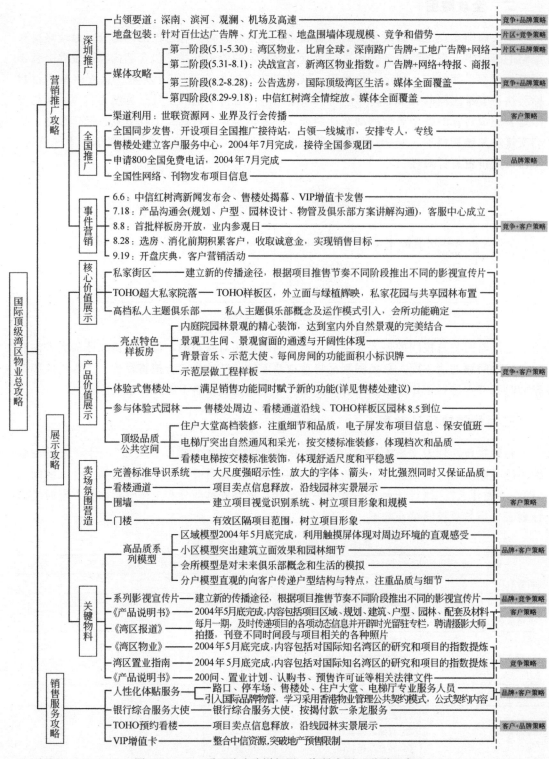

图1-10 ××项目总攻略详解图（资料来源：世联地产）

第二章

房地产营销环境分析与评价

第一节 房地产营销环境概述

一、营销环境

市场营销环境是指企业营销职能外部的不可控制的或难以控制的因素和力量,这些因素和力量是影响企业营销活动及其目标实现的所有外部条件。任何企业总是生存于一定的环境之中,企业的营销活动不可能脱离周围环境而孤立地进行,同样会受到"适者生存,不适者被淘汰"的规律支配。环境因素是可以了解和预测的,营销活动就是以环境为依据,通过分析研究环境因素让企业主动地、更好地适应环境,提高营销活动的有效性。

市场营销环境可以根据不同的标准进行分类,常见分类如下。

(1) 按影响范围大小划分 分为微观环境和宏观环境。微观环境是指直接影响房地产企业服务其目标市场能力的各种因素,包括企业本身、消费者、供应商、中间商、竞争者及社会公众等。微观环境对房地产企业的营销活动具有直接影响,微观环境中的各种行为者都是在宏观环境中运作并受其影响的。宏观环境是指间接影响房地产企业市场营销活动的各种环境因素,包括人口环境、经济环境、政治法律环境、技术环境、自然环境和社会文化环境。宏观环境对企业的营销活动虽有间接影响,但它却是给企业造成市场机会和环境威胁的主要因素,它对房地产产业营销活动的影响是广泛而深远的。

(2) 按控制性难易程度划分 分为可控制的环境因素和不可控制的环境因素。可控制的环境因素是指可由企业及其营销人员可支配的因素,如产业方向、企业目标、营销部门的职责作用、目标市场的选择、市场营销目标、市场营销机构类型、市场营销计划等。不可控制的环境因素是指影响企业及市场营销人员无法控制的因素,包括消费者、竞争者、政府、经济、政策、媒体等。

(3) 按性质划分 分为自然环境和社会文化环境。自然环境包括矿产、动物种群等自然资源及其他自然界方面的许多因素,如气候、生态系统的变化等。社会文化环境包括社会价值观和信念、人口统计变数、经济和竞争力量、科学技术、政治和法律力量等。

上述三种分类,按不同的标准进行分类,各有特色。实际营销活动过程中根据不同的营销目标和状况可采用不同的标准进行分类分析,最常用的标准是按宏观环境和微观环境进行分析研究。

二、房地产营销环境的特征

房地产市场营销环境是指影响房地产企业生存和发展的各种内部条件和外在因素的总和,它是房地产企业的生存空间,是房地产企业营销活动的基础和条件。通常情况下房地产营销环境具有以下特征。

1. 客观性

环境作为营销部门外在的不以营销者意志为转移的因素,对企业营销活动的影响具有强制性和不可控性的特点。一般说来,房地产企业是无法摆脱和控制部分营销环境因素的,特别是宏观环境因素。如企业不能改变人口因素、政策因素、社会文化因素等,但房地产企业可以主动适应环境的变化和要求,制定相应的适宜性的市场营销策略。

2. 差别性

不同的国家或地区之间,环境存在着许多差别,不同的房地产项目所处的市场营销环境也大不相同,这就是为什么有些房地产企业虽然开发相同的产品,实际的营销方案却大相径庭的原因。房地产企业应根据市场营销环境变化的趋势和行业的特点,采取差别化的营销策略。

3. 动态性

营销环境是不断发生变化的,房地产企业的市场营销环境是随着时间、政策的变化、竞争者的参与等诸多影响因素的变化而不断变化的,这就要求每一个营销方案都具有可调整性,以适应新的环境。这也意味着房地产开发企业更应注重市场的开放性和灵敏性。

4. 关联性

关联性是指房地产市场营销环境的各种构成要素之间不是孤立存在的,而是相互联系、相互影响的,一个因素的变化会导致许多因素的变化。例如,一个国家的体制、政治与法律会影响该国经济和科学技术的发展速度和方向,继而会改变社会的某些风俗习惯;同样,科技和经济的发展又会引起政治和经济体制的相应变革,或促使某些法令和政策的相应变更。因此,它们对企业的营销活动并非单独产生影响,而是综合发挥作用,这种复杂的相互影响也使企业的外部环境更加难以把握。

5. 层次性

房地产市场营销环境因素是个多层次的集合。宏观层次的营销环境包括国家的经济政策、区域经济发展状况和产业发展、人口状况以及各种法规政策等;中观层次的营销环境包括城市各种专业物业市场的发展状况、城市经济发展水平、城市居民的消费观念等;微观层次的市场营销环境包括项目所在的地理位置、人文条件以及项目的规划设计要求等。

三、研究房地产营销环境的意义

1. 为房地产营销方案的制订提供依据

房地产营销环境因素众多,影响程度大小不同,分析研究营销环境中的各因素,找出关键的影响因素,辨析其对营销活动的影响程度,是制订一个成功可行方案的前提依据。

2. 为营销活动的变化提出应对策略

影响房地产企业市场营销环境的因素主要是企业不可控的和难以控制的因素，对于这些因素企业不能改变它，只能了解和适应它。而这些不可控影响因素具有可变性，对房地产营销活动的执行影响最大，因此，研究房地产营销环境可以很好地为营销活动的变化提供应对策略。

3. 为房地产营销活动的成功保驾护航

房地产营销活动的成功是一系列影响因素相互作用的结果，每一个影响因素的变化都会直接或间接地影响营销活动的顺利实施。因此，重视房地产市场营销环境，深入分析营销环境因素的各种影响关系，掌握并利用好各种因素，是房地产营销活动成功的重要途径之一。

第二节　房地产宏观营销环境分析

宏观环境是由那些间接影响房地产企业市场营销活动的因素构成，包括政治法律环境、人口环境、自然环境、经济环境、社会文化环境和科学技术环境六大要素。一切房地产企业及其所处的微观环境都处于宏观环境影响之中，不可避免地受其影响和制约。

一、政治法律环境

政治法律环境是指影响房地产企业市场营销活动的法律、政府机构、产业政策、公众团体等因素。任何一个房地产企业都是在一定的政治法律环境中运行的，企业的营销活动不可避免地受到它的管理、制约和影响，这种影响主要表现在以下几个方面。

1. 政治体制、经济管理体制、政府与房地产企业的关系

政治体制是指国家政权的组织形式及其有关的制度，包括国家结构、政治组织形式、政党体制及相关的制度体系。在中央集权制的国家中，政策法律较为统一，房地产企业在开展经营活动、制定营销决策时对此容易把握；反之，在复合制国家中，各种政策法规琐碎繁多，地方间的政策法规差异较大，这在一定程度上加大了房地产企业的营销难度。

经济体制是一个国家组织整个经济运行的模式，是一国经济制度的具体表现形式，也是该国制定和调整宏观经济政策的依据，它由所有制形式、管理体制和经济运行方式组成。

政府与企业的关系取决于国家的政治体制和经济体制。例如，中国城市土地归国家所有，因此，与其他行业的企业相比，房地产企业受政府的制约和影响更大。

2. 法律法规

法律法规是政府为了建立和维护一定的社会经济秩序，保护正当的社会竞争，保护消费者利益和社会长远利益而制定的，每一项新的法律法规的颁布实施或原有法律法规的调整都会影响到企业的营销活动。房地产营销者必须熟悉有关的法规条例，在法律法规允许的范围内开展营销活动。

目前，我国已经形成了一个比较健全的房地产法律体系。主要由五个层次构成：一是房地产法律，主要有三部，即《中华人民共和国土地管理法》、《中华人民共和国城市规划法》、《中华人民共和国城市房地产管理法》；二是国务院颁布的各种房地产管理条例，主要有《城市房屋拆迁条例》、《城镇国有土地使用权出让和转让暂行条例》、《外商投资开发经营成片土地暂行管理法》等；三是国务院相关部委颁布的各种行政规章，主要有《城市房地产中介服务管理规定》、《城市房地产转让管理规定》、《城市房地产开发管理暂行办法》、《城市商品房预售管理办法》、《城市新建住宅小区管理办法》、《城市房地产开发企业资质管理规定》、《城市房屋拆迁单位管理规定》、《城市房屋修缮管理规定》、《城市房屋产权产籍管理暂行办法》、《商品房屋购销合同示范文本》等；四是与房地产企业经营有关的其他法律，主要包括《中华人民共和国合同法》、《中华人民共和国公司法》、《中华人民共和国商标法》、《中华人民共和国广告法》、《中华人民共和国质量法》、《中华人民共和国消费者权益保护法》、《中华人民共和国企业所得税暂行条例》、《中华人民共和国营业税暂行条例》、《中华人民共和国价格法》、《中华人民共和国劳动法》等；五是地方政府颁布的法令、法规，如《山东省城市房屋拆迁管理条例》、《山东省物业管理条例》、《江苏省发展规划条例》、《济南市城市集中供热管理条例》、《济南市房屋登记条例》、《济南市城乡规划条例》等。

3. 政府的方针政策

政府的法律法规是相对稳定的，而政府的方针政策则有一定的可变性，它随着国家政治经济形势的变化而调整。在市场经济条件下，政府对宏观经济的调控、对企业行为的干预主要是通过制定各种经济政策、运用经济杠杆来实现的，这些政策包括财政政策、货币政策、产业政策、区域发展政策、土地政策、住房政策、房地产开发和销售政策等，房地产企业的营销活动只能在政策允许的范围内进行。任何一项政策的出台，都会对房地产企业产生直接或间接的影响。

二、人口环境

市场是由具有购买欲望和购买能力的人所构成的，房地产企业营销活动的最终对象是购买者。因此，人口因素是影响房地产市场规模及其结构，从而影响企业营销活动的一个重要因素。人口因素包括人口数量、人口增长率、人口构成等。研究人口因素，对房地产企业准确选择目标市场、进行市场定位有重要的指导意义。

1. 人口数量及其增长率

人是市场的主体，人口数量及其增长率与市场规模有着密切的关系。在购买力一定的情况下，人口数量越多增长率越快，则市场规模和市场容量越大，企业的营销机会越多。因此，房地产企业在某一地区开展营销活动时，首先要了解该地区的人口数量，它是房地产需求的上限。但是，人口数量及其增长率对房地产企业营销活动的影响也是双向的。如果人口增长速度过快，会导致消费者的购买力水平下降，也会导致消费结构的变化，消费者家庭收入中的大部分就要用于食物等基本需求方面的支出，从而减少或延缓住房的消费。

2. 人口结构

人口结构包括人口的年龄结构、性别结构、民族结构、文化结构和职业结构等。不同年龄的消费者因其心理和生理特征、经济收入、购买力水平不同，对住房的需求存在较大差异。青年消费者在购买住房时，受其经济能力限制，往往购买小户型的住房；成年消费者事业有成，经济收入较高，购买力较强，往往购买舒适、宽敞的住房；老年消费者在购买住房时，往往购买环境安静、有配套医疗设施的住房。此外，人口的民族结构、文化结构等因素对房地产消费需求、消费方式和购买行为也有较大影响，房地产营销者也应予以重视。

3. 家庭规模及结构

房地产，尤其是住宅，主要是以家庭为单位进行消费的，研究房地产市场需求的变化，需要研究家庭的变化。目前，世界各国家庭变化的一个共同趋势是家庭规模小型化，即家庭的平均人口减少，而家庭户数增加。以北京为例，20世纪60年代初，居民家庭平均人口为5.51人；20世纪70年代末为4.32人；20世纪90年代初下降到3.21人；2010年下降到3.10人。家庭规模的变化，导致商品住宅总需求量的增加，同时也对住房的户型面积、结构、内部装修等方面提出了新的要求。房地产企业应根据消费者需求的变化，及时提供适销对路的住宅。

三、自然环境

房地产企业的营销活动不仅需要一定的社会经济条件，还需要一定的自然条件，这种自然条件就是企业所面临的自然环境。自然环境是不断发展变化的，当代自然环境的主要变化是某些原料的短缺、能源成本上升、环境污染严重。政府加强对自然资源和环境的保护，必然会对房地产企业带来限制或影响。

自然资源的短缺和环境污染的加剧给房地产企业的营销活动带来了相当大的负面影响。自然资源的短缺，导致土地、建筑材料、能源价格的上涨，从而导致房地产企业经营成本的上升，加重了房地产企业的负担。随着政府对自然资源管理和环境保护的干预日益加强，房地产企业需要承担更大的责任和压力，迫使企业转变经营思维，树立绿色营销观念。同时应该看到，人们对自然资源的合理开发和利用，寻找新材料、新能源、对生态环境的保护等也为房地产营销提供了机遇。

四、经济环境

房地产市场规模的大小，不仅取决于人口数量的多少，还取决于社会购买力的大小。在人口数量既定的情况下，社会购买力越强，则房地产市场的规模越大。购买力是构成房地产市场和影响市场规模的一个重要因素。社会购买力的大小又受到国民经济发展水平、通货稳定情况、消费者收入水平、价格水平、储蓄与信贷、消费者支出模式等一系列经济因素的影响，社会购买力是这些经济因素的函数。因此，房地产企业在进行经济环境分析时要对这些问题给予格外关注。

1. 国民经济发展水平

房地产企业是在国民经济大环境中生存和发展的，其发展不可避免地要受到国民经济发展水平的制约和影响。国民经济发展速度快、国民收入水平高，则消费者的人均收入高、社会购买力强，房地产企业的营销机会则多；反之，国民经济的发展陷入低谷，市场疲软，社会购买力下降，房地产市场首当其冲要受到影响。

2. 通货稳定情况

社会购买力的大小与通货稳定情况有着密切的关系。一般说来,通货膨胀使物价水平上涨,货币贬值,购买力下降,从而恶化房地产企业的营销环境;如果发生通货紧缩,则物价水平下降,购买力上升,购买活动比较频繁。

3. 消费者收入水平

消费者收入水平是影响社会购买力的主要因素,也是影响房地产企业市场营销活动的重要因素。消费者收入是指消费者个人从各种来源所得到的货币收入,通常包括消费者个人的工资、奖金、其他劳务收入、红利、租金、馈赠、遗产等。消费者收入大部分转化成消费资料购买力,是社会购买力的重要组成部分。

房地产营销者不仅要分析消费者的平均收入,还要分析研究不同阶层、不同地区、不同时期的消费者收入。例如,北京、上海、广州等大城市及东南沿海开放地区的收入水平较高、购买力较强,这是这些地区房地产业得以迅速发展的一个重要因素。

4. 消费者支出模式

随着消费者收入的变化,消费者支出模式也会发生变化,从而影响房地产企业的营销活动。德国统计学家恩斯特·恩格尔(Ernest Engel)提出了著名的恩格尔定律,其主要内容是:一个家庭的收入越少,其总支出中用于食物支出的比重就越大;随着家庭收入的增加,用于购买食物的支出占总支出的比重下降,而用于其他方面的开支(通信、交通、娱乐等)和储蓄的支出比重将会上升。恩格尔定律阐述了消费者收入水平和消费者支出模式的内在关系。

随着中国经济的发展、居民生活水平的提高,中国的恩格尔系数在不断下降,住房消费占总支出的比重将大幅度提高,这为房地产企业的市场营销活动提供了极好的机会。

5. 消费者储蓄和信贷情况

消费者的购买力受储蓄和信贷的直接影响。储蓄来源于消费者的收入,是一种推迟了的潜在购买力,属于滞后消费,最终目的还是为了消费,但在一定时期内,储蓄的多少会影响消费者的购买力和消费支出。在收入不变的情况下,储蓄增加,则购买力减少;储蓄减少,则购买力和消费支出增加。据统计,中国城市居民目前的储蓄存款余额高达 10 多万亿元人民币,这对房地产企业来说无疑是良好的市场营销机会。

消费者不仅可以用其货币收入购买房地产,还可以借助个人信贷买房,因此,消费者信贷也是影响消费者购买力的一个重要因素,是一种超前消费。所谓消费者信贷就是消费者先借助贷款取得房屋所有权,然后按期还本付息。例如,消费者可以利用商业贷款或公积金贷款购买商品房。

实行消费信贷,可以刺激和创造需求。随着中国消费信贷业务的不断发展,它会为房地产企业提供越来越多的营销机会。

五、社会文化环境

文化是人类在社会发展过程中所创造的物质财富和精神财富的总和,包括价值观念、伦理道德、宗教信仰、风俗习惯等因素。这些因素都会影响消费者的需求和购买行为,从而间接地影响房地产企业的营销活动。因此,企业在进入目标市场时,必须分析和了解消费者的文化背景、价值观念、宗教信仰、偏好和禁忌及其对消费者购买行为的影响，避免和降低营销过程中的盲目性，在产品设计、广告促销等活动中，投其所好，避其所忌，更好地满足消费者的需要。例如，我国企业常以"物美价廉"为自己的产品进行宣传，但如果把"价廉"直接翻译成英文"Cheap"，外国人会理解为"劣质货"，从而影响消费者的购买行为。

六、科学技术环境

科学技术是生产力，是企业和社会发展最重要的动因，每一次科学技术的创新都会给社会生产和人民生活带来深刻的变化。技术创新给房地产企业带来的好处：一是可以促使企业开发新产品，满足顾客新的需要；二是可以降低成本，增强企业的竞争力；三是为市场营销管理提供先进的物质基础，如电子商务的广泛应用；四是影响企业营销策略的制定。新材料、新工艺、新设备、新技术的发展，使房地产生命周期缩短，企业需要不断研制和开发新产品；电子商务技术的发展，使新的传播方式得到应用；科技的进步，也使房地产企业的营销方式发生了变化。

但是，技术创新和其他事物一样，也具有两面性。"技术是一种创造性的毁灭力量"，它既会创造新产品、新企业、新行业，也会摧毁传统企业和传统产品。一旦企业的产品跟不上技术创新的步伐，企业就要被市场所淘汰。因此，房地产营销人员要了解和掌握与企业发展相关的技术，了解其发展变化的趋势，及时开发和利用新技术，淘汰旧技术，跟上技术进步的步伐，充分利用技术进步给企业带来的机遇而避开技术进步给企业造成的威胁。

第三节 房地产微观营销环境分析

房地产市场营销活动的主要目的就是从为消费者提供满意的产品中获取利润。房地产产品的实现需要很多部门（或企业）的共同参与，而房地产企业能否成功地开展市场营销活动，还要受到竞争者和公众等环境因素的影响，它们共同构成了房地产企业微观环境的全部内容。

微观环境是由那些直接影响房地产企业市场营销活动的因素构成，主要包括房地产供应商、房地产营销中介、消费者、竞争者以及公众等。

一、房地产供应商

供应商是指为房地产企业提供建筑材料、建筑机械设备、能源和劳动力等资源的企业和个人。供应商与房地产企业形成协作关系，他们对房地产企业营销活动的影响较大，主要体现在以下几个方面：一是供应商的品牌的影响力将会对房地产产品的后期营销产生极大的影响，品牌供应商能直接提升房地产企业（关键是产品）的市场竞争力；二是供应商资源供应的可靠性直接影响到房地产企业的生产能否顺利进行（如房地产项目的施工进度）；三是资源供应的价格及其变化情况影响房地产的开发成本，最终影响房地产企业产品在市场上的竞争力和成交量；四是供应资源的质量水平直接影响到房地产企业产品的质量，间接影响房地产企业的市场口碑甚至品牌的打造。总之，这两者之间是"双利"关系，协作好则实现双赢，协作不好则是双败。

可见，资源供应对房地产企业营销活动有着重要的影响，因此，房地产企业要处理好与供应商之间的关系，重视与供应商之间的合作，营销环境分析中必须注重对供应商的分析研究。

二、房地产营销中介

营销中介是指协助房地产企业将房地产产品销售给最终消费者的中介机构，主要包括营销中间商和一些辅助机构。

营销中间商是指在销售渠道中参与交易活动或者协助交易活动完成的中间机构，按其是否拥有商品所有权分为经销商和代理商。经销商对其经营的房地产商品拥有所有权，他们从房地产企业购进商品房后再转售，从中赚取差价。目前这类企业主要集中在商业地产，住宅地产很少。代理商对其经营的房地产商品不拥有所有权，只是为房地产企业寻找买主或协助房地产企业签订合同，从中赚取佣金，比较常见的是一些房地产营销顾问公司。

辅助机构不直接经营房地产商品，但对房地产商品的经营起促进和服务作用，包括房地产营销策划顾问机构（仅进行策划服务）、房地产估价事务所、公证处、广告代理商、市场营销研究机构、市场营销咨询企业、律师事务所等。房地产企业往往借助这些营销中介的帮助才能更有效地开展市场营销活动。作为微观环境的一部分，辅助机构对房地产企业的影响不可忽视。

三、消费者

消费者是房地产产品以及服务的购买者，是房地产企业的服务对象。消费者可以是个人、家庭，也可以是组织机构。一般可细分为4个子市场。

1. 消费者市场

消费者市场指为生活、消费而购买和租用房地产产品的个人或家庭所构成的市场。目前我国房地产市场尤其是住宅地产市场的主要消费群体，更是企业关注的核心要素。

2. 生产者市场

生产者市场是指为了进行再生产、取得利润而购买或租用房地产的个人或企业所构成的市场，写字楼产品的消费主要就是生产者市场关注的重点。

3. 中间商市场

中间商市场是指为转卖、获得利润而购买或代理房地产的中间商所构成的市场。

4. 政府市场

政府市场是指为了履行职责、提供公共服务而购买房地产的政府机构所构成的市场。

消费者是房地产企业市场营销的对象，是房地产市场营销中起决定作用的力量。企业必须了解其目标顾客的需求及其需求变化的趋势，为其提供适销对路的优质产品和服务，最终满足目标顾客的需要。

四、竞争者

市场经济条件下，房地产企业开展经营活动，不可避免地会遇到竞争对手的挑战。竞争对手的营销策略及营销活动都将直接对企业造成一定的威胁。企业必须对其竞争对手进行研究，了解竞争对手的规模、生产能力、经营管理水平、营销策略等情况并制订出相应的对策,以求在竞争中取胜。

房地产企业的竞争对手主要包括 4 种类型。

1. 愿望竞争者

这是指提供不同房地产以满足消费者不同需要的竞争者。消费者在同一时刻的欲望是多方面的,但很难同时满足,这就出现了不同的需要。如商业用房、工业用房、娱乐用房、住宅的开发商之间就是愿望竞争者。

2. 一般竞争者

这是指提供能满足消费者同一种需求的不同房地产的竞争者。如普通住宅、高级公寓、别墅的开发商之间就是一般竞争者。

3. 产品形式竞争者

这是指生产同一种房地产,但不同户型、面积、设计风格的竞争者。如同是开发普通住宅,但其开发的面积、户型设计及配套设施等方面均有所不同的开发商之间就是产品形式竞争者。

4. 品牌竞争者

这是指生产同种房地产,而且其产品的户型、面积、配套设施也相同,但品牌不同的竞争者。谁的产品形象好、品牌知名度高,谁就能在竞争中占据有利地位。

五、公众

公众是指对房地产企业实现其经营目标有实际或潜在影响力的群体。公众主要包括以下 7 种。

1. 金融公众

金融公众是指影响房地产企业取得资金能力的财务机构,如银行、投资公司、保险公司、证券交易所等。房地产企业要处理好与金融公众之间的关系,从而获得资金支持。

2. 媒介公众

媒介公众是指报纸、户外广告展板、杂志、广播、电视、互联网等具有广泛影响力的大众媒体。新闻媒介信息传递迅速、影响力大、威望度高,被称为"无冕之王"。房地产产品需要借助媒介推向市场,房地产企业的品牌战略的实现也需要依靠强大的媒介公众支持。

3. 政府公众

政府公众是指负责管理房地产企业经营活动的各有关政府机构。主要有发改委、土地管理局、房地产管理局、工商行政管理局、税务局、物价局和环保局等。政府公众是房地产企业营销活动的一个重要环境因素。房地产企业必须要和政府公众紧密合作,赢得政府的信任与支持。

4. 社团公众

社团公众是指各种消费者权益保护组织、环境保护组织和其他团体组织。社团公众可能会对房地产企业的某些经营行为提出质疑,企业要给予及时的解释或解决,赢得这些组织的理解和好感，否则将会影响企业的正常经营。

5. 地方公众

地方公众是指房地产企业或项目工程所在地附近的居民和社团组织。因为地理位置相邻，企业不可避免地要与当地公众发生接触，企业要协调和处理好与当地公众的关系，取得他们对企业的理解和支持，避免与当地公众发生冲突。

6. 一般公众

一般公众是指与房地产企业经营活动无关的公众。虽然一般公众不能以有组织的方式对企业采取行动，但他们对企业产品及其生产经营活动的态度却会影响企业在公众心目中的形象，因此，房地产企业要力争在一般公众中树立良好的形象。

7. 企业内部公众

企业内部公众包括股东、管理者和一般职工等。企业的营销战略需要全体职工的理解、支持与执行，因此，员工和顾客同是企业的上帝，企业需要采取各种物质激励和精神激励手段，使职工心情舒畅，努力工作，服务周到，增强责任感和凝聚力，从而有利于提升顾客的满意度，塑造良好的企业形象。

【阅读链接】

马光远：高层再提"房子是用来住的"，释放出何种政策信号？

习近平在会上关于房地产政策的表态有一些新意，他没有提及"去库存"，而是重点强调长效机制：

一是再次强调要紧紧把握"房子是用来住的、不是用来炒的"的定位，深入研究短期和长期相结合的长效机制和基础性制度安排。在长效机制上特别提及基础性制度安排；

二是指出要完善一揽子政策组合，引导投资行为，合理引导预期，保持房地产市场稳定；

三是强调要调整和优化中长期供给体系，实现房地产市场动态均衡。

在以上三点提法中，关于基础性制度安排和"调整和优化中长期供给体系，实现房地产市场的动态均衡"应该是首次提及。

我在之前的文章中曾经分析，"房子是用来住的"这句话说起来容易，但做起来非常不容易。要让房子真正回归居住功能，必须对房地产的定位和制度体系进行颠覆性的重构。

1998年房地产市场化以来，房子为什么偏离了其最基本的"居住功能"，首要的原因是长期以来，我们把房地产政策看成经济政策，而不是社会政策和民生政策，我们把房地产作为支柱产业，在稳增长和为地方政府创收方面发挥着独特的作用。

每一次经济下行，房地产都首当其冲，成为对冲经济下行风险的首要工具。

同时，土地出让金也逐渐成为地方政府收入的主要来源，很多地方，土地出让收入占财政收入的比重超过了50%。对土地财政和房地产的过度依赖，一方面导致房地产行业的种种乱象，同时，随着房价的上涨，房子也逐渐脱离了居住的基本功能，成为资产配置的主要工具。

在这种思维下，中国房地产承担了过多的脱离房子基本功能的"任务"。使得中国的房地产政策越来越偏离主题。

为什么要盖房子，盖房子为什么，为什么要买房子，这些几乎不是问题的问题，因为房地产政策过于"经济化"和"功利化"而成了中国社会和中国经济的大问题。

当房子偏离了"居住"的主题，房地产就会走上歪路。

因此，要让"房子是用来住的"这句话落到实处，首先要房地产政策回归社会政策的本位，盖房子就是解决老百姓的"安居问题"，至于他对经济的拉动，对地方政府的创收，以及居民资产的配置，都应该是次要功能，这种本末倒置的做法不纠正，房地产就很难回到"住的"基本定位。

我们看到，由于过去多年来偏离这个主题太远，房地产政策纠偏的任务很重。比如房地产去库存，三四线的库存仍然庞大，却再次助长了一线城市和部分二线城市的疯涨，导致了极为惊人的一次房价泡沫。

同时，由于地方政府在房地产中的利益关系，通过各种手段制造住房短缺，比如在土地出让等方面，人为制造供应短缺和恐慌，导致房价进一步上涨。

基于此，去年人民日报发表"权威人士"谈话时，就明确提出让楼市回归自己的功能定位，不能简单作为稳增长的手段。"权威人士"提出让楼市回归本质，是对过去房地产政策的重大纠偏。"权威人士"第一次醍醐灌顶的提出，"房子是给人住的，这个定位不能偏离"，并且提出要通过人的城镇化"去库存"，而不应通过加杠杆"去库存"，可谓一语中的。

要让房子成为人居住的心灵家园，要让房子回到那些需要住房的人手里。这需要中国房地产制度的重构。而房地产政策从"经济政策"回归到"民生政策"，是制度重构的前提和基础。

只有房子不再成为稳增长的工具和地方政府创收的手段，房地产市场才有可能真正健康，房子才有可能回归居住。

房地产政策回归"民生"，这是一次重大的制度纠偏。

在功能定位回归"民生"的同时，要让房子真正成为"住的"而不是"炒的"的关键，在于根据"居住功能"这一定位，构建真正的长效机制。

鉴于过去的房地产政策要么长期调控，抑制或者刺激房价，要么严重偏离居住功能，沦为稳增长或者资产配置的工具。在这种情况下，长效机制的建设等于是推倒重来，而且必须推倒重来。

笔者认为，中国房地产制度建设和长效机制的框架基本建立。未来将以居住功能为出发点，以市场和政府的定位为基准，在土地制度、住房信贷制度、税收制度、住房保障制度以及交易制等方面构建起合理的、能够满足老百姓基本居住需求的制度体系，房地产将告别"增长工具"，而成为真正的民生产业。

房地产的长效机制涉及投资政策、信贷政策、税收政策以及土地政策，必须对这些政策本身进行一次梳理和调整，围绕"房子是住的"来构建这些制度体系，同时，必须重视基础性制度建设。

——摘自"光远看经济"（微信公众号：guangyuanview）

第四节　房地产营销环境评价方法

经过环境扫描，甄别出环境中对企业产生影响的各种市场因素后，需要对这些影响因素的影响程度与影响方式进行评价。常用的房地产营销环境评价方法有列表评价法、

SWOT 分析法、PEST 分析法等。本书主要介绍 SWOT 分析法和 PEST 分析法。

一、SWOT 分析法

（一）SWOT 分析法的概念

SWOT 分析法又称为态势分析法，SWOT 为 4 个英文单词的首写字母组合，分别代表优势（Strengths）、劣势（Weaknesses）、机会（Opportunities）和威胁（Threats）。所谓 SWOT 分析法，就是将与研究对象密切相关的各种主要的内部优势、劣势、外部机会和威胁等环境要素，通过调查列举出来，并依照矩阵形式排列，然后用系统分析的思想，把各种因素相互匹配起来加以分析，并从中得出一系列相应的结论，而这种结论通常带有一定的决策性。

SWOT 分析法常常被用于制定企业发展战略和分析竞争对手情况，在战略分析中，它是最常用的方法之一。

（二）SWOT 分析法的基本流程

1. 分析环境因素

运用各种调查研究方法，分析出本公司所处的各种环境因素，即外部环境因素和内部能力因素。外部环境因素包括机会因素和威胁因素，它们是外部环境对本公司的发展直接有影响的有利因素和不利因素，属于客观因素，一般归属为经济的、政治的、社会的、人口的、产品和服务的、技术的、市场的、竞争的等不同范畴；内部能力因素包括优势因素和劣势因素，它们是本公司在其发展中自身存在的积极和消极因素，属主观因素，一般归类为管理的、组织的、经营的、财务的、销售的、人力资源的等不同范畴。在调查分析这些因素时，不仅要考虑到本公司的历史与现状，而且更要考虑本公司的未来发展。

2. 构造机会—威胁综合环境评价矩阵

企业的机会与威胁均存在于市场环境中，因此，机会与威胁分析实质上就是对企业外部环境因素变化的分析。市场环境的变化或给企业带来机会或给企业造成威胁。环境因素的变化对某一企业是不可多得的机会，但对另外一家企业则可能意味着灭顶之灾。

环境提供的机会能否被企业利用，同时，环境变化产生的威胁能否有效化解，均取决于企业对市场变化反应的灵敏程度和实力。市场机会为企业带来收益的多寡，不利因素给企业造成的负面影响的程度，一方面取决于这一环境因素本身性质，另一方面取决于企业优势与劣势的结合状况。最理想的市场机会是那些与企业优势达到高度匹配的机会，而恰好与企业弱点结合的不利因素将不可避免地消耗企业大量资源。

在对企业环境因素进行评价时，可以将市场机会、威胁进行综合分析，用矩阵图表达（见图 2-1）。

图 2-1　企业环境综合评价矩阵

根据环境综合评价矩阵表，企业可以得出以下四种环境状态。

（1）冒险环境　即企业在高机会环境下同时受到较大威胁。这种营销环境要求营销人员必须全面、细致地深入分析市场，谨慎决策。

（2）理想环境　即企业有着很好的市场机会，且威胁相对较小。此时，企业需要抓住机遇迅速行动。

（3）困难环境　对企业而言，这是最糟糕的一种市场环境状态。机会少，但受到的威胁却很强。营销者要论证、创新，努力扭转局面、改变市场环境。

（4）成熟环境　该环境说明市场相对稳定，机会和威胁都较低，这种情况下，营销者制定相关的策略基本采用维持的策略。

3. 制订行动对策

SWOT 模型战略思路示意如图 2-2 所示。

由图 2-2 可见，WT 对策是一种最为悲观的对策，是处在最困难的情况下不得不采取的对策；WO 对策和 ST 对策是一种苦乐参半的对策，是处在一般情况下采取的对策；SO 对策是一种最理想的对策，是处在最为顺畅的情况下十分乐于采取的对策。

SO：增长型战略 利用机会	WO：扭转型战略 利用机会
ST：攻击性战略 发挥优势	WT：防御型战略 逃避机会

图 2-2　SWOT 模型战略思路

【案例分析】　×房地产公司市场环境分析表

市场环境分析如表 2-1 所列。

表 2-1　市场环境分析

	有利条件（机会）	不利因素（威胁）
外部环境	(1) 商务写字楼市场需求潜力大 (2) 企业拟开发的地段处于本市规划中的中央商务区范围内，具备良好的升值潜力 (3) 政府对开发商务用房产较为支持，有优惠政策	(1) 房地产企业受宏观经济因素影响大，波动性强 (2) 商品住宅市场趋于饱和 (3) 房地产项目融资困难 (4) 市场竞争激烈，本企业知名度不高
	企业优势	企业劣势
内部环境	(1) 企业管理能力、市场应变能力强，发展势头平稳 (2) 领导班子强、团结，中层干部力量强 (3) 设计人员素质高 (4) 具有较强的质量意识	(1) 企业整体规模不大，属中小型开发商 (2) 首次涉足商务用房市场，开发经验欠缺 (3) 项目资金不足 (4) 营销策划、市场推广能力差

表 2-1 基本上概括了该房地产开发企业面临的形势：①企业有住宅开发经验，却遇到了商品住宅市场供应饱和的威胁；②如转为商务写字楼开发，一方面竞争激烈，另一方面企业缺乏开发和销售经验；③企业虽整体规模不大，但管理水平高，市场应变能力强，设计与质量控制人员素质高；④拥有具有增值潜力的开发用地，能够获得政府支持。通过以上几点分析，该开发商只要大力加强市场营销力量，就有可能成功进入商务用房市场，并形成良性循环。

二、PEST 分析法

（一）PEST 分析法的概念

PEST 分析是指宏观环境的分析，是指影响一切行业和企业的各种宏观因素，是分析宏观环境的有效工具。对宏观环境因素做分析，不同行业和企业根据自身特点和经营需要，分析的具体内容会有差异，但一般都应对政治（Politics）、经济（Economic）、社会文化（Society）和技术（Technology）这四大类影响企业的主要外部环境因素进行分析，以评价这些因素对企业战略目标和战略制订的影响。PEST 分析法被广泛运用于公司战略规划、市场规划、产品经营发展、研究报告撰写等领域。

(二) PEST 分析法的主要内容

1. 政治环境（Political Factors）

政治环境包括一个国家的社会制度，执政党的性质，政府的方针、政策、法令等。不同的国家有着不同的社会性质，不同的社会制度对组织活动有着不同的限制和要求。即使社会制度不变的同一国家，在不同时期，由于执政党的不同，其政府的方针特点、政策倾向对组织活动的态度和影响也是不断变化的。在我国，政治环境主要是通过政策体现。当政府发布了对企业经营具有约束力的法律、法规时，企业的经营战略必须随之做出调整。当政府发布对行业有利信息时，也是企业快速发展的好时机。政治环境的变化能够影响到行业的运作和利润。

2. 经济环境（Economic Factors）

经济环境主要包括宏观和微观两个方面的内容。宏观经济环境主要指一个国家的人口数量及其增长趋势，国民收入、国民生产总值及其变化情况以及通过这些指标能够反映的国民经济发展水平和发展速度。微观经济环境主要指企业所在地区或所服务地区的消费者的收入水平、消费偏好、储蓄情况、就业程度等因素。这些要素直接决定着企业的市场大小。构成经济环境的关键要素包括 GDP 的变化发展趋势、利率水平、通货膨胀程度及趋势、失业率、居民可支配收入水平、汇率水平、能源供给成本、市场机制的完善程度、市场需求状况等。由于企业是处于宏观大环境中的微观个体，经济环境对企业制定发展战略有着决定性影响。

3. 社会文化环境（Social Factors）

社会文化环境包括一个国家或地区的居民教育程度和文化水平、宗教信仰、风俗习惯、审美观点、价值观念等。文化水平会影响居民的需求层次；宗教信仰和风俗习惯会禁止或抵制某些活动的进行；价值观念会影响居民对组织目标、组织活动以及组织存在本身的认可与否；审美观点则会影响人们对组织活动内容、活动方式以及活动成果的态度。

4. 技术环境（Technological Factors）

技术环境除了要考察与企业所处领域的活动直接相关的技术手段的发展变化外，还应及时了解国家对科技开发的投资和支持重点、该领域技术发展动态和研究开发费用总额、技术转移和技术商品化速度和专利及其保护情况等。

（三）PEST 分析法的扩展

有时，亦会用到 PEST 分析的扩展变形形式，如 SLEPT 分析、STEEPLE 分析，STEEPLE 是社会/人口（Social/Demographic）、技术（Technological）、经济（Economic）、环境/自然（Environmental/Natural）、政治（Political）、法律（Legal）、道德（Ethical）的英文单词缩写。此外，地理因素（Geographical Factor）有时也可能会有显著影响。另外，更多的扩展还有 PESTLE/PESTEL 分析（Political, Economic, Sociological, Technological, Legal, Environmental）、PESTLIED 分析（Political, Economic, Social, Technological, Legal, International, Environmental, Demographic）、TEEPLE 分析（Social/Demographic, Technological, Economic, Environmental, Political, Legal, Ethical）、SLEPT 分析（Social, Legal, Economic, Political, Technological）。

第三章

房地产市场调查与预测

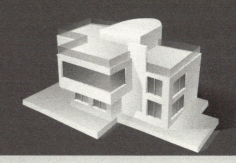

第一节 房地产市场调查概述

一、房地产市场调查的概念

（一）房地产市场调查

房地产企业（或营销策划企业）要想了解市场中发生的各种情况，必须进行科学的市场调查。通过分析市场调查的各种资料，判断未来市场发展状况，为下一步的工作开展提供科学的参考依据。

房地产市场调查就是为实现房地产企业（或项目）的目标，运用科学的理论、方法和技术手段，对房地产市场中的有关数据和资料进行有目的、有计划、系统地设计、收集、整理和分析，指出房地产企业（或项目）所面临的市场状况，为房地产企业（或项目）进行科学决策提供正确依据的一种活动。

（二）房地产市场调查的作用

市场调查是房地产营销策划中最重要的一项基础性工作。房地产企业只有通过经常性的市场调查，才能掌握各种信息资料，做出正确的判断和决策。房地产市场调查的作用主要有：有利于房地产企业进行正确的市场定位；有利于房地产企业感知市场，了解消费者行为，开发新的产品，开拓新的目标市场；有利于房地产企业认识市场，捕捉新的市场机会，制定正确的营销战略和策略；有利于房地产企业应付竞争，把握房地产市场供应的主导方向，在竞争中占据有利地位；有利于房地产企业做出正确的决策，提高经营管理水平，使企业的竞争力不断增强；有利于房地产企业预测未来的市场发展。

（三）房地产市场调查类型

房地产市场调查按照市场调查划分的标准不同，其类型也不同。按照时间划分可分为周调查、月调查、季度调查、年度调查等；按照调查范围不同可分为项目小区域调查、片区调查、城市调查、区域调查、全国性调查等；按照层面不同又可分为宏观调查、中观调查、微观调查；按照房地产营销过程可分为前期定位调查、销售准备阶段调查、销售过程调查和销售完毕后期调查；按照房地产市场中顾客的不同实现阶段可分为前期的顾客需求调查、销售过程中的顾客意见调查、售后顾客（业主）满意度调查；按照调查的目的又可分为探索性调查、描述性调查、因果性调查、预测性调查和反馈性调查。

前面几种市场调查分类比较简单易于理解，下面主要介绍按调查目的划分的五种类型。

1. 探索性调查

探索性调查主要解决的是"做什么"的问题。

探索性调查是为了确定企业的发展方向、投资经营方向、开发产品或者转变投资领域而进行的一种初步的定性调查，也就是房地产企业在对房地产市场状况很模糊或对所要调查的问题不知从何处着手时所采取的方法。当调查者对所要调查的问题尚不明确时，可先对周边市场做一般性了解，以找出关键所在，明确调查对象，确定调查重点，从而为进一步调查做准备。

如某一房地产开发企业近期内商品房出现销售下降，但对销售量下降的原因尚不明确，是经济发展大气候造成的还是广告宣传不力造成的？是价格上涨太快还是质量有问题？是地理位置不好还是市场上又出现了新的竞争对手？是政策性影响还是市场有效规模的萎缩？这就要通过探索性调查发现关键问题所在，然后再进行更加深入详细的调查。

2. 描述性调查

描述性调查主要解决的是"是什么"的问题。

描述性调查是对已经找出的问题做如实的反映和具体的回答，是为了揭示与被调查问题相关的因素的一种调查，它主要描述哪些因素存在相关关系，并对相关程度深入分析。这种调查必须占有大量的信息情报，调查前需要有详细的计划和提纲以保证获取的资料正确、可靠。通过对已占有资料的整理分析做出现象性或本质性的描述。描述性调查是使用最多的一种调查方法。

例如某房地产开发企业已查清企业商品房销售量下降是由于产品价格相对偏高，普通居民购买力下降等原因造成的，在此基础上可对调查的问题进行具体的描述，如对商品房价格构成进行描述分析，对消费者实际购买力水平及变化趋势、消费者对商品房价格上涨而增加支出的承受能力以及消费客户规模能否扩大等进行具体描述。与探索性调查相比，描述性调查相对较为规范，其调查结论比较实用。

3. 因果性调查

因果性调查主要解决的是"为什么"的问题。

因果性调查也称作因果关系调查，是在描述性调查的基础上找出现象的原因和结果之间的相互联系而进行的调查。描述性研究阐述的是问题中各因素的关联现象，因果性研究不仅找出产生这种现象的原因，更要找出各因素之间的因果关系，明确各因素之间的主从关系、自变量与因变量的关系。其目的是对"因"加以控制，获得较好的"果"。还是以上述为例，继续分析是什么原因造成商品房价格过高？是开发建设成本增加还是企业预期利润过高造成的？是税费过重还是营销成本上升造成的？对这些因素都要加以分析，从中找出哪些是主要原因，哪些是次要原因，哪些是原因，而哪些是后果等。

4. 反馈性调查

反馈性调查主要解决的是"怎么样"的问题。

反馈性调查是指企业为了更好地改进经营活动，保障既定目标的实现而进行的一种调查。它注重的是中、后期活动效果。它主要是针对企业经营活动的中间效果、经营计划的执行情况进行调查。如企业对销售计划的执行情况进行调查，或者对用户进行售后服务效果调查等都属于反馈性调查。它可以使企业针对具体情况对经营活动进行调整、改进，朝着既定的或者更好的方向、目标发展。

5. 预测性调查

预测性调查要解决的是"会怎样"的问题。

预测性调查是通过收集、分析、研究现有的各种市场资料，运用数学方法，预测未来一段时期内市场对某种产品的需求及其变化趋势。预测性调查可以帮助企业制订有效的营销计划，规避市场风险以及可能带来的损失。

如某企业通过预测性调查发现，在未来两年内高档商品住宅将趋于饱和，而经济适用型住房更受欢迎，企业就可据此对企业经营计划做出相应调整，做出正确的决策。

二、房地产市场调查的主要内容

房地产市场调查是房地产市场营销的必要前提和基础，只有经过市场调查，才能进行市场观测和市场细分，才能选择目标市场。由于影响房地产市场的因素是多方面的，因此进行市场调查的内容也是广泛的。但是凡与房地产企业生产经营活动有关的信息资料，都应是市场调查的内容。一般来说，房地产市场调查的内容主要包括以下几个方面。

1. 市场宏观环境调查

房地产开发活动以及营销活动受宏观形势的制约和影响。房地产市场调查的第一项就是了解宏观环境的基本情况，掌握面上的基本资料。通过对宏观环境的调查，可以从中了解行业发展情况、把握社会总需求的动态。宏观环境调查的主要内容有政策法律的出台及实施情况、经济发展走势、人口状况、社会文化、基础设施及规划的变动、科学技术的应用等。

2. 市场供给调查

房地产市场供给是指在某一时期内为房地产市场提供的房地产产品的总量。它与市场需求是相互对应的。房地产市场供给调查的主要内容如下。

（1）调查房地产市场现有产品的类型以及不同类型的供给总量、供给结构、供给变化趋势、市场占有率情况；不同类型房地产产品的销售状况、市场畅销户型及面积情况；房地产市场产品的市场营销周期；房地产产品供给的市场饱和程度；现有房地产开发企业的规模与实力；现有房地产企业的生产经营成本、价格、利润以及开发模式的比较；不同类型房地产产品的现状价格和趋势价格，应用比较广泛的价格策略；产品定价及价格变动幅度等。

（2）房地产营销企业的规模、营销水平、行业口碑与占有率；现有房地产从业人员规模、素质、结构状况。

（3）调查现有房地产企业对新技术、新产品、新工艺、新材料的使用情况以及市场效果；建筑设计及施工企业的有关情况。

3. 市场需求调查

房地产企业为了使其产品适销对路，必须事先了解消费者的构成、消费者的购买动机和购买行为、特征，充分考虑消费者的实际需求，以消费者的实际需求为依据进行生产经营活动。房地产市场需求调查主要包括以下几个方面的内容。

(1) 房地产消费者人口统计调查　房地产需求调查，主要是调查房地产消费者的数量、构成以及购买能力。主要包括：房地产市场需求发展趋势；消费者消费现状特征；消费者的经济来源和经济收入水平以及增长趋势；消费者的实际支付能力；消费者对某种产品的总需求量及其饱和点；消费者的数量与结构，如分区、年龄、种族、性别、文化背景、职业、宗教信仰等；消费者对房地产产品的质量、价格、服务等方面的要求和意见以及对新产品的接受态度；消费者群体分类特征等。

(2) 房地产消费动机调查　房地产消费动机是消费者购买房地产的愿望和意念。房地产消费动机是激励消费者产生房地产消费行为的内在原因。主要包括消费者的购买意向、影响消费者购买的主要因素、消费者购买动机的类型等。

(3) 房地产消费行为调查　房地产消费行为是房地产消费者在实际购买过程中的具体表现。主要包括消费者购买模式和习惯、消费者对品牌的信赖与印象、消费者对地段概念的理解、消费决策以及影响消费者决策的主要因素等。

4. 市场竞争情况调查

市场竞争情况调查对于房地产企业或者营销机构制定营销策略有着十分重要的意义。房地产竞争情况的调查主要包括对竞争企业和竞争产品两方面内容的调查。对竞争企业的调查主要包括：竞争企业的数量、规模、实力状况；竞争企业的生长能力、技术应用水平和社会信誉；竞争企业所采用的市场营销策略和新产品的开发情况；竞争企业未来市场竞争情况的分析、预测等。对竞争产品的调查主要包括：竞争产品的设计、结构、质量状况；竞争产品的市场定价和消费者对竞争产品定价的反应；竞争产品的市场占有率；消费者对竞争产品的态度和接受情况等。

5. 市场价格调查

房地产价格的高低与企业的销售和盈利有着直接的利害关系。房地产价格调查，对企业进行正确的市场价格定位具有重要的作用。价格调查的内容包括：影响房地产价格变化的因素，特别是国家价格政策对房地产产品定价的影响；房地产市场供求情况的变化趋势；房地产产品价格需求弹性和供给弹性的大小；房地产企业各种不同的价格策略和定价方法对房地产产品租售量的影响；房地产价格走势以及不同类型产品的价格选择、开发项目所在城市及街区房地产的市场价格、房地产价格的增长幅度以及调价时机等。

6. 建筑商、营销代理商调查

建筑商建设能力、成本管理水平以及市场认可程度；建筑商的以往建设成绩；营销代理机构的规模、以往业绩；营销人员的素质与创意能力、营销代理机构的品牌号召力；大型地产项目营销代理与执行能力；营销代理商的代理销售费用情况；营销代理商与开发商的配合情况等。对他们的调查主要是为企业以后选择建筑商和制定渠道策略提供参考依据。

三、房地产市场调查的方法

1. 询问调查法

询问调查法就是以口头、书面或电话咨询的方式向被调查者提出问题，以获得所需的资料。该法较为实用,具有时间短、费用低、收效快的特点,适用于了解消费者的偏好、满足程度,以及对房地产产品和服务的期望水平等。询问的主要内容有:消费者使用物业和享受物业服务的现状、收入水平、对本物业开发和管理公司是否了解等;消费者对住宅物业的类型、面积大小、户型、厨卫的设计偏好,房间的布局、项目地段和价位等具体的偏好细节等。

询问调查法要求调查的对象范围相对广一些,询问对象数量要多。可以选择邮寄调查表、电话采访和面谈访问3种接触方式。邮寄调查表要求提问的问题简洁明了,不让被调查人花费太多时间和精力来填表格,但是这种方式的问题是调查表的回收率较低。电话采访比较快捷,信息反馈快,谈话者双方有什么问题可以直接交流,但是私人电话号码难以得到,而且人们往往不愿意接这样的"垃圾"电话。面谈访问是最通用的方法,可以在商业街、商场门口或广场中对人们进行访问,或请人们当场填写表格。这种方法在房地产产品和市场营销调查中最为常用。这种方式与其他调查法相比,不只是调查费用较大,调查的结果与访问人员的水平直接相关。

2. 观察调查法

观察调查法就是调查人员直接用眼观察或利用设备(如录音机、录像机、照相机等)间接地对项目、市场中客户的行为进行观察、收集资料的过程。通常在实施观察调查时,被调查者往往没有感受到调查正在进行,避免被调查者的反感,保证调查结果的真实性和客观性。

这一方法要求调查者需要较高水平的辨别分析能力、速记能力;缺点就是难以了解物业需求者的内心偏好、购买动机等心理情况,花费时间较多,成本较高。

3. 实验调查法

实验调查法是通过观察局部小范围内的实际调研试点,验证调查设计方案的合理性以及是否达到预期设定的目标的过程,并由此推断未来大范围调查的可行性和科学性。实验调查法比较真实,其应用受一定的限制。房地产市场调查过程中因影响因素多、营销环境复杂、营销手段多样化和服务形式多样化使得实验调查法在实践中应用较少。

4. 资料分析法

资料分析法是根据企业内外的现成资料,运用数理统计的手段,归纳和总结市场信息,提出分析结论的调查方法。该方法成本低,适用于宏观环境、行业分析和趋势研究等的调查。这种方法在实践中也经常采用。

四、房地产市场调查的步骤

房地产市场调查是一项复杂而细致的工作,为提高调查工作的效率和质量,市场调查必须有计划、有步骤地进行。房地产市场调查一般可分为4个阶段:调查准备阶段、正式调查阶段、结果处理阶段和跟踪调查阶段(见图3-1)。

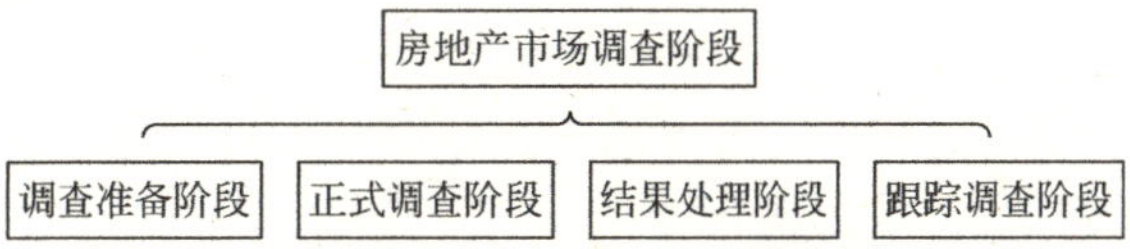

图3-1 房地产市场调查阶段

房地产市场调查阶段:调查准备阶段 | 正式调查阶段 | 结果处理阶段 | 跟踪调查阶段

(一)调查准备阶段

调查准备阶段的重点是明确调查目标、确定调查项目、制订调查计划,为正式调查做好准备工作。

1. 明确调查目标，拟定调查项目

开展市场调查，首先要确定调查目标，拟定调查项目。确立调查目标应弄清以下几个问题：为什么要调查；调查中想了解的内容是什么；谁想知道调查结果；调查结果对企业有什么用等。

2. 确定资料来源和调查方法

房地产市场调查的目标和项目确定以后，调查人员就要考虑资料的来源问题：需要哪些资料；什么地方可以获得这些资料；通过什么方法能获得这些资料；调查对象是谁等。

资料的获得有两种主要途径：一种是调查得到的原始资料；另一种是经过别人整理后得到的二手资料。原始资料最为客观、真实，如调查问卷所得到的反馈信息就是宝贵的一手资料。但是，原始资料的收集往往需要大量的经费及训练有素的调查员的支持和配合。因此，在资金、物力和人力有限的情况下，对已有的二手资料进行收集、整理和分析是一种有效的信息收集途径。

一般来说，关于物业方面的二手资料来源有：①政府机关、金融机构所统计、公布的资料、公报、内参等；②行业协会、机关团体所公布的资料，如协会的年报、月报等；③研究机构所提供的资料，如券商关于物业行业的研究报告等；④广告代理商、电视和报纸等媒体所发布的信息；⑤相关的研究出版物；⑥公共图书馆所提供的关于物业方面的资料；⑦公司自己储存的信息和资料。

房地产市场调查方法确定以后，调查人员就要设计调查表。调查表是市场调查的一项重要工具，调查表设计得好坏，直接影响市场调查的结果。

3. 制订详细的调查计划

调查计划是房地产市场调查的行动纲领。调查计划应包括以下内容：调查目的、调查对象、调查方法、调查的时间和进度、调查人员以及调查经费预算。

4. 开展调查人员培训

房地产市场调查人员素质的高低直接影响市场调查的质量。房地产企业在开展市场调查之前，必须确定合适的人选，并采取有效的方法对其进行培训，使之胜任调查工作。

（二）正式调查阶段

正式调查是房地产企业按照调查计划，一边收集整理二手资料，一边开展一手资料的实际调查工作。

1. 查询文字资料阶段

这一阶段的主要工作是对现有的文字资料进行调查和收集。企业可以从内部的各种报表、原始凭证中获得内部资料，也可以从政府部门、统计部门等查询外部资料。在查询两类资料的过程中，要考虑还欠缺哪些资料，最后确定哪些资料需要实地调查。

2. 实地调查阶段

实地调查可以获取调查对象对调查项目的反应，弥补二手资料的不足。企业在实地调查中既可以采用询问的方式，也可采用观察和实验的方法获取信息。在调查的过程中，调

查人员有必要对调查情况定期进行汇总,以了解调查工作是否顺利进行。

(三) 结果处理阶段

结果处理是把市场调查收集到的资料进行整理、统计和分析,并撰写市场调查报告。资料整理分析的具体步骤如下。

(1) 编辑整理　在资料的编辑整理过程中,首先,要检查调查资料的误差,即对收集到的资料加以筛选,以保证资料的完整性、系统性和可靠性;其次,要对情报资料进行评定,即审核资料的根据是否充分,推理是否严谨,观点是否正确,以保证调查资料的真实与准确。

(2) 分类　将经过编辑整理的资料进行分类并编上适当的号码,以便于查找、归档、统计、分析和使用。

(3) 统计　将已经分类的资料进行统计计算,并制成各种计算表、统计表,以便于分析和利用。

(4) 分析　运用调查得出的有用数据和资料进行分析并得出结论。

调查报告是对调查成果的总结和调查结论的说明,也是房地产市场调查的最终成果。编写调查报告是房地产市场调查的最后一个环节,市场调查人员要重视调查报告的编写,并及时提供给有关部门或领导使用,作为决策的依据。

调查报告的内容应包括:调查的目的、对象和范围;调查所采用的方法;调查结果;得出的结论;对策建议;必要的附件。

撰写并呈交调查报告后,市场调查工作基本告一段落。但是,为了了解调查意见是否正确,调查结果是否被采纳,还应该进行跟踪调查。

(四) 跟踪调查阶段

跟踪调查要了解调查报告中调查数据是否准确,调查结果是否适用,所提建议是否符合实际。在执行期间,若市场环境发生了变化,调查人员可以根据情况对原调查报告提出修改补充意见。

第二节　房地产市场调研的技术设计

一、抽样调查设计

(一) 抽样调查概念

抽样调查就是从全部调查研究对象中,抽选一部分单位(样本)进行调查,并据此对全部调查研究对象做出估计和推断的一种调查方法。显然,抽样调查的目的在于取得反映总体情况的基本信息资料,在一定程度上也可起到全面调查的作用。在现代房地产市场调查中,抽样调查是一种基本的组织形式。它能够在节省人力、物力、财力的同时,较快地取得同市场普查大致相同的效果。抽样调查所依据的原理是概率论和大数定律,以及建立在认识论基础上的误差理论等。

(二) 抽样方法

根据抽选样本的方法,抽样调查可以分为随机抽样(概率抽样)和非随机抽样(非概率抽样）两类。随机抽样是根据随机原则来抽选样本，并从数量上对总体的某些特征做出估计推断，对推断中可能出现的误差可以从概率意义上加以控制。随机抽样调查的方式有简单随机抽样、类型抽样、机械抽样、整群抽样等。所谓非随机抽样调查是从调查者方便或根据调查者主观的选择来抽取样本。非随机抽样不能估计和控制抽样误差，无法确定抽样推断的概率保证程度。非随机抽样主要有方便抽样（偶遇抽样）、定额抽样（配额抽样）、判断抽样、滚雪球抽样等。

这两种抽样方法各有自己的利弊。随机抽样样本具有客观性，它能够测定抽样误差指标并能对其大小加以控制，但是在很多情况下随机抽样几乎无法进行。如对市场调查总体的外延无法具体确定，就根本无法进行随机抽样。另外，为了保证抽样的随机原则，对操作过程要求严格，实施起来就比较麻烦，费时费力。因此，如果市场调查目的仅仅是对问题做初步探索，或市场调查并不需要推断总体指标，抽样调查就并不一定要按随机原则，而可以采取非随机抽样。例如进行房地产市场客户需求调查等。非随机抽样方法操作方便，省时省力，能对市场调查对象总体有较好的了解，同样能获得成功。但非随机抽样无法判断其误差，检查调查结果的准确性。

1. 随机抽样

（1）简单随机抽样　又叫单纯随机抽样，就是在总体单位中不进行任何分组、排队等，完全按照随机原则从总体中抽取样本单位的方法，实际应用中直接采用简单随机抽样的并不多。单纯随机抽样的主要方法有三种：抽取法、抽签法和随机数表法。

（2）类型抽样　又称为分类抽样或分层抽样，它首先是将总体的 N 个单位分成互不交叉、互不重复的 k 个部分，称之为层（组）；然后在每个层内分别抽选 n_1、n_2、n_3、…、n_k 个样本，构成一个容量为 n 个样本的一种抽样方式。

分层的作用主要有：一是为了工作的方便和研究目的的需要；二是为了提高抽样的精度；三是为了在一定精度的要求下，减少样本的单位数以节约调查费用。因此，分层抽样是应用上最为普遍的抽样技术之一。分层抽样又分为等比例分层抽样与非等比例分层抽样两种。

等比例分层抽样即各层样本数占总样本数的比例与各层单位数占总体单位数的比例相同。用公式表示为

$$\frac{n_1}{N_1}=\frac{n_2}{N_2}=\frac{n_i}{N_i}=\cdots=\frac{n}{N}$$

则：$n_i=n\dfrac{N_i}{N}$

式中　N_i——第 i 组中所包含的总体单位数；

　　　n_i——在第 i 组中所抽取样本单位数；

　　　N——总体单位数；

　　　n——样本总数。

采用等比例抽样法使样本结构接近于总体结构，从而避免了样本平均数由于各组比重的差异而引起的误差，这种抽样方法比较合理，计算也比较方便，应用较多。

不等比例分层抽样也称分层最佳抽样法。这是由于总体各层情况比较复杂，如各层单位数相差悬殊，若采取等比例抽样则可能因某层抽得太少甚至抽不到而失去代表性。采用不等比例抽样，在统计分析中要重新进行一些加权处理。即标志变异程度大或单位数多的

组其抽样比例高一些，多抽取一些单位；变异程度小或单位数少的组抽样比例小一些，少抽取一些单位。公式表示为：

$$n_i = n \frac{N_i \delta_i}{\sum N_i \delta_i}$$

式中　δ_i——第 i 层（组）内的标准差；

　　　N_i——第 i 层（组）总体单位数；

　　　n_i——在第 i 组中所抽取样本单位数。

实际上，分层抽样是科学分组与抽样原理的有机结合，前者是划分出性质比较接近的层，以减少标志值之间的变异程度；后者是按照抽样原理抽选样本。因此，分层抽样一般比简单随机抽样和等距抽样更为精确，能够通过对较少的样本进行调查，得到比较准确的推断结果，特别是当总体数目较大、内部结构复杂时，分层抽样常能取得令人满意的效果。

（3）机械抽样　也叫等距抽样或系统抽样。机械抽样是将总体各单位按一定标志或次序排列成为图形或一览表式（也就是通常所说的排队），然后按相等的距离或固定的间隔抽取样本单位。采取机械抽样法抽出的样本，能够使样本均衡地分散在总体的各单位中，不会过分集中于某些单位，从而有利于增强样本的代表性，并且抽样的方法简单易行。机械抽样的最主要优点是简便易行，且当对总体结构有一定了解时，充分利用已有信息对总体单位进行排队后再抽样，则可提高抽样效率。机械抽样在实际工作中应用较多。

（4）整群抽样　又称聚类抽样，或地区抽样法。将样本中的若干总体单位的集合体——整群或类群作为抽出单位，并对被作样本的整群之中的所有的总体单位进行逐个考察的抽样方法。这种方法的步骤是：按某种标准将总体分成若干群（在实际抽样中，往往以地理作为划分标准）；将各群编码；按随机原则，抽取这些群中的某些群作为样本。这种分群抽样可以进行多次。整群抽样的缺点是样本过分集中，代表性降低；样本数无法精确控制。

2. 非随机抽样

非随机抽样是指不按随机原则，而是根据调查人员主观判断抽取样本的抽样方式。非随机抽样包括任意抽样、判断抽样和配额抽样。

（1）任意抽样　也称便利抽样，是纯粹以便利为基础的一种抽样方法。街头访问是这种抽样最普遍的应用，这种方法抽样偏差很大，结果可靠性较低。如在街头路口对行人进行购房需求的市场调查就属于该类。任意调查完全是根据调查者的方便任意选取样本。其理论依据是，认为被调查总体的每个单位都是相同的，因此把谁选为样本进行调查，其调查结果都是一样的。

任意抽样法是非概率抽样中最简便、费用和时间最节省的一种方法。由于抽样误差较大，任意抽样法多用于市场初步调查或对调查情况不甚明了时采用。

（2）判断抽样　是根据样本设计者（或统计分析者）的判断进行抽样的一种方法，它要求分析者对样本的有关特征有相当的了解。为增加样本的代表性和适应性，判断抽样选取样本时，应避免抽取"极端"类型个体样本，而应选择"普通型"或"平均型"的个体样本。判断抽样法适用于调查总体单位少、样本不太多的市场调查。比如对区域楼盘的比较调查。

判断抽样法简便易行，但这种方法易发生主观判断而产生抽样偏差。所以，判断抽样调查所得的结果，一般不宜推广到大范围，否则很可能造成失误。判断抽样一般适用于下列两种情况：一是探索性研究，为设计问卷、进行正式抽样调查或全面调查打下基础；二是总体范围较小，只能抽取极少数个案做样本，若用简单随机抽样可能遗漏更重要或更具有代表性的个案，这时，如能采用判断抽样，则能把这些重要个案收集在样本之中。

（3）配额抽样 又称"定额抽样"，根据调查对象的有关品质标志或数量标志，大致确定各层或各类样本个案的比例（并与总体的比例尽可能相一致）来抽取样本的方法。这种方法比较简单，又可以保证各类样本的比例，比任意抽样和判断抽样样本的代表性都强，因此在实际抽样上应用较多。配额抽样法抽取样本简便易行，节省费用，也能较快地取得调查结果，而且样本不至于偏重于某一层。只要调查的项目设计得当，分析方法正确，所取得的结果也就比较可靠。该法最大优点是在较低廉的抽样费用下能获得各类人物、事物或社会现象的样本。配额抽样的主要缺点是不能用来推算总体指标。

（4）"滚雪球"抽样 在"滚雪球"抽样中，先选择一组调查对象，通常是随机地选取的。访问这些被调查者之后，再请他们提供另外一些属于所研究的目标总体的调查对象，根据所提供的线索，选择此后的调查对象。这一过程会继续下去，形成滚雪球的效果。尽管最初选择调查对象时采用的是随机抽样，但是最后的样本都是非概率样本，被推荐或安排的被调查者比随机抽取的被调查者将在人口和心理特征方面更类似于推荐他们的那些人。

滚雪球抽样主要用于估计一些特殊的消费者特征，例如名字不能公开的，可利用政府或社会服务的人员提供；特别的群体，如私家车的车主等。滚雪球抽样的主要优点是可以大大地增加接触总体中所需群体的可能性。

3. 抽样误差的判定

在抽样调查中，以样本特征反衬总体的某个特征时，两者存在一定的不一致，这是因为由样本做出的估计值是随着抽选的样本不同而变化的，它和总体指标之间也存在差异，这种差异是抽样引起的，被称为抽样误差。

抽样误差指由于随机抽样的偶然因素而引起的抽样指标和总体指标之间的离差，有抽样平均数与总体平均数的离差、抽样成数与总体成数的离差等。需要说明的是抽样误差是抽样所特有的，凡进行抽样就一定会产生抽样误差，这种误差是不可避免的，但可以控制。影响抽样误差大小的因素主要有三种：一是总体单位之间的标志变异程度越大，抽样误差越大，反之越小；二是在其他条件相同的情况下，样本单位数越多，抽样误差越小；三是抽样的组织方式和方法不同，抽样平均误差是测定抽样误差的基本指标。它是随机抽样可变总体平均数（抽样平均数的所有可能值）与总体平均数之间离差的平方根。这个指标反映抽样平均数的所有可能值对总体平均数的平均离散程度，即反映误差平均值的大小，因此，称为抽样平均误差，通常用"u"表示。常用的抽样平均误差如下。

（1）重复抽样的平均数抽样平均误差

$$u_{\bar{x}} = \sqrt{\frac{\sigma^2}{n}} = \sqrt{\frac{s^2}{n}}$$

（2）不重复抽样的平均数抽样平均误差

$$u_{\bar{x}} = \sqrt{\frac{\sigma^2}{n}\left(1-\frac{n}{N}\right)} = \sqrt{\frac{s^2}{n}\left(1-\frac{n}{N}\right)}$$

（3）重复抽样的成数抽样平均误差

$$u_p = \sqrt{\frac{p(1-p)}{n}} = \sqrt{\frac{p(1-p)}{n}}$$

（4）不重复抽样的成数抽样平均误差

$$u_p = \sqrt{\frac{p(1-p)}{n}\left(1-\frac{n}{N}\right)} = \sqrt{\frac{p(1-p)}{n}\left(1-\frac{n}{N}\right)}$$

式中　$u_{\bar{x}}$——平均数抽样平均误差；

　　　u_p——成数抽样平均误差；

　　　n——样本含量；

　　　N——总体单位数；

　　　σ^2——总体方差；

　　　s^2——样本方差；

　　　p——样本成数。

从上述公式可以看出，抽样平均误差与总体标准差成正比，与样本单位数的多少成反比。这就是说，对于特定的调查总体而言，在总体标准差不变的情况下，要减少抽样误差，就必须增加样本含量，多抽取一些样本单位进行调查。在样本单位数确定的情况下，总体各单位标志值的离散程度越小，则抽样误差越小；总体各单位标志值的离散程度越大，则抽样误差越大。

二、问卷设计

问卷设计调查是房地产市场调查的重要手段之一。通过问卷调查，可以了解市场供求、市场竞争以及消费者的特征（性别、年龄、职业、购买力、消费习惯等）。问卷设计是问卷调查中的关键环节，对问卷调查质量有重大影响。

（一）问卷的主要类型

1. 根据是否由被调查者自行填写问卷分类

（1）自填式问卷　是由调查者发给（或邮寄或网上提供）被调查者，再由被调查者自行填写、作答的问卷。

（2）访问式问卷　是由调查者按照统一设计的问卷，向被调查者当面或电话提出问题，然后再由调查者根据被调查者的口头回答来填写的问卷。

2. 根据问卷设计的结构分类

（1）结构式问卷　又称标准式问卷，是按照调查目的和内容精心设计的问卷。问卷中的问题是按一定的提问方式和顺序进行安排的，对问卷中的问题和顺序，调查者是不能随意变动的。结构式问卷适用于大规模的调查，便于资料的处理和定量分析。结构式问卷根据答案形式又分为封闭式、开放式、半封闭式问卷三种。

① 封闭式问卷是指对提出的每一个问题都给出明确的答案，被调查者只能从已给的备选答案中选择合适答案的问卷。

例如：在购房时，您最注重下列各因素中的哪三项？

A. 物业所处地段及交通

B. 开发商实力和信誉及物业品牌

C. 物业周边优美的环境

D. 优美及规划完善的小区，平台花园环境

E. 设有大型娱乐购物商场

F. 完善的会所康乐设施

G. 完善的物业管理

H. 先进的保安系统

I. 智能化先进屋宇设备

J. 价格吸引及有升值空间

K. 区内或附近有幼儿园和中小学校

封闭式问卷的优点是：答案标准化，便于汇总与整理；问题清晰，便于被调查者对所调查问题理解和选择；答题简单，费时较少，有助于提高问卷的回收率；对被调查者的文化程度要求不高；适合于数量较多的问卷调查。

封闭式问卷的缺点是：被调查者只能在备选答案中做出选择，对备选答案的全面性、正确性要求极高；被调查者对不了解、不确定或者不易表达的问题，可能会采取猜答甚至随便乱答的方式来回答，影响问卷的真实性；被调查者在回答问题的时候（尤其是被调查者亲自填写问卷），出于个人看题习惯和书写习惯等原因易发生笔误。

② 开放式问卷是指只提出问题，不提供任何答案，由被调查者自由回答的问卷。如："请问您对我国房地产业今后的发展有何看法？"、"请问您喜欢看什么报纸？"等。对这些问题，被调查者可以不受限制地自由回答。采取这种问题方式，对每个问题都能收集到一些被调查者所忽略的答案和资料。

开放式问卷的优点主要有三点：一是充分性，被调查者可以就所问的问题充分发表自己的看法；二是适用性，适用于不易确定答案或答案过多的问题；三是检验性，检验调查者是否理解所提的问题，从而检验对所提问题的回答是否存在偏差。

开放式问卷的缺点如下。一是资料的统计汇总比较烦琐。由于每个被调查者考虑的出发点不同，存在多种答案，不易汇总和整理。二是在进行资料整理的过程中，整理者很可能添加个人的偏见，从而使结果具有一定的主观性，降低调查的真实性。三是填答比较费时、费力。被调查者回答问题时，思考和回答的过程可能要占用较多时间，容易引起被调查者的不快，甚至拒绝回答，问卷的回收率往往较低。四是对被调查者的语言表达水平要求较高，不适用于对文化水平较低对象的调查，也不适宜于大规模的问卷调查。

③ 半封闭式问卷是指封闭式与开放式相结合的问卷，经常用以下两种形式出现。一是在一个问题中，除给出一定的备选答案外，还相应地列出一个或若干个开放型问题以便回答。这样的问题，被调查者不仅能从给定的几个项目中选择出自己认为合适的答案，而且如果认为给定的项目不全，不符合实际，还可以通过最后一个备选答案的自填项目来回答。另一个是问卷的一部分问题是封闭式的，另一部分问题是开放式的。

如："您一般是从哪里得知楼盘信息的？"

A、路牌广告；B、电视广告；C、广播电台广告；D、亲戚朋友介绍；E、宣传资料；F、媒体报纸；G、房展会；H、其他（请说明）_____

您对当前的房价（住宅价格）有何看法？您认为本地的房价会降吗？原因是什么？

半封闭式的问卷兼有封闭式和开放式两者的优点，问卷设计中经常采用。一份问卷，

采用开放式还是封闭式要视具体情况而定。一般来说，如果调查者不清楚有多少个答案的问题，以采用开放式问卷为宜。对所调查问题的答案比较清楚明确的以采用封闭式问卷为宜。如果条件允许，可以同时采用两种形式，以封闭型问题为主，在重要问题上添加一个或两个开放型问题。

（2）无结构式问卷　是指问卷中的问题的结构没有严格的设计顺序，只是围绕解决问题而设计。实施调查时，根据实际情况适当变动问题的顺序。实际上，这种问卷通常表现为调查提纲，用于座谈会式调查，或者小规模的深层访谈调查。调查者进行调查时，在不改变调查内容和调查方向的前提下，可以自由改变提问的方式和顺序等。无结构式问卷的优点是便于及时发现新情况，比较适合于探索性调查研究，所需人力、物力较多、时间较长，适用于小样本调查。

3. 根据问卷的用途分类

（1）主体问卷　是问卷的核心，所需调查的关键问题均出现在此处，属于问卷的正文内容。

（2）甄别问卷　是为了过滤调查对象而专门设计的问卷。

【例3-1】 1. 请问您目前是否在济南市区居住？

是————————1（继续）

否————————2（访问终止）

2. 请问您的年龄？

20 岁以下————————1（访问终止）

21～30 岁————————2（继续）

31～40 岁————————3（继续）

41～50 岁————————4（继续）

51～60 岁————————5（继续）

60 岁以上————————6（访问终止）

3. 请问您或您的家人是否有在下列机构工作的？

市场调查公司/房地产广告公司/顾问公司

房地产开发/房地产销售代理/策划公司　}—1（终止）

房地产/规划/国土/建委等相关主管部门

以上都没有————————2（继续）

4. 请问最近一个月内您有没有接受过类似的市场调查？

有————————1（访问终止）

没有————————2（继续）

5. 请问您现在的家庭月收入大约为

家庭月收入 5000 元以上或年收入 60000 元以上————2（继续）

家庭月收入 5000 元以下或家庭年收入低于 60000 元————1（访问终止）

（二）问卷的结构

房地产市场调查问卷一般由开头、正文和结尾三个部分组成。

1. 开头

主要包括问候语、填表说明和问卷编号。问候语主要是说明调查目的、调查者身份、保密情况以及奖励情况，消除被调查者的疑虑，激发被调查者的参与意识，语言表达上应亲和、诚实、有礼貌。填表说明主要是对回答的方式以及某些特殊提问进行解释，方便受访者对问卷的回答，可以放在问卷前面，也可以分散到各有关问题之中。问卷编号主要用于问卷排序、识别和后期的检查整理。

2. 问卷的正文

包括资料搜集、被调查者的基本情况两个部分。

（1）搜集资料部分是问卷的主体，也是问卷调查的目的所在，更是问卷设计的重点。主要内容是设计调查所要了解的问题和备选答案。

（2）调查者的有关背景资料也是问卷正文的重要内容之一。这部分问题比较敏感，但这些问题与研究目的密切相关，必不可少，一般对这些问题后置，如个人的年龄、文化程度、职业、职务、收入、家庭人口数、居住地情况等，具体内容依据不同的调查目的进行选定。

3. 问卷的结尾

问卷的结尾主要是探询被调查者的感受、意见，对受访者的积极配合表示感谢，或是记录调查情况简要说明，也可以是其他补充说明。

（三）问卷设计原则

调查实践中发现许多调查问卷都存在着一些本可避免的弊端。例如，问卷题量设计过多，引起被调查者的不耐烦或反感；问卷条理不清、结构混乱；概念模糊，受访者难以理解；敏感性问题设置太多或太直接，被调查者拒绝调查；开放性问题设计太多，不利于答案的归整与分析等。

问卷设计要有科学性。不同目的的调查项目，对问卷的要求差别很大，因此，设计出一份高质量的问卷难度相当大，必须对每个问题的表现形式、提问方式以及设置次序等都必须仔细思考斟酌。因此，在进行问卷设计时必须掌握一些基本的设计原则。

（1）目标性原则　问卷设计的核心问题必须与调查目标相一致。许多调查中，涉及调查的其他问题较多，而反映调查目标的关键问题却非常少，常常本末倒置。调查问卷难以全面反映、实现调查的目标。问卷设计时，要紧扣调查目的设定问题，删除关联性不强的问题。问卷的设计者应和使用者进行深入的沟通，充分掌握理解调查的目标。

（2）完整性原则　在设计问卷时，问卷问题数量、内容应全面反映调查目的，不能有任何漏缺。设计的备选答案一定要全面准确，不应出现被调查者找不到合适选项的情况。

（3）条理性原则　作为搜集数据的工具，问卷设计应结构合理，条理清晰，既便于调查者的实际调查，又便于受访者的认真作答。这是彰显设计科学的关键，问题设计的条理化有利于调查访问，有利于后期的归整处理，有利于防止调查的造假。

（4）可行性原则　问卷设计的语言应与被调查者的习惯用语相一致，面向普通大众的调查，尽可能的少用专业术语，便于如实回答，这是得到有效数据的必要条件之一。对待一些新概念甚至受访者可能不理解的词语应进行充分的解释，便于受访者的理解与配合。进行大规模的问卷时，问卷的设计还要保证编码、分析的可行性，便于后期的量化分析。

（5）效率原则　在保证获得同样信息的条件下，选择最简捷的询问方式，问卷的长度、题量和难度适中，节省调查时间成本，提高效率。不能指望一次的调查就能全面掌握各种资料,既不现实也不具备可行性。一味追求容量大、信息多,不仅造成人力、物力、财力的浪费,还可能引起被调查者的反感,配合度下降,问卷效率反而降低。每一次的调查设计的问题不宜太多,既能全面实现调查目的,又能与受访者的接受程度相适应。

实际上,不同目标的调查,设计原则存在一定的差别,受调查时间及调查费用等因素影响,问卷设计不可能做到尽善尽美,应在实践中权衡各项原则,灵活运用。

(四)问卷设计技巧

问卷设计在认真贯彻上述五项原则的基础上,一些细节问题的设计技巧需要重视。

1. 提问时应注意的问题

问句设计时表达要简明、生动,注意概念的准确性,具体应注意以下几点。

(1) 尽量少用专业术语和缩略语　专业术语和缩略语容易造成理解上的困难,例如,"您认为市中心楼盘的绿地率应达到何种水平较好?"、"'国十条'对房地产市场提出严厉调控措施,您是怎么看的?"。部分被访者可能从来没有听说过"绿地率",也不了解"国十条"的简化语,所以回答起来有难度,不利于实际的调查,直接影响调查质量和效率。

(2) 避免含义不清的字眼　"很久"、"经常"、"一些"、"最近"等词语,属于习惯用语,个人理解往往不同,在问卷设计中应避免或少用。例如,"您最近是否去看过某楼盘?"。被访者不知最近是指一周、一个月还是一年,最好改为:"您最近一个月是否去看过某楼盘?"。

(3) 避免提断定性的问题　例如,"您打算什么时候买房子?"。这种问题即为断定性问题,假若被访者不打算买房子,就无法回答。较为妥当的方法是在此问题前加一条"过滤"性问题,即"您有买房子的打算吗?"。如果被访者回答"有",可继续提问,否则就可终止提问。

(4) 尽量少用一问多答　一问多答的问题常常会使被访者无从答起,或者回答多个答案,给统计处理带来困难。因此一个问句最好只问一个要点,假若非用不可也尽可能少用。

(5) 避免带有导向性的问题　导向性问题暗示出调查者的观点和见解,可能与受访者观点相左,调查中很可能得出错误的结论。例如,"大部分人十分看好欧陆风格的建筑设计,您对此有何看法?",这种提问导致被访者往往跟随调查者的倾向回答问题,常常会得出与事实不符的结论,影响调查结果。

(6) 避免使用双重否定的问题　实际调查应用中,采用直接易于理解的习惯方式最容易获得调查结论,最好不使用双重否定。双重否定的问题可能会导致被访者选取他原来所不同意的答案。例如,"物业管理费中不必包括电梯维护费,您同意吗?"。如果改为"物业管理费中有必要包括电梯维护费,您同意吗?"就简单明了得多。

(7) 避免直接提问敏感性问题　直接提问敏感性问题,被访者往往出于本能的自卫心理,容易产生种种顾虑,不愿意回答或不予真实回答,甚至还会引起被访者的反感,调查结果可能不准确。因此,问卷中应尽量避免直接提问。可采取间接的方式进行调查。例如调查受访者的个人收入时可将收入划分成一个适当的范围,回答起来就显得较为容易,或者用其他的方式来替代。

(8) 问句要考虑时间性　时间过久的问题易使人遗忘,回答的准确性难以把握。例如,"您去年家庭生活费支出是多少?"这种问题相信绝大多数人一下子难以说出一个比较确切的数字。可以考虑改为:"您家上月生活费支出是多少?"这样缩小时间范围可使问题回忆起来比较容易,回答也相对较准确。

(9) 拟定问句要有明确的界限　对于年龄、家庭人口、经济收入等调查项目,通常会产生歧义的理解,如收入是仅指工资,还是包括奖金、补贴、其他收入在内,如果调查者对此没有明确的界定,调查结果也很难达到预期要求。

(10) 注意提问的顺序　设计问卷时,要讲究问题的排列顺序,使问卷条理清楚,提高回答效率。先提问简单问题,然后逐步向复杂问题过度;先提问习惯性问题,后提问专业性强的问题;先提问封闭式问题,后提问开放式问题;先提问一般性问题,后提问敏感性问题等。

2. 答案设计技巧

问句的答案设计是问卷设计的重要组成部分,封闭式问卷中答案设计至关重要,必须保证可选、准确。

(1) 答案设计常用的基本方法　设计答案时,根据具体情况采用不同的设计形式,常用方法如下。

① 二项选择法。也称二分法,是指提出的问题仅有两种答案可以选择,如"是"或"否","有"或"无"等。这两种答案是对立的、排斥的,被访者的回答非此即彼,不能有更多的选择。该方法的优点是易于理解和可迅速得到明确的答案,便于统计处理,分析也比较容易。这种方法,适用于互相排斥的两项择一式问题及询问较为简单的事实性问题。

② 多项选择法。是指对所提出的问题事先预备好两个以上的答案,被访者可任选其中的一项或几项。例如,"您认为住宅的最重要条件是什么?",备选答案为质量、宽敞、舒适、方便、安静、美观、气派、其他。多项选择法的优点是比二项选择法的强制选择有所缓和,答案有一定的范围,也比较便于统计处理。采用这种方法时,设计者要考虑到选项答案应控制在 8 个以内,否则多项选择易使结果分散,缺乏说服力。

③ 顺位法。是指列出若干项目,由被访者按重要性决定先后顺序。顺位方法主要有两种:一种是对全部答案排序,另一种是只对其中的某些答案排序。究竟采用何种方法,由问卷的设计者来决定。具体排列顺序,则由回答者根据自己所喜欢的事物和认识事物的程度等进行排序。例如:

请对下面列出的五类房地产广告排序:

a. 电视广告; b. 报纸广告; c. 广播广告; d. 路牌广告; e. 杂志广告

按您接触的频率,由高至低排序:＿＿＿＿＿＿＿＿＿＿＿＿＿

按您的印象,由浅至深排序:＿＿＿＿＿＿＿＿＿＿＿＿＿

按您信任的程度,由大到小排序:＿＿＿＿＿＿＿＿＿＿＿＿＿

顺位法显示出被调查者的关注度的不同,便于日后采取相应的营销策略。但调查项目不宜过多,过多则容易分散,很难顺位。这种方法适用于对要求答案有先后顺序的问题。

④ 回忆法。是指通过回忆,了解被调查者对不同商品的质量、品牌等方面印象的强弱。例如,"请您举出最近一个月在电视广告中出现过哪些楼盘的广告"。调查时可根据被调查者所回忆品牌的先后和快慢以及各种品牌被回忆出的频率进行分析研究。

⑤ 比较法。是把若干可比较的事物整理成两两对比的形式,要求被调查者进行比较

并做出回答的方法。例如,"就房子本身而言,您认为下列每一对因素中哪一点比较重要?"(每对只选一个)。外观设计与室内设计;朝向与通风;景观与采光;工程质量;配套设施。应用比较法要考虑被调查者对所要回答的问题相当熟悉,否则将会导致错误的选择。

(2) 答案设计时注意的事项

① 答案要全面。将问题的所有答案尽可能列出,使每个被调查者都有答案可选,不至于因被调查者找不到合适的可选答案而放弃回答。例如,"您购买住宅的主要理由是什么?"。备选答案有:"想有套自己的房子;现有住宅太小,想换大一点;现有住宅地点不好;现有住宅功能不全;现有住宅已破旧,想换新房;想购买第二套房子;给父母或者子女买房;想买房投资;其他原因。"

尽可能的列举各种答案,方便选择,若考虑不周,可在答案设计的最后列出"其他(请注明)"一项,这样,被调查者就可将问卷中未穷尽的项目填写在所留的空格内。

② 答案互斥。在设计答案时,所列出的答案必须互不相容,互不重叠,否则被调查者可能会作出有重复内容的多重选择,影响调查效果。例如,"您平均每月支出中,哪项花费最多?"。备选答案为"食品、服装、书籍、报纸杂志、日用品、娱乐、交际、饮料、其他"。答案中食品和饮料、书籍和报纸杂志等都是包容关系。所以在答案设计时,一定避免答案之间有包容的现象。

③ 能采用定距、定比问题的答案不采用填空式答案。为方便问题的搜集和调查的实施,对一些适合采用定距、定比问题的答案不要采用填空式答案。例如,在调查受访者的收入或年龄时,不宜采用填写准确数字,更适宜于采用定距、定比答案设计。

④ 问题与答案相一致,即所提问题与所设答案应做到一致。例如:"您希望购买什么样的房子?"备选答案有:"$40m^2$以下;$50\sim70m^2$;$80\sim100m^2$;$100m^2$以上;一房一厅;两房一厅;三房一厅"。所提问的问题本身存在多种答案,备选答案也存在两种类型,既包含面积又包含户型。问题应具体,答案也应分离,不能混在一起。

三、房地产市场调研报告的撰写

撰写调查报告是房地产市场调研的最后一项工作,也是房地产市场调研工作的关键。调查报告提交给决策者,作为房地产企业制定市场营销策略的依据。

(一) 房地产市场调查报告的格式

撰写市场调研报告时,力求条理清晰、言简意赅、结论明确、建议得当。市场调查报告的格式一般由标题、目录、摘要、正文、结论与建议、附件等几部分组成。

1. 标题

标题和报告日期、委托方、调查方一般都应打印在扉页上。一般在扉页上同时把被调查单位、调查主题明确而具体地表示出来,有的调查报告还采用正、副标题形式。如"消费者眼中的星河湾——星河湾楼盘消费者满意度调研报告"。

2. 目录

为方便阅读,应当使用目录或以索引形式列出调查报告所分的主要章节和附录,并注明标题、有关章节号码及页码。一般来说,目录的篇幅不宜超过一页。

3. 摘要

摘要主要阐述调查报告的基本情况，按照市场调查的顺序将问题展开，主要包括简要说明调查目的介绍调查对象、指出调查所采用的研究方法、提出本次调查的主要结论甚至相关建议。目的是方便读者了解，节省阅读报告的时间。

4. 正文

正文是市场调查报告的主体部分。内容较详细，页数也较多，准确的论述调查研究的过程以及相应的数据分析。内容包括从问题的提出到引出结论，从调查的安排、实施到资料的归整、数据处理、研究方法的应用与研究的局部结论，甚至研究中发现的问题和初步提出的解决对策。

5. 结论与建议

结论与建议是撰写市场调查报告的主要目的，也是市场调查的关键。根据正文分析，总结各种问题，得出有效的结论并提出具体的应对方案和策略措施，以供参考。问题要精练准确，结论要明确中肯，建议要得当适用。结论和建议与正文部分的论述要紧密对应，不能过分延展。

6. 附件

附件是指调查报告正文包含不了的或没有提及的，但与正文有关必须附加说明的部分。它是对报告正文的补充或更详尽说明，是调查报告的一部分。附件包括数据汇总表及原始资料背景材料和必要的工作技术报告，甚至借鉴的一些资料等。

（二）撰写调查报告时需要注意的问题

房地产市场调查报告是市场调查的终结，是报告使用者参考做出决策的基础。写好房地产市场调查报告十分重要，需要注意以下几点。

1. 始终明确房地产市场调查的主要目的

调查报告应真实反映初始的调查目标，并能全面实现目标。这是评价调查是否成功的关键，在报告的前面应首先进行说明，若存在一些目标没有实现，应阐明没有实现的具体原因。

2. 了解报告阅读者的习惯

在准备房地产市场调查报告时，市场调查人员必须考虑报告阅读者的背景、兴趣及他们期望得到的信息类型，用哪种术语及深度来表述这些信息更为合适。一般性报告的阅读者希望看到基本的资料且要求这些资料以不复杂的形式表达，他们对研究方法和结果的技术性兴趣不大，只对研究结果感兴趣。技术性报告的阅读者懂得技术并且对该课题所涉及的技术感兴趣，对这类阅读者宜使用较多的技术语言并对主题做深度处理。

3. 房地产市场调查报告必须真实、准确

坚持实事求是的科学态度，客观准确的总结、反映调研结果，是撰写房地产市场调查报告的关键。真实性首先表现在所采集的数据来源真实有效，采用方法科学准确，结论客观。房地产市场调查报告所提供的事实材料必须经过认真核实，数据应当经过反复检验、对比。市场调查中难免存在这样或那样的误差，承认误差存在，并不会降低或否定调查报告的质

量，相反，坚持实事求是的态度，可以提高调查报告的可信度，增强读者的信任感。

4. 房地产市场调查报告不是流水账或数据的堆积

在房地产市场调查报告中，资料数据显得很重要，占有很大比重，用准确的数据证明事实真相往往比长篇大论更令人信服。但是运用数据要适当，过多堆砌数字常使人眼花缭乱，不得要领。市场调查报告也不是按调查问卷的设置顺序拼凑起来的流水账，而是一种综合的汇总统计分析。调查报告不是越长越好，数据也不是越多越好，数据本身并不能说明什么，其意义在于为理论分析提供客观依据，应以够用为标准。

【样例-市场调查问卷】

济南市居民住房状况与需求市场调查问卷

女士/先生：

您好！

我是某公司的访问员，在进行一项济南市居民住房状况及需求的市场研究。希望您能在百忙之中抽出一点时间协助我们完成这次调查，您的意见和想法，都会对我们有很大帮助。完成调查后，您将收到一份小礼品，以表达我们的谢意。

谢谢您的支持与合作！

甄别问题

1. 请问您有没有在以下单位工作？

（1）房地产开发公司/顾问公司　　　　　　　　　　终止访问
（2）市场研究公司　　　　　　　　　　　　　　　　终止访问
（3）以上皆无　　　　　　　　　　　　　　　　　　继续访问

2. 请问您家庭的平均月收入是3000元以上吗？

（这里所指的收入包括工资、奖金、津贴、投资收入、转移收入等所有收入）

（1）否　　　　　　　　　　　　　　　　　　　　　终止访问
（2）是　　　　　　　　　　　　　　　　　　　　　继续访问

3. 请问近3年，您是否打算买房？

（1）否　　　　　　　　　　　　　　　　　　　　　终止访问
（2）是　　　　　　　　　　　　　　　　　　　　　继续访问

主问卷

（一）住房现状

1. 您现在住房户型是：

A. 两居　　　　B. 三居　　　　C. 四居

2. 您现在住房面积是：

A. $70m^2$以下　　B. $71\sim90m^2$　　C. $91\sim130m^2$　　D. $130m^2$以上

3. 您现在的住房来源是：

A. 商品房　　　B. 自租房　　　C. 单位福利分房　　D. 购买的微利房

4. 您现在住在济南哪个区？

A. 市中区　　　B. 历下区　　　C. 槐荫区　　　　　D. 天桥区
E. 历城区　　　F. 长清区　　　G. 高新区

（二）住房需求

5. 您若买房，您的购买目的是：

A. 自住　　　　　B. 投资　　　　　C. 给亲友住

6. 若购买商品房，拟选购什么户型？

A. 二室一厅　　　B. 二室二厅　　　C. 三室一厅　　　D. 三室二厅
E. 四室一厅　　　F. 四室二厅　　　G. 复式　　　　　H. 其他

7. 您若购买商品房，您打算买多大面积的（建筑面积）？

A. 60～69m^2　　B. 70～79m^2　　C. 80～89m^2　　D. 90～99m^2
E. 100～109m^2　F. 110～119m^2　G. 120～129m^2　H. 130～139m^2
I. 其他

8. 您打算购买的住宅类型是：

A. 高层住宅（层高超过15层）

B. 小高层住宅（约8～15层）

C. 多层住宅（7层以下），有电梯

D. 多层住宅（7层以下），没有电梯

9. 您打算购买的地区首选是____，其次是____，再次是____。

A. 市中区　　　　B. 历下区　　　　C. 槐荫区　　　　D. 天桥区
E. 历城区　　　　F. 长清区　　　　G. 高新区

10. 您希望购买的住宅的装修标准如何？

A. 全毛坯

B. 提供一般装修

C. 厨卫高档装修，其他毛坯

D. 开发商提供多种套餐供买家选择，装修费另付

E. 开发商提供精装修

11. 您理想的客厅是多大面积？

A. 10～15m^2　　B. 16～20m^2　　C. 21～25m^2　　D. 26～30m^2

12. 您理想的卧室是多大面积？

A. 8～10m^2　　B. 11～12m^2　　C. 13～14m^2　　D. 15m^{2}以上

13. 您若购置商品房，您所能接受的总价为是：

A. ≤30万元　　　B. 31万～40万元　C. 41万～50万元　D. 51万～60万元
E. 61万～70万元　F. 71万～80万元　G. 81万～100万元　H. 101万～110万元
I. >110万元

14. 您所能接受的单价（元/m^2）是：

A. <5000　　　　B. 5000～6000　　C. 6000～7000　　D. 7000～8000
E. 8000～9000　　F. 9000～10000　　G. >10000

15. 您希望住宅每梯户数是：

A. 两户及以下　　B. 三～四户　　　C. 五～六户　　　D. 六户以上
E. 无所谓

被访人基本信息

1. 您的性别：

A. 男　　B. 女

2. 您的年龄：_____岁
3. 您的文化程度是：
   A. 博士及其以上   B. 硕士   C. 大学本科
   D. 大专   E. 大专以下
4. 您的职业是：
   A. 机关/事业单位 B. 企业管理人员/经理 C. 个体户
   D. 专业技术人员   E. 贸易   F. 证券   G. 建筑业
   H. 高科技   I. 学生   J. 其他
5. 您家庭的人口数是：
   A. 2人   B. 3人   C. 4人
   D. 5人   E. 6人以上
6. 您的个人爱好是_____

访问到此结束，再次谢谢您的支持！

第三节　房地产市场预测

一、房地产市场预测的概念

市场预测是房地产市场营销活动的重要组成部分，是企业制定营销战略的前提和基础，房地产企业不仅要通过市场调查了解市场需求的现状，还要通过市场预测了解未来市场需求的变化趋势，及时调整企业的营销战略和策略，掌握市场变化的主动权。"凡事预则立，不预则废"。预测可以最大限度地减少预测对象未来发展的不确定性，使企业在经营中立于不败之地。

房地产市场预测就是对影响房地产市场需求的诸因素进行调查研究，在掌握大量信息资料的基础上，运用科学的方法和手段，对未来一定时期内房地产市场的需求变化及发展趋势进行分析、预见、估计和判断，为房地产企业经营决策提供科学依据。

二、房地产市场预测的分类

房地产市场预测根据不同的划分标准，可有多种划分，下面主要是按照预测的性质、时间、范围和内容进行划分。

（一）根据预测的性质划分

1. 定性预测

定性预测就是根据预测者的知识、经验和分析判断能力，对收集的资料进行综合分析，对市场未来发展变化趋势做出推测和判断。主要是对于一些难以定量化的资料信息进行预测，它是预测中不可或缺的一种方法。

2. 定量预测

定量预测是指在借助数学方法以及数学模型的基础上进行的预测，用来分析市场发展变化趋势的预测。

(二）根据预测的时间划分

1. 长期预测

房地产市场长期预测一般是指 5~10 年，甚至 10 年以上的远期预测。它适用于房地产市场长期形势的分析，大型房地产开发企业尤其是大盘开发必须关注长期形势预测，它是房地产企业长远规划发展的依据。

2. 中期预测

中期预测一般是指 3~5 年的预测，主要关注本地的政治、经济、社会层面的影响本地房地产市场发展的一些因素所做的发展预测，尤其是关注预测客户的变化和市场竞争态势的变化。

3. 短期预测

短期预测一般是指 1~3 年以及 1 年以下的较短时间进行的预测。短期预测目标明确，预测的结果准确性强，主要是为房地产企业近期的项目运作、营销决策提供帮助，重点体现在一些突发性问题的分析和市场供给情况预测，为项目营销策划提供依据。

（三）根据预测的范围划分

按照市场预测的范围，房地产市场预测可以分为宏观市场预测和微观市场预测。

1. 宏观市场预测

就是从宏观角度，对整个房地产市场需求的发展变化及其趋势所进行的预测，例如未来几年经济发展形势、房地产业发展走势、城市化发展态势等，主要关注宏观层面的研究分析预测。

2. 微观市场预测

微观市场预测又称城市层面预测，就是从房地产企业所在区域或城市的角度，对房地产企业所在地区房地产市场的需求状况及发展趋势进行的预测。比如城市房地产市场需求形势预测、房地产供给结构预测、房地产产品发展方向预测以及本地房地产开发竞争程度预测等。

（四）根据预测的内容划分

严格来说，所有涉及房地产的信息都是预测的内容，十分广泛，这里主要以房地产市场需求预测、市场供给预测和消费者消费心理预测为主。

1. 市场需求预测

市场需求预测主要是对本地未来一段时间内，房地产产品的实际需求情况进行预测，需求总量、需求产品类型以及结构等的预测。

2. 市场供给预测

市场供给预测主要是根据城市发展的需要，预测未来一段时间总供给量，以及供给的竞争性，为房地产企业开发项目提供客观依据。

3. 消费者消费心理预测

消费者消费心理预测主要预测本地消费者的消费心理、消费心态以及消费能力结构等，是房地产预测中非常重要的一部分。

三、房地产市场预测的主要内容

房地产市场预测的内容十分广泛，凡是直接或间接影响房地产企业开发运营活动的因素都属于预测的范围之内。本文所说的预测内容，是指通常情况下，进行房地产市场预测所应当包括的主要内容。概括起来，房地产市场预测主要包括以下 8 方面的内容：国民经济发展趋势预测、国家政策方针预测、房地产市场需求预测、房地产市场供给预测、市场占有率预测、科学技术发展预测、产品生命周期预测和房地产价格走势预测。

1. 国民经济发展趋势预测

一般情况下，国民经济发展趋势预测属于市场预测中第一部分内容，是非常重要的内容之一，其他的预测都是在此前提下展开的。现在，房地产业基本上已成为我国各城市国民经济的支柱产业之一，有的甚至是首要支柱产业。近几年，房地产市场的大幅波动，让人们懂得房地产市场不是孤立的，它受国民经济发展趋势影响较大，与整个国民经济休戚相关。国民经济发展趋势预测一般包括全国经济发展形势、股市走势、国民收入状况、市场投资消费情况、物价变化、通货膨胀、产业结构调整情况等。

2. 国家政策方针预测

房地产业的发展与国民经济发展息息相关，但是更受国家政策方针以及地区政策的变动影响。无论是产业扶持或者打压政策还是各种金融货币政策以及各城市对本地市场的管理政策变动都极大的影响房地产市场的发展。由此可见，对政策方针的研究极为重要。国家政策方针预测一般包括房地产业发展方针、产业扶持政策、相关产业政策、市场调控政策以及各种金融政策预测等。

3. 房地产市场需求预测

房地产市场需求预测是预测的重要组成部分，正是认为有强大的需求存在，房地产业的发展才会如此迅速。房地产市场需求预测可分为刚性需求预测、潜在需求预测和有效需求预测。刚性需求是直接必然的，方向明确，是需求满足的根本，决定行业发展大势；潜在需求显示的是未来的机会；有效需求预测就是最重要的。只有真实有效的需求量才是房地产市场发展的中坚，也是房地产市场中各企业或项目生存竞争的核心。

4. 房地产市场供给预测

房地产市场的竞争不仅仅是需求机会的竞争，更是供给市场的竞争。预测房地产市场供给总量状况，尽早提出营销应对策略，严防竞争受挫。房地产市场供给预测一般包括土地供应量预测、开发建设总量预测、区域内竞争性供给量预测等。

5. 市场占有率预测

市场占有率是指在一定的市场范围内，企业所生产的某种产品的销售量（额）占同类产品总销售量（额）的比重。市场占有率表明一个企业在市场活动中所占的份额，也显示出企业在同行业中竞争能力的大小。通过研究房地产企业现在和过去的市场占有率，以及当前同类企业的经营水平、竞争能力、产品优势等情况，预测市场占有率，可以促使企业改善经营管理，提高生产技术水平，增强产品的竞争力，提高服务质量和服务水平，使企业的竞争力变得更强。

6. 科学技术发展预测

科技的发展对房地产产品的发展具有决定性的影响，建筑和装修的新材料、新技术和新工艺及其在房地产产品生产上的应用，都会影响用户对房地产产品的需求，从而对房地产市场产生重大影响。科技发展预测包括对新技术、新材料、新工艺、新发明、新设备以及新产品所具有的特点、性能、应用领域、应用范围、应用速度、经济效益以及它们对房地产产品生命周期的影响进行预测。

7. 产品生命周期预测

产品生命周期是指一种新产品试制定型以后，从投入市场开始到被市场淘汰为止所经过的时间。产品的生命周期一般可以分为试销期、成长期、成熟期和衰退期四个阶段。房地产产品也具有生命周期性，当然这四个阶段是针对一般情况而言的，并不是所有的房地产产品都要经过这四个阶段。房地产产品的生命周期预测是房地产企业经营中不可忽视的一个重要问题，尤其是一种新产品进入市场更是要慎重。预测产品生命周期就是要为房地产开发经营的产品指出方向，为保证成功运营及早制定和采取相应的经营营销策略。

8. 房地产价格走势预测

房地产价格预测是房地产市场预测的重要内容，价格的变化不仅影响企业经营利润的变化，也会影响市场供求的变化。房地产属于高价值产品，各房地产企业由于营销策略、开发成本以及竞争能力等的不同，房地产产品的价格差别很大。了解、把握房地产价格走势的变化，是企业成功制定价格策略的关键。在进行房地产价格预测时，一方面要注意收集开发成本的变化、供求关系的变化、货币价值与货币流通量的变动以及国家经济政策等因素资料，以预测其对价格产生的影响；另一方面，也要预测由于价格的变化对市场供求关系带来的影响及其发展趋势，充分估计到价格变化的影响作用。

四、房地产市场预测的方法

房地产市场预测的方法可概括为定性预测法和定量预测法两大类。每种方法都有自己的优缺点和适用范围，房地产企业应根据实际情况选择相应的预测方法。一般来说，定性预测法和定量预测法这两种方法同时采用可提高预测的科学性和准确性。

（一）定性预测法

定性预测法又称作经验判断法。定性预测就是根据预测者的知识、经验和分析判断能力，对收集到的资料进行综合分析，对市场未来发展变化趋势做出推测和判断。

定性预测法的优点是有利于发挥预测者的主观能动性，有利于对房地产市场的未来做出深入、细致、具体、符合客观实际的预测。定性预测法还具有简便易行、费用较低、时间较短、灵活性强的优点。缺点是缺乏客观标准，预测结果受到预测者知识经验和分析判断能力的局限，带有一定的主观片面性。

定性预测法适用于缺乏数据资料、影响因素复杂、预测对象牵涉的领域比较广泛、预测期较长的情况。常用的定性预测法主要有以下3种。

1. 集体意见法

集体意见法又称集体判断法，利用集体的经验、智慧，通过思考讨论、分析、判断，对未来房地产市场的发展趋势进行预测和判断。常用的集体意见法有经理人员（企业中层）集合意见法和销售人员（一线员工）集合意见法。

经理人员集合意见法的优点是能集中企业高层管理者的智慧和经验，加之集体经验以及综合能力，得出较可靠的预测结果；成本低、速度快，易于组织与执行；尤其是在关于企业发展的一些方向性问题以及面临的紧急问题解决时经常采用。但是该方法的缺点是主观随意性大，易受到讨论气氛以及高层领导意志的影响，乐观估计的可能性较高，悲观估计的可能性较低；对某种结果判断的坚持性较低，易产生过分乐观或过分悲观的倾向。

销售人员集合意见法的优点是速度快、成本低、短期预测或微观预测较准。这是因为销售人员直接接触市场和顾客，对本地的市场非常熟悉，对市场需求变化趋势看得比较清楚，尤其是对客户的理解把握判断较准，因此，预测结果比较准确。缺点是销售人员受其工作范围和视野的限制，不易把握总体形势和总趋势。

2. 德尔菲法

德尔菲法又叫专家意见法，就是采用意见表，利用通信咨询的方式，向一个专家小组进行调查，将专家小组的判断预测结果加以集中分析，利用专家的集体智慧进行预测。德尔菲法是在 20 世纪 40 年代由美国的兰德（RAND）公司首创，现在已经成为广泛应用的一种预测方法。

德尔菲法依据系统的程序，采用匿名的方式征求专家各自的预测意见，即专家之间不得互相讨论，不发生横向联系，只与调查组织者进行联系，经过反复征询、总结、修改，通过多轮次调查专家对所提问题的看法和判断，最后汇总成专家基本一致的看法，作为预测的结果。这种方法具有广泛的代表性，较为可靠。这种方法的特点就是匿名性、反馈性、收敛性和统计性。所以，这种经过多次修正所得到的预测结果具有相对集中的特点，适用于长期性和战略性重大问题的预测。但是，德尔菲法的缺点就是所需要的时间长，费用较高。

3. 头脑风暴法

头脑风暴法又称智力激励法、BS 法、自由思考法，是由美国创造学家 A.F. 奥斯本于 1939 年首次提出，1953 年正式发表的一种激发性思维的方法。此法经各国创造学研究者的实践和发展，至今已经形成了一个发明技法群，如奥斯本智力激励法、默写式智力激励法、卡片式智力激励法等。头脑风暴法也是房地产市场预测中常用的方法之一。

头脑风暴法可分为直接头脑风暴法（通常简称为头脑风暴法）和质疑头脑风暴法（也称反头脑风暴法）。直接头脑风暴法是针对一定的问题，召集有关人员举办小型会议，在融洽轻松的气氛中，各抒己见、自由联想、畅所欲言、互相启发、互相鼓励，使创造性设想连锁反应，获得众多解决问题的方法。质疑头脑风暴法则是对直接头脑风暴法提出的设想、方案逐一质疑，分析其现实可行性的方法。它们都属于意见交换法，通过专家意见不受约束地相互交流，在头脑中进行智力碰撞产生新的智力火花，使专家的论点不断集中和深化。

头脑风暴法预测效果的好坏，很大程度上取决于专家的选择是否得当。专家选择要注意以下 4 点。

① 专家要有代表性。专家应来自于与预测项目有关的各个方面，相互之间最好互不相识，有较好的代表性。

② 专家要具有丰富的知识和经验。专家应具有较长的相关工作经历以及较丰富的相关工作经验、良好的联想思维能力和个人表达能力。

③ 专家还应具备较强的市场调研与预测方面的知识和经验。

④ 专家的数量要适当。一般由 10~15 个人组成。理想的专家小组应该由如下人员组成：方法论学者（预测学家）、设想产生者（专业领域专家）、分析家（专业领域的高级专家）、演绎专家（具有较高逻辑思维能力的专家）。

（二）定量预测法

定量预测法是预测者在掌握充足的统计资料的基础上，应用数学方法，建立数学模型，对预测对象的发展变化趋势进行预测的方法。定量预测的方法很多，房地产市场预测中常用的定量预测法主要有时间序列预测法和回归分析法。

1. 时间序列预测法

时间序列趋势预测法是市场预测方法中一种经常采用的分析方法。它是把某一经济变量的实际观察值按时间先后顺序依次排列，构成一组统计的时间序列，然后应用某种数学方法建立模型，并用此模型来预测该经济变量未来发展变化趋势和变化规律的一种预测技术。

应用时间序列趋势预测法进行市场预测时，需要注意三个问题：一要注意数据的完整性；二要注意数据资料的可比性；三要保证数据资料的一致性。只有满足了上述三点要求，才能应用这组数据去判断、预测未来。

房地产市场预测中常用的时间序列预测法主要包括以下几种。

（1）算术平均法　即把过去时期的时间序列数据全部相加，再除以资料的期数，求得的平均值作为下一期的预测值。算术平均法的优点是简单明了、计算容易；缺点是这种方法没有考虑不规则的、季节性（时间）的变化。如果历史资料本身变化不大，大致沿着一条水平线上下波动，用这种方法预测具有一定的可行性。如果历史资料起伏较大，有明显的季节性变动或具有长期的增减趋势，该方法太简单不可靠。

（2）加权平均法　加权平均法是指在计算平均数时，根据观察期每期资料的重要性分别给予不同的权数，然后再加以平均计算的方法。这个加权平均值即为下期的预测值。在加权平均法中，权数赋值基本原则是近期数据的权数大，远期数据的权数小。这是因为近期数据对预测结果的影响较大，远期数据对预测的结果影响较小。权数可以是整数，也可以是小数。若权数为小数，则权数之和等于1。

（3）移动平均法　移动平均法是在简单平均法的基础上发展起来的一种预测方法。移动平均法是将观察期的数据，按时间先后顺序排列，然后由远及近，以一定的跨越期进行移动平均，求得平均值。每次移动平均总是在上次移动平均的基础上，去掉一个最远期的数据，增加一个紧挨跨越期后面的新数据，保持跨越期不变，每次只向前移动一步，逐项移动，滚动前移。这种逐期移动平均的过程，称之为移动平均法。

移动平均法对于原观察期的时间序列数据进行移动平均，所求得的各移动平均值，不仅构成了新的时间序列，而且新的时间序列数据与原时间序列数据相比较具有明显的修匀效果。移动平均法既保留了原时间序列的趋势变动，又削弱了原时间序列的季节变动、周期变动和不规则变动的影响，因此，在市场预测中得到广泛的应用。移动平均法可分为简单移动平均和加权移动平均两类，而简单移动平均又可细分为一次移动平均和二次移动平均（或三次移动平均）等。

2. 回归分析法

回归分析法是利用事物发展变化的因果关系进行预测的一种方法。它是通过对预测结果有重要影响的因素进行分析，找到预测量和影响因素之间的因果关系，从而推测预测对象随影响因素的变化而变化的状况。因此，回归分析法又叫因果分析法。

回归分析是对具有因果关系的现象，根据数据资料，用数理统计的方法，建立数学模型，近似地表达变量之间的变化关系。在回归分析中，引起预测对象变化的原因叫自变量，预测对象为因变量。因变量受一个自变量或多个自变量的影响。回归分析法反映了事物发展变化中一个因变量对一个或多个自变量的关系，它分为一元回归分析和多元回归分析、线性回归分析和非线性回归分析。

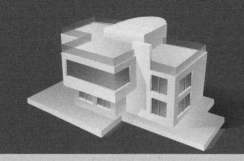

第四章

房地产市场定位

第一节 竞争战略的选择

一、竞争对手分类

房地产企业的竞争对手范围涵盖面较为广泛,需要分类进行识别。从竞争者的行业性质来看,房地产业市场竞争对手主要分为三类。

1. 行业内部企业之间的竞争

主要是指同一地区几乎相同或相似房地产产品的供应企业之间的竞争,如同一地区和相同的市场供需圈内开发、建造商品房的房地产企业可看作是最直接的竞争对手。行业内部之间的市场竞争主要表现在争夺市场销路方面,以期达到提高市场占有率的目的。竞争对手的手段有价格战、广告战、产品改进、物业管理以及增加服务项目等。

2. 与新进入房地产行业的企业竞争

新的企业进入房地产行业,行业内竞争者数量增加,竞争加剧,会导致行业盈利水平下降。对原有的房地产企业而言,新企业的进入对其所产生的危险程度主要取决于进入房地产行业的门槛及新企业的实力两方面。而进入行业的门槛来自规模经济要求的产品产业化、资金数量、产品政策、转产成本等因素,新企业的实力越强,对原有房地产企业的竞争威胁就越大,反之则越小。

3. 与相关行业企业的竞争

所谓的相关行业的企业,主要是指所有与房地产企业争夺同一市场购买力的企业。例如,房地产企业可将生产汽车、耐用消费品和旅游等行业的企业都看作是竞争对手。因为在一定的消费时段内,消费者购买汽车或进行旅游,对房地产的购买力则会下降,从而影响房地产企业的市场销售。所以,相关行业发展在某种程度上抑制了市场对房地产行业产品的需求,相关行业产品和劳务的价格越低,就越能争夺房地产的市场客户。

对房地产企业而言,以上三种类型的竞争对手所构成的竞争威胁程度是依次减弱的。与房地产行业内部其他企业之间的竞争,其威胁程度最高,与其他相关行业企业的竞争威胁程度最小。

二、竞争对手的识别

房地产产品千差万别，客户群组成复杂，但市场可以被精确细分，这样对同一群客户的竞争往往主要在几个楼盘之间展开，选择竞争对手就成为关键环节。市场营销理论认为竞争可以分为以下4个层次：预算层次竞争、需要层次竞争、产品层次竞争和细分层次竞争；其中，细分层次竞争是指同一细分层次上各品牌之间的竞争，也是房地产市场考虑得最多的竞争，因为房地产的地域特征导致对某一细分客户群的竞争往往就只在几个项目之间展开，单纯对某一个项目而言，只有区域内几个相近项目是真正在与之竞争的，其他的项目都不用过多考虑。

房地产企业的竞争对手将如何确定呢？从微观层看，在房地产市场内与本企业项目同区域、同客户、同档次、同周期、同总价、同品质的项目，都可能成为自己的竞争对手。竞争主要体现在以下几个方面。

1. 地段因素

由于房地产地域性强的突出特点，整个城市的主要配套和功能布局会有各种各样的情况，不同地段的差别会非常大，尤其是像上海、北京等超大城市，地段要素尤为重要。一般而言，人们的生活、工作范围也会因为居住而经常性地限制在某一个范围之内，所以竞争往往在几个相距并不遥远的项目之间展开，这就是房地产行业经常使用的"板块"概念，如济南的"高新板块"和"奥体板块"等，它们都位于济南市的高新开发区，在该区域工作的人，由于考虑到通勤成本，往往在板块内部置业，那么板块内部的在售、潜在项目将成为项目的竞争对手。在同一区域内除了同类型产品是主要竞争项目外，其他类型不同的产品，因会吸收同区域内的客源，有时也需要特别注意其发展方向。至于区域外的项目，即使是同类型的，一般无需作为竞争项目深入了解。

2. 价格因素

该竞争因素往往不是被事先确定的，就在售项目而言，一旦有了价格，客户必然会在总价、单价相近的几个项目之间进行比较，哪怕是不同的物业类型，销售价格直接关系到本项目的定价，而对于同销售期的潜在项目，对其价格的预测则至关重要。例如某区域的洋房，由于价格的关系，每个项目都可以根据自己的情况参与不同档次的竞争，还有一些高端物业，由于总价比较高，客户对总价非常敏感；在同一总价区间里，不同类型的产品是有竞争的，如总价200万元的洋房和200万元的别墅，虽然是完全不同的产品，但同样也有竞争。

3. 景观因素

房地产景观是景观生态和建筑相互作用组成的功能性系统，它具有自然化的环境、艺术性的感受、均好性的布局、人性化的尺度、立体化的空间，其回归自然、符合环保、绿色经济、满足人性化需要和功能性需求，并且具备可持续发展，帮助产品增值和推进品牌营造。

之所以强调这个因素是因为目前随着城市的发展和扩张，特别是在市区范围内，自然化的景观资源稀缺性越来越明显，而同时，客户也会对某些景观有特别的偏好，尤其是诸如山景房、海景房类。

4. 客户因素

每个企业在为自己的项目做定位时首先要考虑到目标客户群,特别是同属于一个区域或板块的项目,存在的客户需求总量是一定的,对于提供相似物业产品的项目,必将成为竞争对手,分割市场需求总量。

5. 产品因素

这一点和上面谈到的竞争四层次中的产品细分层次意义基本上一样,只是由于房地产产品的特殊性,使得各产品之间的替代性没有那么明显,例如别墅、酒店式公寓等,一般情况下只是在产品特点比较突出的时候才会考虑该因素。

在营销策划中,很少有企业采用一种方法来确定竞争对手,通常要考虑的因素比较多,很多时候基本上将这些因素都会考虑进去,并进行综合权衡。

三、竞争对手资料的收集

项目推出前及推出期间需掌握竞争项目个案状况及动态,这是营销策划人员的基本工作。目的是要通过获取竞争对手的相关信息和资料,确定竞争模型和战略。

1. 资料来源及渠道

(1) 正式出版物　如房地产专刊、报纸、杂志上的专题和广告。

(2) 非正式出版物　如楼书、海报。

(3) 人际关系　通过与开发商、代理公司工作人员的人际网络关系,能较深入地了解竞争对手的价格策略、销售策略、推广策略。

(4) 网络　房地产专业网站,论坛等。

(5) 房展会或论坛。

(6) 销售现场。

2. 收集资料的内容

竞争项目个案的基本信息和资料:占地面积、建筑面积、建筑密度、容积率、绿化率、开发企业、建筑风格、产品规划、价格水平、销售情况等。

竞争项目个案的深度资料包括产品定位、房型组合、公共设施分摊方式、规划特色、定价方式、付款方式、销售技巧等。

3. 其他

密切关注价格走势、销售状况、热销与滞销户型,把握动态信息。

四、竞争对手的分析

1. 分析竞争对手的营销目标

房地产企业在确定了竞争对手后,通过大量收集竞争者资料,需要进一步明确每个竞争者所追求的目标是什么?其行为推动力是什么?竞争对手是否有进入新的细分市场或开发新产品的意图等问题。房地产竞争者通常会有多个目标,如利润率、投资报酬率、市场占有率、技术领先、服务领先、低成本领先、信誉领先等,但根据企业实际情况,每个竞争对手并不是追求单一的目标,可能在某几个方面会有所侧重,有特定的目标或目标组合。通常认为竞争对手都是最大限度地追求利润，并相应地选择行动。只有充分了解每个市场竞争对手的重点目标及其组合，才能正确估计他们对不同市场竞争行为的反应。

例如，某房地产企业的重点目标是较高的市场占有率，那么该企业对同一目标市场其他房地产企业的市场销售情况的反应就比较强烈。因此，房地产企业必须注意观察和分析市场竞争行为，掌握其主要市场目标，如果发现竞争者开拓了一个新的细分市场，那么可能会出现一个新的营销机会；如果发现竞争者试图打入属于自己的目标市场，就应及时采取措施予以回击。

2. 分析竞争对手的营销策略

对竞争对手营销策略的分析，目的在于揭示竞争对手正在做什么？它能够做什么？将会采取什么行动？只有知己知彼才能制定出相应的对策。

在各房地产竞争者中，根据所采取的主要策略不同，可将竞争对手划分为不同的策略群体。在同一策略群体内，各房地产企业所采取的市场策略是基本相同或相似的，各竞争者采取的战略越相似，彼此间的竞争越激烈，如价格策略、质量策略、渠道策略、广告策略、产品组合策略等。企业要分析各个战略群体之间的关系，然后确认自身所处的战略群体，深入了解各策略群体的优劣。当某企业决定进入其他策略群体时，该群体内的企业就成为他的主要竞争对手，这样既避免恶性竞争，又能在差异化的策略竞争中，利用自己的优势，出其不意，攻其不备。

当然，在不同的房地产策略群体之间也存在着市场竞争。因为即使它们之间存在着市场策略上的各种差异，但在面对共同的目标市场和消费者时，它们之间的竞争就不可避免。所以，房地产企业在制定市场策略时，除了必须在同一策略群体内部具有该企业的策略优势以外，还应该对不同策略群体也具有一定的竞争优势。只有这样，企业才能在激烈的市场竞争中处于不败之地，实现企业所追求的目标。

五、竞争战略模型的选择

（一）市场竞争角色模型

按照企业所处的竞争地位，企业在目标市场可以"扮演"四种不同的角色即市场领导者、市场挑战者、市场追随者和市场补缺者（见表4-1）。

表 4-1 竞争角色模型

领导者	挑战者
(1)垄断价格 (2)产品具有不可重复性 (3)扩大总市场 (4)保护市场份额 (5)扩大市场份额	(1)改变游戏规则 (2)强调新的评估标准 (3)强调产品的特色和价值 (4)专业化的概念
追随者	补缺者
(1)搭便车,借势 (2)以小博大,杀伤战术 (3)价格战的制造者 (4)有仿制者、紧跟者、模仿者、改进者类型	(1)目标客户明确,挖掘客户 (2)瞄准市场缝隙 (3)创新产品和需求点

1. 市场领导者

市场领导者是指在市场上占最大市场份额，在价格变动、新产品开发、分销渠道和促销力度等方面对其他企业或公司起着领导者地位。在房地产项目上，领导者表现为垄断、引领价格、产品具有不可复制性特征，以保证自身优势的独特性，要想保持第一位的竞争优势，在竞争战略上必须在扩大总需求、保持现有份额、扩大市场份额三个方面努力。

2. 市场挑战者

市场挑战者是指其市场地位仅次于领导者，在他们自身的影响力范围内，某些公司具备一定规模，为扩大市场份额而向领导者和其他竞争对手发起挑战。房地产项目上，挑战者表现为改变常规思路、强调新的评估标准、强调产品的特色和价值等。

3. 市场追随者

市场追随者是指那些在产品、技术、价格、渠道和促销等大多数营销战略上模仿或跟随市场领导者的公司，参与竞争但不扰乱市场局面，大多数居第二位的公司，喜欢追随而不是向市场领先者挑战。在房地产项目上，市场追随者表现为搭领导者的便车，通过较低的价格赢得市场，是价格战的制造者。虽然追随战略的营销风险小，但是由于其善于使用价格战，从而导致其在投资报酬率方面的下降。

4. 市场补缺者

市场补缺者就是指精心服务于总体市场中的某些细分市场，避开与占主导地位的企业竞争，通过发展独有的专业化经营来寻找生存与发展空间的企业。在房地产项目上，市场补缺者常表现为瞄准市场缝隙，创造创新产品和需求点，明确目标客户、挖掘客户。采用市场补缺战略的关键是实现专业化，途径有多种：垂直专业化、特殊顾客专业化、地理市场专业化、产品专业化、服务专业化等。

（二）红海与蓝海竞争战略模型

"红海战略"和"蓝海战略"的概念，是由欧洲工商管理学院的钱·金（W. Chen. Kim）教授和勒妮·莫博涅（Renee Mauborgne）教授在其合著的《蓝海战略》一书中提出的一种竞争战略模型，他们认为市场是由两种海洋所组成：红色海洋和蓝色海洋，简称红海和蓝海（见表4-2）。红海代表现今存在的所有产业，这是已知的市场空间；蓝海则代表当今还不存在的产业，也就是未知潜在的市场空间。

表 4-2　红海与蓝海竞争战略模型

蓝海战略	红海战略
拓展非竞争性市场空间	现存的市场内部竞争
规避竞争	参与竞争
创造并攫取新需求	争夺现有需求
打破价值与成本互替定律	遵循价值与成本互替定律
同时追求差异化和低成本，把企业行为整合为一个体系	根据差异化或低成本的战略选择，把企业行为整合为一个体系

1. 红海战略

红海战略是一种紧盯竞争对手比较"血腥"的竞争战略，是指在现有的市场空间中，在价格中或者在推销中做降价竞争，以争取效率为目标，增加销售成本或减少利润。根据竞争力公式"竞争力＝价值/成本"，在红海战略的指导下，企业一方面要追求价值的增加，另一方面又要降低成本。在房地产项目中，拥有强有力优势资源的企业，如区域优势、强大客户需求等才会考虑红海战略。

2. 蓝海战略

蓝海战略是紧盯潜在市场比试创新的竞争战略。通过创新，同时追求"差异化"和"成本领先"，即以较低的成本为买方提供价值上的突破；是开创无人争抢的市场空间，超越竞争的范围，开创新的市场需求、新的市场空间，由价值创新获得新的空间。蓝海战略要求企业突破传统的血腥竞争所形成的"红海"，拓展新的非竞争性的市场空间，考虑的是如何创造需求，突破竞争。在房地产项目中普遍采用此战略，寻求与竞争对手的差异，走差异化产品线、营销线，在市场竞争中另辟蹊径。

（三）波士顿矩阵

波士顿矩阵（BCG Matrix）是由美国著名的管理学家、波士顿咨询公司创始人布鲁斯·亨德森于1970年首创的一种用来分析和规划企业产品组合的方法，他认为："公司若要取得成功，就必须拥有增长率和市场份额各不相同的产品组合。组合的构成取决于现金流量的平衡"。

"波士顿矩阵"认为，一般决定产品结构的因素有两个，即市场引力与企业实力。市场引力包括企业销售量（额）增长率、目标市场容量、竞争对手强弱及利润高低等。其中市场引力最重要的指标——销售增长率，这是决定企业产品结构是否合理的外在因素。企业实力包括市场占有率、技术、设备、资金利用能力等，其中最重要的因素是市场占有率，是决定企业产品结构的内在因素，它直接显示出企业的竞争实力。通过以上两个因素相互作用，会出现四种不同性质的产品类型，形成不同的产品发展前景（见图4-1）。

企业根据"波士顿矩阵"的不同的象限特征，可以采取相应的战略。

图4-1 波士顿矩阵

"波士顿矩阵"应用到房地产营销中,市场引力主要指产品在市场上的差异化程度,即产品的创新程度、附加值、舒适度、空间层次等因素;企业实力主要指产品先天实力,即占有的地块资源等。按照这个标准,我们可以把房地产产品分成四类。

(1)第一类:明星产品　地块资源与产品差异化优势并存,物业类型稀缺,客户需求量高,可实现高市场价值。

(2)第二类:现金牛产品　有较丰富的地块资源,但产品在市场上的差异化程度不高,属于成熟市场中的领导者,地块优势受到广泛的客户关注,它是项目现金流的主要来源,客户的需求量较高,可实现较高市场价值。

(3)第三类:问题产品　地块资源欠缺,但产品的差异化程度较高,需要不断投入以增强其竞争能力,可通过持续投资,如展示、包装、推广等发展为明星产品。目前客户需求较低,经过转化后可实现较高市场价值。

(4)第四类:瘦狗产品　占有的地块资源较少,同时产品的差异化程度低,欠缺优势,客户需求量少。

(四)波特五力竞争模型

五力竞争模型是迈克尔·波特(Michael Porter)于20世纪80年代初提出,对企业战略制定产生全球性的深远影响。用于竞争战略的分析,可以有效地分析客户的竞争环境。模型中五力分别是:潜在竞争者进入的能力、替代品的替代能力、行业内竞争者现在的竞争能力、供应商的讨价还价能力、购买者的讨价还价能力。房地产开发企业的行业特点决定了在不同的竞争阶段,企业关注的重点不同(见图4-2)。

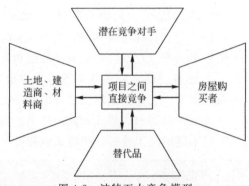

图4-2　波特五力竞争模型

五力竞争模型将大量不同的因素汇集在一个简便的模型中,以此分析一个行业的基本竞争态势。一种可行战略的提出首先应该包括确认并评价这五种力量,不同力量的特性和重要性因行业和公司的不同而变化。

(1)新进入者的威胁　在我国不同地域经济发展和市场竞争状况相差较大,因此行业进入门槛也就不同。如:对于一些大城市,市场进入门槛相对也较高;相反,对于一些中小城市,项目运作成本相对较低,市场进入门槛也越低,新进入者带来的威胁相对较大。

(2)现有竞争对手间争夺的威胁　对房地产业现有竞争对手的分析,在前一部分已详细讲述。在房地产行业,现有竞争对手是最直接的威胁,需密切关注。考虑宏观经济发展状况对现有房地产企业间的竞争的影响和地域性的差别。

(3) 替代产品或服务的威胁 由于房地产产品的特殊性，几乎没有可替代的产品，因此这方面的威胁很小。

(4) 买方议价能力的威胁 目前房地产市场的主要消费者是居民个人。作为这种个体消费行为，加之房地产产品的特殊性，显然不具备议价的能力。但由于房价的快速上涨和居民收入的固定性，购房人议价的意愿会越来越强烈。

(5) 供方议价能力的威胁 房地产供方议价能力直接影响到产业的成本和利润。房地产业作为一个相对特殊的行业，它的主要供方包括：土地供应者、建材供应商、建筑和技术服务商。这三者又分属不同市场。三者的议价能力应根据当地实际市场状况进行分析。

【案例分析】

某住宅项目位于二线城市的老城边缘区域，配套条件良好，交通方便，通达性好，但无优势景观资源，占地面积50余亩，容积率为2.0，属于较小体量开发的项目。项目在操作过程中选取了多个竞争战略模型进行分析。

首先，通过对项目的竞争项目摸底，综合考虑本项目与竞争项目在产品、形象、客户、渠道、价格以及附加值等方面的对比，深入分析项目本身的优劣势，确定操作项目的竞争战略（见图4-3）。

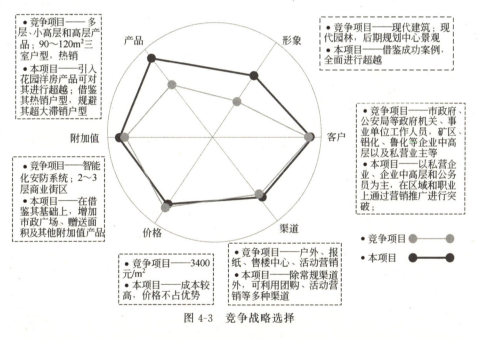

图4-3 竞争战略选择

如果本项目采用常规方式开发，必将陷于城市主要项目产品同质化而导致的激烈竞争之中。通过细致的市场调研，对竞争对手的仔细分析，认为只有将项目差异化做到极致，从而将项目带入弱竞争市场。因此在项目整体规划中引入市场上没有的物业类型，推出花园洋房等稀有物业形态，并注入一定的科技元素，挑战区域内中高端住宅物业市场，扮演了挑战者的角色。

相应地，本项目采用蓝海战略，寻求差异化发展（见图4-4）。

为了在蓝海中生存，项目还应在规划设计、产品建筑形式、社区环境、物业管理、配

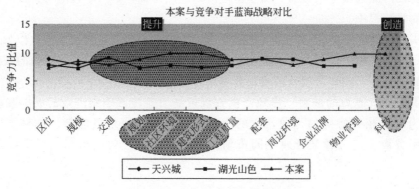

图 4-4　与竞争对手蓝海战略对比

套设施等方面加大投入力度，并且通过创造竞争中空白的科技产品来赶超竞争对手，形成差异化竞争优势（见图 4-5）。

蓝海战略下的组合竞争模式如图 4-5 所示。

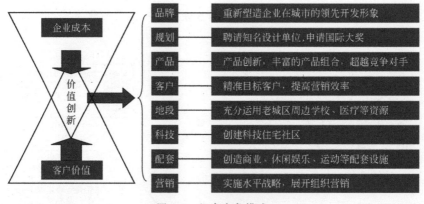

图 4-5　组合竞争模式

第二节　房地产项目客户定位

一、客户细分

（一）客户细分概念

市场细分是美国市场营销学家温德尔·史密斯（Wendell R. Smith）于 20 世纪 50 年代中期提出来的。所谓市场细分就是指营销者通过市场调研，按照消费者欲望与需求、购买行为、购买习惯等方面的明显差异性，把一个总体市场划分成若干个具有共同特征的子市场的过程。因此，每个细分市场都是对同一产品具有相似需要和欲望的消费者的集合，例如，购房者的购买目的各不相同，有改变居住条件、投资、度假、为父母购买、为子女购买等，据此进行客户的细分，就形成了自住市场、投资市场和旅游地产市场等；企业根据不同的细分市场进而可研究其不同的购买偏好、方式等，以便制定相应的营销策略。

由于客户需求的不同，将客户进行细分后，有针对性地提供产品生产，可以很好地提高企业的经济效益，特别是经济实力欠佳、辐射范围仅限某一小区域的小型企业，更加实用。当然客户的细分也不是绝对的，一个客户可能同属于两个细分市场，可能是自住客也可能是投资客。

（二）客户细分的必要性

深入调查研究项目的客户群特征，进行细分、界定，是整个项目运行开发成功与否的一个重要环节，主要体现在以下几个方面。

1. 有利于选择目标市场，发掘市场机会，开拓新的市场

通过市场细分，可以发现潜在的需求、市场的竞争度、产品的开发方向，顾客细分之后需求比较具体、明确，针对较小的目标市场，制定特殊的营销策略，并可以对每一个细分市场进行分析比较，探索出有利于企业的市场机会。尤其是对中小企业，由于资源能力有限、技术水平相对较低，通过市场细分工作，可以采用弥隙战略，选择极少的细分市场，集中优势兵力打歼灭战，在该市场上占有最大份额，以应对激烈的竞争。

2. 有利于制定市场营销组合策略

目标客户群的全方位刻画会成为项目整体定位、形象定位、产品定位、价格定位的有力依据。特定人群的习惯、喜好、追求等是项目的鲜明目标，只有显化了目标客户群才能更好地制定营销组合策略。精细的划分客户群体，有针对性地细化营销策略，在营销过程中第一时间打动目标客户，引发其购买的欲望。

3. 有利于提高企业的竞争能力和经济效益

有利于集中人力、物力投入目标市场，提高企业的经济效益。任何一个企业的资源都是有限的，通过细分定位，选择自己的目标客户，争取局部市场上的优势，提高整体经济效益。

（三）客户细分的标准

一般来说，客户细分的根据是客观存在的需求的差异性，可从以下三个方面进行考虑。

（1）外在属性　如客户的地域分布，客户的组织归属，即企业用户、个人用户、政府用户等。通常，这种分层最简单、直观，数据也很容易得到。但这种分类比较粗放，无法区分在每一个客户层面的优质客户。

（2）内在属性　指由客户的内在因素所决定的属性，包括客户人口构成因素及消费心理因素，比如性别、年龄、信仰、爱好、收入、家庭成员数、信用度、性格、价值取向、消费习惯等。

（3）消费行为　不少行业对消费行为的分析主要从三个方面考虑：最近消费、消费频率与消费额。按照消费行为来分类通常只能适用于现有客户，对于潜在客户，由于消费行为还没有开始，当然分层无从谈起。即使对于现有客户，消费行为分类也只能满足企业客户分层的特定目的。

房地产业中，房地产是特殊的商品，面对的顾客群体广泛，且客户的特征复杂多样，客户需求层次不一，容易受外界因素影响，因此房地产客户细分就有着自己行业的特点。

房地产行业的客户细分通常从四方面考虑。

1. 地理变量

由于房地产存在不可移动性和区域性，根据客户的所在区域、自然环境来细分房地产市场，不同环境下的消费者的消费能力和对同一产品的需求及偏好都存在很大差别，这也就要求开发企业对不同的地理环境采取不同的营销策略（见表4-3）。

表4-3 目标客户的地理要素分类

地理因素	地理差异
地区	东部、西部、南部、北部、中部等
行政区	如济南的天桥区、历下区、市中区、槐荫区、历城区等
居住区	分为市区、郊区或老城区、新城区等
区域人口规模	5万人以下、5万～10万人、10万～30万人、50万人等
地形	平原、高原、盆地、丘陵等
城乡	城市、大城市、中等城市、小城市、城中村等

2. 消费者变量

包括年龄、收入、信用度、家庭结构、购房周期等。不同收入、年龄、家庭结构的消费者往往处于不同的家庭生命周期，对居住环境、居住条件有着截然不同的需求（见表4-4）。

表4-4 目标客户的人口要素分类

人口因素	差异
年龄	20～30岁、30～40岁、40～50岁、50岁以上
收入	人均月收入、年收入、家庭年收入等
职业	工人、教师、企业职员、白领、公务员、私营业主、文艺界人士等
文化程度	小学、中学、大学、硕士、博士
家庭成员	父母、子女
家庭结构	单身贵族、两口之家、三口之家、三代同堂
社会阶层	特征： (1) 同一阶层的人群具有同类型的行为 (2) 社会阶层的地位有高低 (3) 社会阶层是职业、收入、文化程度综合的结果 (4) 社会阶层的内涵会变动，个人也会提升到较高阶层或下降到较低阶层

3. 消费者心理变量

消费者心理变量以消费者的生活方式、置业目的及消费习惯等心理特征，作为划分住宅消费群体的基础。不同的消费者，有着不同的置业目的，有的为了解决基本住房问题，有的为了改善住房条件，有的为了自己经营把握成熟区域商机，还有的是为了投资升值保值、传承基业；生活状态、方式的差异，使得廉价房、高级公寓、花园洋房、别墅各有追求者；不同个性爱好的消费者，对住宅的样式、风格、装修都会有偏爱（见表4-5）。

表4-5 目标客户的客户心理要素分类

心理因素	差异
生活方式	时尚、朴素、奢侈、豪华等
个人性格	外向、内向、开放、冲动、果断、合群等
价值观念	务实、求美、求新、求奇等

4. 消费者行为变量

消费者行为变量是以消费心理和消费行为作为细分客户的基础。消费者对房地产产品的态度和反应不同显示出他们处于购买过程的不同阶段，有的消费者对产品尚不知晓，有的已经很熟悉，有的已有购买欲望，有的正准备购买。开发企业要根据消费者所处的阶段进行客户细分，采取不同的营销策略。有明确的购买意向的客户，他们对价格、环境、升值空间的关注各有侧重，开发应该以最吸引人的特征吸引客户（见表4-6）。

表 4-6 目标客户的客户行为分类

客户行为因素	差 异
购房次数	首套房、二、三套房、多次购房
购买动机	自住、为他人购买、投资、投机
准备购买时	不知、已知、有兴趣、有欲望
时间习惯	时令性、季节性、节假日
品牌忠诚度	高、中、低
追求利益	高、中、低

二、客户定位

（一）客户定位的概念

客户定位是研究和分析房地产项目的目标消费群体及其行为特征的一项活动。任何一个楼盘的开发，不可能满足所有购房需求的客户，购房者也不可能都选择同一个楼盘作为置业对象，如何准确无误地吸引住项目的潜在购买对象，就需要从项目自身条件出发，对目标客户群进行准确的界定，进行有针对性地设计、运作与营销推广，为特定的客户提供特定价值的产品。目标客户定位与市场定位是紧密联系在一起的，房地产客户定位旨在研究购房者的基本特征和影响其购买决策的因素，包括消费者的消费心理、消费行为、消费习惯、消费动机和消费方式，同时研究消费者职业、年龄、收入、观念，所处的社会阶层、环境，文化背景，生活方式和喜好偏向，确定房地产项目的目标消费群体及其特征，同时为项目的产品定位、形象定位、价格定位提供依据和基础。如果客户定位不科学、不正确，那么房地产项目的营销过程会是盲目和被动的。

（二）客户定位依据

客户定位的前提就是要找到打动潜在客户的兴奋点和共鸣点，这也是客户定位的重要依据。其支撑点也需要从自身特色、物业类型、客户的演化阶段等做出详细解释，即凭借什么项目才能够打动客户。

1. 根据项目本身特色定位

房地产项目的整体定位、档次水平、产品特点等是决定客户群体的先决条件，即使是同一个项目中的高端产品与低端产品的客户群也存在差异，它的核心客户、边缘客户、偶得客户是完全不同的。

2. 根据不同物业类型定位

一个项目中，往往是几种物业类型、多种户型结构的组合，满足不同需求客户的要求，如此，每种产品就会指向某一批特定购房者。通常从客户对产品、环境、价格、配套等要素的关注点和敏感度来细分。例如，小区中心景观区产品常受到对总价不敏感、经济实力较强、追求高生活质量的客户的青睐；而户型结构功能性强，但视野欠佳的房屋会受到经济务实型客户的关注。

3. 根据项目销售阶段定位

影响客户决策的因素，在整个项目开发、销售过程中是动态变化的，因此，目标客户不是从最初的定位就一成不变，而是随着项目的进展及在市场上的影响力的提高发生着改变，实现客户的演变过程。

销售前期以示范型客户为主，此时产品性价比高，规划吸引客户看好发展前景；销售中期以跟随型客户为主，此时项目品质彰显、形象逐步树立，从众客户出现后；销售后期以跟随、机会型客户为主，区域逐渐成熟，投资客开始跟进。

（三）客户定位流程

将定位内容逐步实施，项目的目标客户即会浮出水面，通常经过如图 4-6 所示的四个步骤，对客户构成、心理、行为进行分析，确定目标客户群、客户诉求，为后期的形象、产品等定位提供依据。但这个流程并不是简单的搭接，而是环环相扣，并且在操盘过程中，影响客户的因素还是动态变化、多层次的，因此，目标客户也可能相应的做出改变。

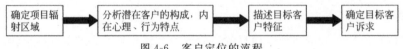

图 4-6　客户定位的流程

房地产项目客户定位的首要工作要调研分析项目客户来源，结合意向客户调查，在大众购房者中缩小客户范围，找到真正的客户群体，进行客户画像，推断项目客户量，了解客户的核心需求，并提出相应引导策略。

1. 寻找目标客户

为使后续的推广、销售具有针对性，客户定位要准确，找到核心客户、重要客户和边缘客户、偶得客户。精准的客户如何得到？通常是从项目自身特点出发，大范围、大尺度上寻找目标客户群；从同区域同类项目出发，分析其客户的主要来源和特征，以此借鉴，找到项目的核心客户和主要客户。

（1）房地产目标客户一般具备的特点

1) 房产目标客户带有强烈的心理地域特征。房地产的关键因素是地段。通过大量楼盘的客户分析表明，消费者对地域有明显的区分。如在济南，如果客户工作、生活都在东部，那他们觉得济南西部、北部是比较远的区域；而如果是长期在西北部居住的顾客，会认为那里是合适的选择。因此，消费者在买房时对楼盘的地域特征非常在意。

2) 房产目标客户对户型选择有显著区分。首次置业的客户和改善型的客户在房型选择上会有明显的区分，当产品处于刚需和享受型需求两极时会比较明显。例如济南重汽·彩世界项目，是小户型公寓产品，以一居和两居为主，它所吸引的是 25～35 岁青年白领，刚性需求强或投资的客群，这样的客户所青睐的正是这种小户型住宅，因此目标客户非常明确。改善型的客户的选择可能更多的基于他们的家庭结构变化和经济实力的改善，选择是豪华舒适的两居或是三居。当然，如果产品特征不明确的时候，这种区分也不明显。

3）房产目标客户对价格选择有明显区分。中低档产品客户对价格比较敏感，关注首付比例、优惠程度等价格因素，相对高收入群体对中高档产品价格关注度较低，主要关注体现在其他方面。根据消费者的收入水平，可以将客户群划分为富贵阶层、中等阶层和普通阶层不同的客户群体，一般情况下可将它们划入相应的价格区间，但也不排除各阶层都买同一类产品的可能。

（2）目标客户选择依据

目标客户实际选择时是多个参数同时参考，而非单一的选择。

1）区域特性。目标客户的选择首先要考虑项目所在区域的自然特征、人文环境、政策环境，清晰地分析出所在区域与城市中其他区域相比，优势与劣势所在，在大尺度、大范围内寻找潜在的目标客户。

2）项目自身条件。从项目自身的资源出发，分析项目的定位、产品规划特色、项目档次可以给客户提供什么需求，适合什么样的客群选择，将会吸引哪类客群。只有剖析出自己的优劣势，才能更精准地选择目标客户。

3）竞争对手客户群分析。明确地找到竞争项目，指已建成或正在建设中的同区域或同档次或同价格项目，即竞争性项目。之所以具有竞争，是因为项目可能存在客户、价格、数量、项目周期、空置情况、竞争特点、优势、卖点、产品特色、营销手法等方面的相似或重叠，分析竞争对手的目标客户群，以便找到自身的客群，制定竞争策略，避免恶性竞争。

2. 明确客户需求

客户定位要把握客户真实的需求特征，从信贷政策、宏观环境等对客户的影响；从目标客户成长特征、知识结构、消费结构和消费能力；从项目本身去分析客户的核心需求，详尽地描述、刻画目标客户。

房地产市场逐步走向细分市场，处于不同生活状态与对生活品质有着不同追求的客户对产品的关注点是不同的，可以通过目标客户"素描"的方法加以明确（见表4-7）。

表 4-7　不同类型目标客户的描述

目标客户	特点	关注点
单身贵族	积蓄不多，期盼有一套属于自己的房子，并适时地更换	• 交通便利的成熟地段 • 总价低、功能全的小户型 • 完善的配套设施
结婚	积蓄不多，有一定支付能力，对周边环境、配套要求高	• 功能完善的两室住宅，户型突出生活特点 • 对面积和总价要求比较严格 • 生活配套完善
拆迁家庭	眷恋原来的居住区，但经济补偿不足以购买一套理想住宅	• 仍然生活在原生活区域 • 原住地的二手房或偏远些的商品房
成熟家庭	改善现有的居住环境，周边具有教育资源	• 交通便利 • 房屋功能性强 • 注重项目品质 • 文化教育资源
养老	有一定存款，享受晚年	• 关注发达城区的偏僻处、生活便利且幽静 • 小区内环境优美，利于养生 • 物业管理适合老年人生活 • 关注房屋的细节

续表

目标客户	特点	关注点
投资客	获取差价或租金	• 住宅：启动期介入，户型适中，景观好 • 商铺办公楼：成熟区域，具有商业或商务氛围
富贵之家	社会成功人士，购买力强，追求高生活品位	• 开发商品牌 • 关注项目品质、档次 • 身份、社会地位的体现

3. 确定客户诉求

所谓诉求，是指能满足客户的哪些需求点。找到切入点，抓住与客户的首次沟通机会，掌握核心诉求点和辅助诉求点，吸引住客户的眼球，达到预期的效果。通过选定最有价值的客户作为目标客户，提炼他们的共同诉求，为细分市场提供差异化的营销组合。

根据客户开发的难易程度，可以将客户需求进行金字塔式的划分，越靠近金字塔的顶端客户需求越强，越容易获取到客户，从顶端到底端逐层开发，逐渐扩大客户范围（见图 4-7）。

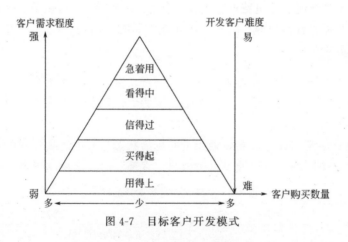

图 4-7 目标客户开发模式

【案例分析】 油田地区某项目的客户细分与客户定位

1. 进行客户细分

基于市场调查，首先对该区域进行了客户细分化工作（见图 4-8）。

2. 客户来源分析

（1）经验判断 油田某项目的客户将以私营业主和行政事业单位员工为主，企业员工和油田职工为辅，普通市民作为补充，区域将以东城为主，西城为辅，下县区和外地为补充。

（2）客户延伸分析 目前市场客户定位普遍以公务员、私营业主为主的情况下根据项目开发特点适当予以延伸，本项目客户定位体系是以私营业主为主要客户，行政事业单位员工和企业员工为重要客户，满足多次置业需求的同时，适当考虑初次置业需求。

3. 客户总量推断

客户总量推断如图 4-9 所示。

4. 目标客户画像及价值提炼

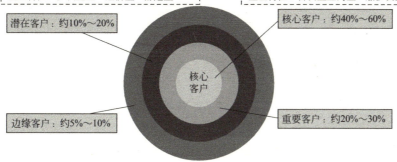

图 4-8 客户细分

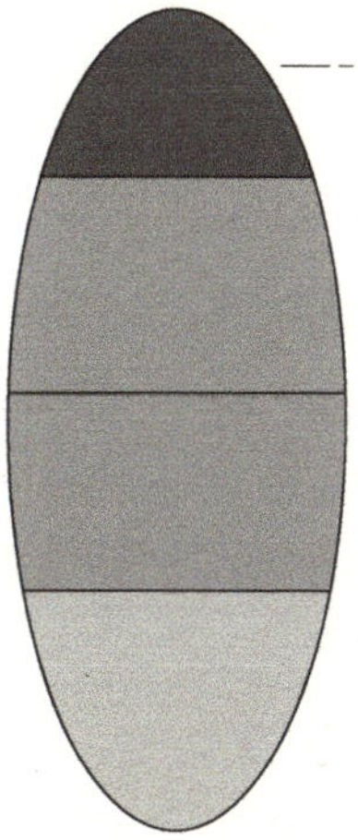

阶层	职业	家庭年收入	户数
财富阶层	公司高层管理者、大型私营业主	20万元以上	约1000户
中高端阶层	高级公务员、公司中层管理者、中型私营业主	10万~20万元	约9000户
中端阶层	公务员，企业基层管理者、小型私营业主、油田职工	5万~10万元	约2.3万户
中等收入者	公司职员、工薪族	5万元以下	约2万户

图 4-9 客户总量推断

注：根据东营市区常住和暂住人口，结合客户购房意向和收入状况综合分析得出，东营城区有意在未来4年内购房客户总量及阶层推断。其中东营城区常住人口以50万人，2.88人/户，1/4户有购房意向计算，暂住人口以11万人，2人/户，1/6户有购房意向计算。

目标客户画像如表4-8所列。

表 4-8 目标客户画像

客群分类	客群特点(活动、兴趣、观点)	引导策略
私营业主	平时忙于打点生意，比较忙碌，晚上经常会有应酬 有时和同乡、同行一起聚会、聊天 希望给家人一个舒适的住所，有时间的时候多陪家人 关注于生意，尚无住房，希望改善居住环境或方便生活及工作 注意住所的环境、价格与户型和物业管理	充分利用亲水概念 注重环境的营造 强化产品品质 提升物业管理
……	……	……

第三节 房地产项目产品定位

一、房地产产品

通常我们把房地产产品理解为写字楼、住宅等,即具有某种特定物质形状和用途的物业(见表4-9)。而现代市场营销理论认为,房地产产品不仅仅限于有形物品,它是人们通过交换而获得需求的满足,是消费者所期望的实际利益。因而,凡是提供给市场的能够满足消费者或用户某种需求或欲望的任何有形建筑物、构筑物、土地和各种无形服务均为房地产产品。其内涵不仅包括物业实体及其质量、特色、类型、品牌等,还包括可以给消费者带来的附加利益,如心理上的满足感等。因而,房地产产品是由核心产品、形式产品和附加产品所组成的立体复合体。只有真正领会产品整体概念的要求,开发出全方位满足消费者需求的产品,才能提高房地产企业的声誉和效益。

表4-9 房地产物业用途分类

序号	名称	序号	细分名称
1	居住物业	R1	商品住宅
		R2	经济适用房
		R3	廉租房
		R4	宿舍
		R5	待规划民宅
2	商业服务业物业	M1	商业物业
		M2	金融物业
		M3	服务物业
		M4	旅游物业
3	办公物业	O1	各类机关办公物业
		O2	事业单位办公物业
		O3	企业办公物业
		O4	其他组织办公物业
4	工业物业	I1	厂房物业
		I2	仓储物业
5	公共性建筑物业	C1	文化物业
		C2	体育物业
		C3	教育物业(监狱)
		C4	医疗物业
		C5	邮电物业
		C6	交通物业
		C7	市政设施
		C8	文物宗教物业

续表

序号	名称	序号	细分名称
6	其他物业	O_0	含军事、农业
7	综合性物业	C_0	城市综合体

1. 房地产核心产品

房地产核心产品是指能满足消费者的基本利益和使用功能的房地产产品。它是房地产产品最基本的层次，是满足消费者需要的核心内容。房地产核心产品包括以下几方面内容：①生活居住需要；②办公及生产经营需要；③投资获益的需要；④获取资本增值的需要；⑤为后代积累财富的需要；⑥炫耀心理需要等。

2. 房地产形式产品

房地产形式产品是房地产核心产品的基本载体，是房地产的各种具体产品形式，一般包括以下几个方面：房地产的区位、质量、外观造型与建筑风格、建筑材料、色调、名称、建筑结构与平面布局、室外环境等。形式产品是消费者识别房地产产品的基本依据。

3. 房地产附加产品

房地产附加产品是指消费者在购买房地产时所得到的附加服务或利益，主要是物业管理服务、按揭贷款服务、景观设计、装修等。

二、房地产产品定位的概念

为了在竞争中使企业立于不败之地，除了寻找自己的细分市场外，还要使自己的产品与竞争对手的产品存在差别。这种差别化能够有效地提高产品的价格。产品差别化可以通过提供质量好、价格低、产权安全、物业管理完善、设计新、功能齐全的产品来创造价值。要达到这一点，就要进行产品定位。

根据菲利普·科特勒的定义："差别化是指设计一系列产品差别，来区分公司与竞争对手之间的产品的差别。而定位是指公司设计出自己的产品和形象，从而在目标顾客心中确定与众不同的有价值的地位"。也就是说，产品定位是将自己的产品差别于竞争对手，并在潜在客户中占有合适位置。而要达到这一点，要满足以下条件：①对客户具有主要价值；②对企业能带来利润；③产品与众不同，不易被竞争对手模仿；④这种差别能被客户接受并愿意为此而多花一定的钱。

从事房地产开发的企业，在开发过程中必然经常面临下列的问题：①如何获取土地？是买地、租地还是合建？②如何开发土地？③如何利用土地才能取得最佳效益？是兴建房屋出售获得收益，还是兴建房屋以供自行使用或经营？任何一种土地开发的途径、条件或利用方式，到底能获得多少的投资？表面看来，这些似乎都只是与土地有关的问题，是一种典型的平面标的，但事实上，这种平面标的真正的价值却反映在其立体的使用潜力上。也就是说，一块土地能用来兴建什么产品，或提供何种用途，即决定了那块土地的开发价值。一般而言，要回答上面的问题，不应只在土地本身上寻求答案，而应设法确定土地的用途及收益实现的方式，这就需要依靠房地产产品定位。

由于土地的有限性和位置的固定性，因此房地产不同于一般产品，我们无法大量地生产，它的利用既受政策、法规限制，又牵涉复杂的专业知识，所以产品很难做标准化的设计;房地产的交易金额庞大,本身又具有保值等特性,因此产品鲜少有绝对或必然的价值标准;再加上不动产市场的交易动机可能是自用、投资,或是再生产加工等,不像消费品或工业品市场的交易动机较为稳定而单纯,因此更增加了房地产产品定位的复杂性。

那么,究竟什么是房地产产品定位呢?

就意义而言,房地产产品定位是站在发展商或土地使用人的立场,针对特定目标市场的潜在客户,决定其所持有的土地,应在何时,以何种方式,提供何种产品及用途,以满足潜在客户的需求,并符合投资开发商或土地所有人的利益。简单地说,房地产产品定位就是:①以开发商或土地使用人的立场为出发点,满足其利益的目的;②以目标市场潜在客户需求为导向,满足其产品期望;③以土地特性及环境条件为基础,创造产品附加价值;④以同时满足规划-市场-财务三者的可行性为原则,设计供需有效的产品。

就时机而言,产品定位的时机,通常取决于房地产开发的几个主要过程。一般说来有3种定位时机:①开发、取得或处理土地前,可进行产品定位,以确定土地的使用方向;②销售、出租、经营或兴建建筑物前,可进行产品定位,以确定产品的规划方向,例如,住宅产品应规划为豪华别墅或普通住宅,租售、经营或兴建计划,以及资金流量形态与投资报酬等;③变更或调整土地及建筑物用途前,可进行产品定位,以确定房地产变更用途的方向(例如厂房迁移后,原址可改建为写字楼或商场),调整用途的计划(例如重建、改建或修建),以及变更用途可能获得的报酬等。

就目的而言,产品定位可以使土地拥有者或房屋建造者达到下列目的:①降低市场销售风险,避免供过于求、时机不当或不符合目标市场需求等可能造成的收益损失;②增加投资报酬利润,例如创造个别产品的单位利润,或增加组合产品的整体利润,或通过分期销售获得全程利润等;③发挥作业整体效果,避免开发、销售、规划及财务等的冲突,能同时兼顾收益成本、品质及时效。

房地产产品定位无论就意义、时机或目的而言,均有其特殊性质,尤其与房地产相关的政策、法规日益严密复杂,房地产产品定位在房地产投资活动中扮演重要角色。

三、住宅类房地产产品定位

(一)住宅产品定位内容

由于住宅业涵盖专业较广,建设周期较长,产品一经确定无法逆转,所以在定位阶段充分理解目标市场、重视产品的整体素质、准确预测未来居住潮流与需求变化是奠定事半功倍营销战略的基础。住宅产品定位包含了两方面的含义。

1. 产品意图定位

产品意图定位是从建筑学和市场学的角度出发,在完成目标客户定位后,考虑到市场行情和预计发展成本、预计利润与财务安排等因素,结合建筑、规划、市场、营销等专业意见做出的定位,是产品技术定位的基础。产品意图定位包含的内容主要有:项目整体形象定位,产品形象定位,建筑功能定位,总平面布置与规划组团划分,开发规模与节奏等。

2. 产品技术定位

(1) 建筑风格、室内空间定位 建筑风格定位又分项目总体与单体建筑风格定位,其内容包括总体建筑与单体建筑风格构思、建筑色彩、建筑环境布局及单体建筑外立面设计、屋顶、屋檐、窗户等细部设计构思等。室内空间定位包含室内空间布局、室内装饰风格与装修标准、营销中心装饰风格、示范单位装修概念设计等。

（2）面积配比与房型定位　面积配比，指的是各种面积的单位数在整个项目总数中各占的比例。比例究竟多少才恰当，不能靠主观的臆想，而是要深入了解市场经过比较才能得出。面积配比定位分为两个步骤：首先是面积定位，在户型定位后确定每个户型的面积，具体到厅、功能用房、厨、卫、阳台等的面积；其次是面积配比定位，住宅面积对应的是总价市场，房屋总价是消费者购买力的集中体现，是区分目标市场最基本的参数，因此，理想的面积定位乘以预计销售单价应该接近目标客户能接受的总价，所以由面积配比引申出的总价范围要结合目标客户的定位。户型定位是与面积定位联系紧密的一项重要技术指标。户型定位并不一一对应于面积定位，户型定位虽然也对应着总价市场，但它所反映更多的是消费者生活需求结构的某种状况。

户型定位包含两个层次的含义：第一层含义指各种户型的单位数在整个项目单位中各自占的比例；第二层含义指的是每个户型的合理性定位。户型合理是户内环境舒适健康的先决条件，户型设计要遵循洁污分离、干湿分离、保障卫生的原则。合理的户型定位还要考虑到室内空间净高、面积最低标准控制等具体因素。

（3）建筑部品、机电设备定位　不同的客户群体、不同风格的项目对建筑材料、装饰材料、机电设备的要求不同。在进行产品定位时，为了提高住宅性能、满足消费者对产品品质的要求，还要考虑的是建筑部品和设备的生产质量及配置水平，包括产品的稳定性、耐久性、环保性和通用性等；其次，材质选定要与产品的最终定位相结合。

（4）科技定位　随着时代的发展和科技的更新，产品的科技含量不断提升，促进住宅产业的发展，如节能型、环保型建筑材料的广泛应用，建筑新工艺的推广，楼宇智能化设施的选定等。通过科技定位，提高住宅建筑技术水平，进而改善住宅的舒适程度，提高住宅的内在品质，是房地产企业适应动态市场的必经之路。住宅科技定位包含的内容较为广泛，户内区域有结构形式、热量回收系统、室内新风系统、除尘系统、外窗、阳台门、管材、消防软管系统等内容；户外公共区域有通道防火设施、安全保卫系统、噪声防护系统等。对产品科技方面的定位不能过于脱离目标客户的生活与工作习性，但要具有一定的前瞻性。

（5）特色定位　产品的特色定位，就是立足于企业资源优势，包括经济资源与文化资源，在对目标客户的生活形态、需求倾向、消费倾向和当地市场的特色与文化进行准确的把握之后，在项目建筑风格、建筑环境、空间形态、项目与城市的互动、功能互补等方面，整合出项目独有的特点作为诉求点，以此赢得市场的认可。

（6）生态与环境定位　对于生活在城市的人而言，人与自然的关系主要是通过居住的生态环境来体现，生态环境是人居健康环境的组成部分，生态环境、生活设施、项目景观、公共空间美化等完全关乎项目的定位。广义的生态环境定位，不仅仅是有树木花草，更需要文化，要突出包括民族地域文化在内的文化内涵。在对生态环境进行定位时，要注重与场地条件的结合，讲究实用性，做到开放性和多样性。环境定位包含项目总体环境规划及艺术风格构思、项目各组团环境概念与庭院景观设计、项目公共建筑外部环境概念设计、公共空间主题选择等内容。

（二）住宅产品定位流程

1. 设定目标

首先，要深刻理解房地产项目的开发动机以及开发背景，从而确定对项目的基本观点和看法，真正把握开发的目的和意图，即明确项目达成什么目标算是成功的、项目的成功有什么限制条件、想做什么产品等内容。项目的目标无外乎品牌的追求、速度的追求和利润的追求这三部分。在目标的梳理中，可采用定量分析法、定性分析法和案例分析法，确定目标。

2. 市场分析

市场分析包括宏观分析和微观分析，从城市发展到经济分析，从区域市场分析到项目周边分析，从明星楼盘分析到竞争楼盘分析，从消费者分析到目标客户分析，市场分析的内容很繁杂。市场分析的目的是为解决项目目标服务的，因此，市场分析过程中的市场调查就应以达成目标为方向，以寻找达成目标所存在的问题为重点，确保市场调查既有针对性又有时效性。

3. 战略选择

战略分析在前面的章节已经讲过，这里不再重复。通过详细分析项目自身的优势、劣势以及外部市场的机会与挑战，明确达到目标存在哪些障碍以及达成目标应该发挥哪些优势。战略分析后就要确定本项目在市场中的站位，也就是对项目定位的战略选择，是做区域的领导者还是挑战者还是追随者？而产品定位是战略下的策略问题，因此，产品的定位就要符合战略角色。如何实现产品定位呢？这就需要下一步的方案构想了，也就是物业发展建议。

4. 方案构想

最终，通过目标的确定与战略选择，形成产品总体的设计方案，即对物业发展建议构成要素的总结，在实际运用中会根据项目具体情况构建产品 KPI 体系（Key Performance Indicators）（见图4-10）。

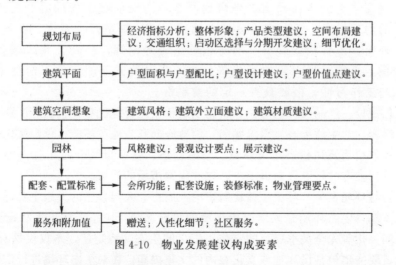

图4-10 物业发展建议构成要素

【案例分析】 ××滨海项目产品总体布局

1. 总体布局建议

××滨海项目产品的总体布局建议如图4-11所示。

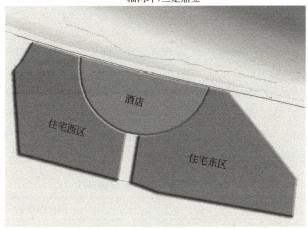

图 4-11 总体布局建议

（1）一轴　以秦山路伸入项目地块的延长线为纵轴，也是项目的形象大道商业金街，以此为轴。

（2）两环　以中心轴分为左右两个社区，社区内建筑以环状分布，既合理利用了宗地条件，也最大化地营造了两个大组团内各自的绿化空间。

（3）三足鼎立　两环组团与北面滨海酒店既相互联系又各自相对独立，犹如三足鼎立在黄海岸边，形成一道独特的海岸风景线。

建议具体细节主要包括以下几个方面。

① 项目总体布局大致呈现一个主轴将宗地一分为二，分区内建筑沿两个环行线分布的布局方式。北面滨海酒店与居住区以景观带进行视觉和物管分隔。

② 根据规划要求，住宅全部采用点式高层形态，在布局上最大限度地平衡采光朝向与观海景观的关系，保证每户均有足够的日照和采光。

③ 物业以一梯三户和一梯四户的塔楼为主；可少量辅以一梯两户的楼王级建筑。

2. 出入口建议

① 建议将概念性出入口布置在宗地中部的秦山路最南端。

② 两个组团拥有各自独立的主人行入口和车行入口。

③ 在基地北侧沿滨海大道东西两个方向布置次出入口。

④ 考虑到秦山路延长线布置有底层商业，且直接通向沿海酒店。为形成顺畅的人流车流动线，建议在概念性入口处做概念性大门设计。

四、商业地产产品定位

（一）商业地产的概念及分类

1. 商业地产的概念

商业地产是指用于各种零售、餐饮、娱乐、健身服务、休闲等经营用途的房地产形式，从经营模式、功能和用途上区别于普通住宅、公寓、别墅等房地产类型。商业地产是一个具有地产、商业与投资三重特性的综合性行业，它兼有地产、商业、投资三方面的特性，既区别于单纯的投资和商业，又有别于传统意义上的房地产行业。

2. 商业地产的分类

（1）商业地产物业类型分类

商业经营类物业：包括商业街、百货商场、购物中心、超市、独立门市房、产权商铺、展览中心等。

办公用物业：包括写字楼、商住两用楼、对外出租的政府办公楼等。

餐饮酒店类物业：包括餐饮、饭店、酒店、酒吧、快餐店、咖啡店、宾馆、旅馆等。

仓储、厂房类物业：包括仓库、储存罐、标准厂房、工业园区、物流港等。

（2）商业地产类型细分 如表4-10所列。

表4-10 商业地产类型细分

分类标准	类型	细分内容
按照功能类型分类	零售功能	百货商场、超市、家居、建材、商业街、批发市场、大型购物中心等
	娱乐功能	电影城、娱乐城、KTV、游乐园等
	餐饮功能	大中型酒店、中小型快餐店等
	健身、休闲服务	运动会所、健康中心、美容中心等
按消费购买内容分类	物品交易场所	为消费者提供购物场所，包含购物中心、家居建材、超市、商业街等
	服务交易场所	为消费者提供某种服务的场所，如餐饮、酒店类
	体验业态	为消费者提供身心体验，如娱乐、健身、美容、美发等场所
按客户广度分类	大众客户类	面向所有社会的人群，为大众消费者提供服务，如超市、餐饮等
	小众客户类	面向社会的少数人群，如面向年轻人群的娱乐迪吧、面向中高收入人群的高级会所等
按照建筑形式分类	单体商业建筑	单一建筑体，独立于其他商业建筑
	底层商业建筑	如住宅底层商铺
	地下商业建筑	地下商业街，多由人防工程改造而成
	综合商业建筑	多种商业建筑的集合体，多种经营方式集合在一起
按照市场覆盖范围分类	近邻型	如小卖部、便利店、食品店、粮食店
	社区型	菜市场、超市等
	区域型	购物中心
	超大区域型	中心商业街
按照商店销售产品类型分类	综合商店	提供不同类型货品和服务的综合性场所
	服装和饰品店	服装城、服装批发市场、女装店、鞋店等
	家具和家居用品店	家具店、装饰材料店等
	其他	书店、玩具店、箱包店、珠宝店和运动器材店
	便利店	包括超市、食品和药房

（二）商业地产产品定位原则

1. 顾客导向原则

消费者购物具有区域性特点，客户依据其所在地点和商业点的步行距离和车行距离，估计所花费的经济成本和时间成本，选择商业点。依据德国城市地理学家克里斯泰勒（W·

Christaller）和德国经济学家廖什（A·Losch）分别于1933年和1940年提出的中心地理论确定商业的客户辐射范围。商业辐射范围内消费者的生活水平、购物需求和购物习惯决定了产品的功能定位方向和业态定位方向。

2. 竞争导向原则

根据市场供需情况，寻找市场空白，特别是在市场商业供应量较大的情况下，为防止恶性竞争造成的两败俱伤，采取差异化战略，以特色的产品定位取胜。当然，如果商业项目体量是市场上最大的，竞争优势明显，则可以采取领导者战略，以领导者的姿态强势占位，在消费者和投资者心中建立第一品牌、第一品质的领导地位。

3. 前景导向原则

区域发展的重大机遇、区域产业结构的转变和优化升级，会吸引大量就业人员，推动区域的成熟化。在这种情况下，通过前景展望，以战略的眼光超前定位，引导消费者和投资者。

（三）商业地产产品定位

商业地产定位包括档次定位、客户群定位、主题定位、案名定位、形象定位、功能定位、业态定位和价格定位。本部分简要说明产品功能定位和业态定位。

功能定位是依据商业市场状况，为消费者提供娱乐、休闲、购物等的战略选择。功能定位为业态的具体定位提供方向。

业态定位是功能定位的具体体现和业态组合状况。在业态的选取中，业态的档次要符合消费者的购物能力和购买习惯。

【案例分析】 某商业项目功能与业态定位

本项目功能定位为引领西部城区发展的商业旗舰。

根据区域发展定位以及地块商圈区域环境的分析，本案例商业中心的功能应该突出如下几个方面。

（1）便民服务功能　针对目前该版块购物、餐饮、休闲、娱乐、体育、文化、金融、电信、医疗、交通等基本配套服务设施缺乏的现状，地块商业应考虑完善上述基本生活配套服务功能。

（2）商品集散功能　本案商品集散功能主要包括日常生活用品、部分耐用品、部分奢侈品、电子通讯产品等。借助便利的交通条件，本案应成为上述商品的物流交易中心。

（3）娱乐休闲功能　综观本区，明显缺乏大众休闲娱乐场所，针对各个档次的消费群体定位的娱乐中心都缺乏，本案走中高档休闲娱乐路线，必将聚集人气。

本项目的业态定位如下。

规模业态：社区型商业中心，大型综合超市，专营店。

经营业态：以日用百货、餐饮、服装鞋帽、娱乐休闲、局部专业市场等为核心业态组合的大型综合商业中心。

（四）商业地产产品规划建议

1. 内部空间组织

（1）人流动线设计　人流动线设计以直线为主，根据经验，在人流视野范围内的商铺，具有高租金的价值。但在直线的人流动线中，可以规划几个类似于小中庭的前凸或后凹形式，以提升局部商铺的租金。

（2）人流通道设计　人流通道尽量采用围绕中厅的双环回型结构，这种结构可以增加商场的通透感，最大化地增加顾客视线内的商铺数量，提高顾客的商铺到达率。

在楼层之间设立的台阶式手扶电梯上下部分应分开设计或设计成剪刀式，以增加人流上下楼时光顾店铺的数量。

2. 辅助功能区

为了有效拉动次级通道商铺的人流量，可将收银台、卫生间、楼层休息区等部分功能分布在次级通道上，以拉升次级通道的人流量，同时也可降低将其设立在主要通道旁占用黄金铺面的损失。

3. 主次通道

对于面积较大的商场，除了在商铺前后都设立出入口外，一般都设置若干主次通道，保证通道间畅通与联系，方便顾客快捷地往返前后通道，同时缓解人流的拥堵，提升人流平均到达率。

4. 商铺分割原则

（1）主题原则　商铺的分割，必须遵循主题原则，即结合商铺推广的主题功能来进行分割。不同性质的商业种类，对分割有不同的要求。因此商业项目的商业主题定位是必须考虑的内容。

一般商业用房的结构形式以框架结构居多，因此商铺的开间一般都是根据框架的柱距确定的。一般综合类的商业步行街，柱距为 6.6m、8m、9m 的比较常见。开间多是把一个柱距分割成 2~3 个铺位，如 6.6m 柱距的商铺开间是 3.3m，8m 的是 4m 开间，9m 的铺子一般进深要小一些，开间一般都隔成 3m 一个。商业步行街综合型的进深一般都在 12~13m 居多，开间在 3~4m 居多。

如果商业步行街是餐饮街，那开间进深都要大的多，进深一般在 16~21m 左右，开间一般都是按照柱距走的 6.6m、8m、9m。做专业市场的店铺进深也大，如做自行车、电动车、医疗器械的进深都在 15m 以上。

商场内分割的内铺，开间进深相对较小，一般开间都在 3m 左右，进深都在 9m 左右，铺位间用轻质隔墙或者玻璃进行分割，便于铺位合并。

（2）人性化原则　商铺的分割，必须遵循人性化原则。也就是说，分割出的商铺要符合业主经营、使用的要求，分割出的道路要符合消费者的购物习惯、购物心理和行走习惯。

（3）科学利用原则　商铺的分割必须遵循科学利用原则。即在满足消防要求的前提下，尽可能地充分利用有效空间面积，所有的空余面积都应该利用起来作为商铺，尽量减少和压缩辅助功能区的面积。这是提高使用率、降低公摊比例的唯一有效途径。如楼梯、道路、厕所、休闲空地、设备间、绿化、停车场等这些辅助功能区，满足需求即可，切忌过大而浪费空间。

【案例分析】　××项目商业业态分配

根据调查结果，日常生活品和餐饮是该区市民消费最多的产品。在商业区除了购物外，市民还希望在那里用餐、健身娱乐，侧面反映出该商业区业态较为单一，主要是以单纯的购物为主。对于项目地块来说，市民认为在那里做餐饮、日用品店、服装品牌店、娱乐场所较为适宜。

商场一层三面临街，内部围合成一个中庭，利用中庭来疏解上下垂直交通，还可利用中庭做商业展示来吸引客流向二三层流动。临街铺位为单层单销的形式，主力铺位面积控制在 $50m^2$ 左右（开间4.5m，进深12m），东南面为最大临街面，所以建议在此处修建主入口用来聚敛人气，超市将在南侧过道单独设置出入口。根据市场调查结果，建议在一层做超市百货、餐饮、电子通讯等业态产品（见图4-12）。

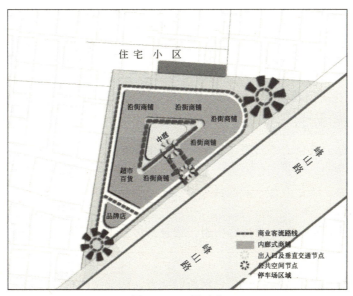

图4-12　一层示意

二层建议规划内廊商铺的形式。根据市场调查结果，建议业态规划为服装鞋帽及日用品等产品。内部中庭不仅可以充分采光，而且可缓解大量人流所带来的交通压力（见图4-13）。

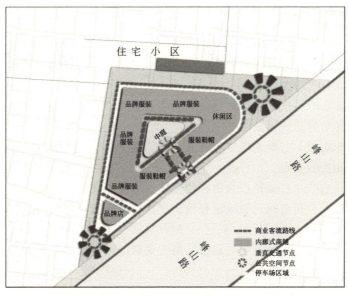

图4-13　二层示意

五、其他类房地产产品定位

（一）工业地产

1. 工业地产概念

工业地产是指土地使用性质为工业的所有毛地、熟地及该类土地上的建筑物和附属物。有别于住宅地产和商业地产，工业地产包括工业厂房、物流仓库及研发楼等。

2. 工业地产特点

除了土地使用性质不同外，工业地产相对于住宅地产和商业地产还有以下特点：
① 工业地产的客户主要为企业；
② 工业地产的投资必须同时考虑区域经济的风险和产业经济的风险；
③ 工业地产建筑层数少（一般钢结构1~2层，钢混结构3~8层），建设周期短。

3. 工业地产的经营模式

（1）建成销售　适合于中国现在房地产证券化程度低的情况下，地产商实现资本快速周转的需要。

（2）建成出租　适合于有一定资金实力的地产商或房地产信托投资基金追求长期稳定投资回报的需要。

（3）购买成熟的工业地产项目后出租　适合于房地产信托投资基金。

4. 工业地产定位

要考虑市场的导向，资源的整合，创新的能力。从定位的角度可以得出是制造型的园区、物流园区还是研发型园区、商务型园区，通过实用的定位增强对企业的吸引力。

综合起来讲，定位包括两个方面：一方面是借助本区域优势，发展工业园区，进而促进开发区的发展；另一方面是造势，挖掘潜在优势通过策划提炼创造市场促进发展。

（二）旅游地产

1. 旅游地产概念及分类

依托周边丰富的旅游资源而建、有别于传统住宅项目的融旅游、休闲、度假、居住为一体的置业项目，均可称为旅游房地产。

旅游地产一般分为四类。

（1）旅游景点地产　主要是指在旅游区内为游客的旅游活动建造的各种观光、休闲、娱乐性的、非住宿型的建筑物及关联空间。

（2）旅游商务地产　主要是指在旅游区内或旅游区旁边提供旅游服务的商店、餐馆、娱乐城等建筑物及关联空间。

（3）旅游度假地产　主要是指为游客或度假者提供的直接用于旅游休闲度假居住的各种度假型的建筑物及关联空间，如旅游宾馆、度假村、产权式酒店以及用于分时度假的时权式酒店等。

（4）旅游住宅地产　主要是指与旅游区高度关联的各类住宅建筑物及关联空间。

2. 旅游地产产品类型

（1）分时度假酒店（公寓）　分时度假从实质上看，是介于房地产产品和酒店产品之间的一种中间产品。旅游地产中分时度假酒店（公寓）就是加入了分时度假交换体系的"时权酒店"。在分时度假产品中会涉及多方主体，包括开发商，拥有房产产权；销售商，作为开发商的销售代表向公众销售分时度假产品；度假房产管理公司，管理和维护分时度假房产；分时度假交换公司，向具有分时度假房产使用权的消费者（会员）提供不同地区之间的分时度假产品交换业务；其他还有律师、金融机构、咨询顾问等直接或间接参与分时度假相关的专业群体。

（2）旅游主题社区　港中旅在深圳华侨城成功开发的世界之窗和锦绣中华项目和华侨城在深圳和北京开发的欢乐谷主题公园，这种主题公园的活动内容和模式近似于美国的迪斯尼乐园，以主题公园带动周边地产项目，从而逐渐形成一个巨大规模的"旅游主题社区"。主题公园和配套住宅的旅游地产开发模式，对地产市场带来新冲击。

（3）度假村　例如港中旅在珠海、青岛、咸阳等地风景区开发大型的旅游度假项目，总投资都高达几十亿元人民币。这种度假村式旅游地产不同于小型的度假村，而是服务项目非常完备的地产社区，一般包括大型游乐园、湖滨高尔夫球场、五星级酒店、各种俱乐部、旅游风情小镇、产权式度假公寓、连排别墅、独立别墅等；社区配套包括中小学、幼儿园、医保中心、购物中心、会议接待中心等。

（4）产权式酒店　产权式酒店作为一种新型的房产投资和消费模式，与住宅写字楼的投资、股票投资、储蓄及国债投资等相比，投入轻松、风险小、回报更丰厚，同时还获得一套真正属于自己的私家酒店。有关资料显示，近10年来，全世界产权式酒店平均每年增长15.8%。与银行储蓄和投资股票债券相比，产权式酒店越来越成为投资的宠儿。因此，地段好，有特色的产权式酒店越来越受到投资者的欢迎。

（5）旅游住宅地产　旅游住宅地产一般投资建设在风景旅游开发区内，定位于集观光旅游、休闲度假、购物娱乐、居住生活、文化教育为一体的大型高品质、生态观光旅游住宅社区。住宅以高端别墅类、花园洋房类型产品为主，并拥有片区最大规模的集中旅游风情商业街、娱乐、文教、体育、酒店等生活配套。总之，该类型地产往往定位于融旅游景点与生活居住为一体的大型高端人群生活社区。

3. 旅游地产定位思路

（1）从深厚历史文化底蕴找卖点　中国上下五千年的历史文化，蕴藏着无数卖点。任何地点，即在地表上的那个"点"，只要有心去找就一定能尽如人意。如山东省梁山县的旅游开发，最大的卖点莫过于恢复"水泊梁山"水寨，再来个"全国招聘李逵、李鬼"，自然会拉动眼球经济。这只是挖掘到宋朝，西安的兵马俑可直接挖掘到秦朝，而炎帝陵可直接挖掘到人类之始。

（2）从未来发展空间找卖点　中国入世后，世界经济、品牌一体化，房地产户型、品味、布局呈世界化。所以，找卖点不是只从区域性、封闭性找卖点，更要看到潜在的客户流动群。虽然房地产是不动的，但购置房产的人却是流动的，如桂林的"国际旅游物业超市"，目标是外地客户，重点是国内港、深、澳客户群及部分外国人。

（3）从个性化发展找卖点　任何城市发展都不是千篇一律的，任何花朵都不是绝对一模一样的。旅游地产也是个性化发展而千姿百态，如三山（黄山、庐山、雁荡山）、五岳（泰山、华山、衡山、嵩山、恒山）、八达岭长城、平遥古城等全国各大名胜景区无不具有自己独特个性。旅游地产就是创造区域的个性发展机会，以个性的独特性占领市场并引领市场。

（4）用超前推断法找卖点　策划旅游地产也要讲"3A"原则，即超前性、独创性、实用性。如开发一个旅游项目，首先在做完大量调查、历史推论之后，就要得出"它是什么？""它应该是什么？"的感觉点，然后围绕这一点放大，至少要超前5年或10年的方法去设定它。

（5）用传统文化设定卖点　亚文化是相对于主流文化而言的，它是每一种文化中包含着的若干个较小的分支，称为亚文化。亚文化包括民族、宗教、种族和地域等诸多因素，有时候影响力比文化本身还要大。如在选择地势、住宅等方面，有些地区的人们十分在意所谓的风水，其实质即建筑景观。因此，通过充分挖掘建筑景观的美学特征，通过这种"潜在精神动力"的启发，很快就能激发出来好的卖点。

第四节　房地产项目形象定位

一、项目形象定位的概念

项目形象定位是把项目独特性、唯一性、差异性的价值点进行梳理、提炼，并赋予人文的、精神层面的内涵来构建项目自身的核心价值驱动力，引导消费者不仅对产品产生向往，并更深层次的激发消费者对生活环境、生活模式、生活品位的憧憬及追求。

二、项目形象定位的前提

1. 充分理解开发商及其项目目标

首先，应该充分了解开发商的背景、已开发项目，明确开发商的品牌形象及在消费者心中的地位；其次，理解开发商的开发愿景和对项目的看法和目标，留意其中的闪光点；最后，寻求经济与文化、商业与艺术的有机结合以衍生品牌，并不断强化开发商及项目本身的品牌，为企业持续发展提供后劲。

2. 把握市场，明确战略

把握市场动态，深入分析竞争项目的优势和劣势，针对本项目存在的优势和劣势，通过SWOT分析，制定项目的发展战略。

3. 提炼项目闪光点，挖掘楼盘的核心价值

寻找项目的唯一性、差异性和市场高度，扬长避短，抢占制高点，树立唯一性；寻找项目劣势，发挥优势、规避劣势，以差异化的策略确立项目独特的行业地位。

三、形象定位的过程

1. 3C分析

3C分析，即是对市场（Competition）、项目本体（Company）和客户（Customer）的分析。房地产市场整体和竞争项目的市场分析，能够为项目形象定位提供方向和差异化策略；项目本体分析即是梳理并挖掘项目的地块价值、产品价值等，为形象定位提供卖点支撑；客户深访，能够找出客户关注的亮点，以及客户现有的生活环境、生活方式和向往的生活环境、生活方式，为形象定位找准切入点。

2. 提炼项目卖点

一方面，通过客户深访得到一些客户的关注要素；另一方面，全面分析项目优势，总结项目卖点，提炼项目亮点。从开发商优势、地块优势、产品优势、物业服务优势、营销推广优势、营销展示优势、销售服务优势等方面，总结项目卖点。项目卖点有很多，为了便于营销推广，把卖点分为核心卖点、重要卖点或分为主要卖点和次要卖点。项目的核心卖点，或者说主要卖点的分析就是项目的亮点提炼过程。

房地产项目的卖点来自于项目的优势，但并不是所有的优势都可以成为项目的卖点，只有那些对广告受众起吸引作用的优势才可以成为项目的卖点。在提炼房地产项目卖点时，应该从多个角度去挖掘。

卖点必须具备三个条件：第一，卖点是楼盘自身具有优势的、不易被竞争对手抄袭的个性化特点；第二，卖点必须具有能够展示、能够表现出来的特点；第三，卖点必须是能够得到目标客户认同的特点。

全面梳理房地产市场，可将所有的卖点分为18大类，共有158个卖点。如表4-11所列。

表4-11 房地产卖点梳理

序号	卖点大类	卖点细分
1	楼盘硬件	户型、配套设施、交通、精装修、板式住宅、建材与配置、景观、新工艺与新材料、使用率、楼间距、会所、游泳池、户型、大型超市进驻、规划设计、专业组合、大规模开发
2	建筑风格	建筑艺术、德国风格、欧陆风格、法国风格、意大利风格、海派建筑风格、和式筑居、新加坡风格
3	空间价值	错层、跃式、复式、空中花园、大露台
4	园林主题	中心花园、加拿大风情园林、主题园林、艺术园林、亚热带园林、园林规模、欧陆园林、江南园林、自然园林、树木卖点、新加坡式园林、岭南园林、园林社区、澳洲风情、海派风情、热带园林
5	自然景观	全海景、一线江景、二线江景、园景、人工湖景、山水景观、山景、河景、自然湖景
6	区位价值	繁华路段、CBD概念、中心区概念、奥运村概念、地段概念、商业地段
7	产品类别	小户型物业、TOWNHOUSE、产权式酒店、独立别墅、酒店式公寓、大户型物业、商务公寓、国际公寓、学院派公寓、新独院住宅、经济适用房
8	人以群分	豪宅、白领、单身公寓、工薪阶层、外销卖点、先锋人士、国际化社区
9	原创概念	居住主题、新都市主义、度假村概念、现代主义
10	功能提升	健康概念、投资概念、绿色概念、e概念、环保概念、生态概念
11	产品嫁接（复合地产）	教育概念、音乐概念、艺术概念、运动概念、旅游概念
12	楼盘软性附加值	服务、文化、物业管理、口碑
13	产品可感受价值	品质、成熟社区、身份地位、安全
14	楼盘及发展商形象	荣誉、发展商品牌、知情权、自我标榜、张扬个性
15	居住文化与生活方式	生活方式、品点、文脉
16	情感	孩子、情缘、亲恩

续表

序号	卖点大类	卖点细分
17	销售与 工程进度	奠基、内部认购、第一期公开发售、第二期公开发售、最后一期公开发售、火爆人气、热销、加推、样板房开放、外立面呈现、封顶、竣工、交楼、入伙、尾房销售、现房、答谢
18	创意促销	价格、付款方式、竞卖、节日促销、折扣促销、送礼促销、特价单位促销、巨奖促销、名人效应、各类比赛促销、征集活动促销、开放日促销、业主联谊促销、音乐会促销、表演活动促销、艺术活动促销、新旧房互动、车房互动、送私家花园、另类营销手法

3. 项目形象定位的切入点选取

(1) 以地段的特征定位　房地产项目的关键是"地段，地段，还是地段"。如果项目的地段具备以下特征：拥有或邻近山、湖、林、海、河等自然资源、位于或邻近城市中心、地标、某个著名建筑物、公建、公认的高尚片区和特定功能的片区、城市地标，通常运用组合定位，即以地段特征作为形象定位语的重要组成部分，把项目的地段特征在形象定位中突出和强化出来，这是最常用的定位切入点。

例如梅林关的"假日·托乐嘉"，其形象定位语为"梅林关口·美式街区生活"，直接把梅林关口作为组合定位之一。

定位中的地段借势还要注意顺理成章，不能强求。深圳的别墅项目"圣·丽斯"，是二线拓展区的第一个亮相的豪宅项目，由于担心大多数人不清楚它的位置，其在定位中极力宣传"香蜜湖上游"，本来用意是定义地段，借香蜜湖公认的豪宅片区的优势，但由于距离较远，过于牵强，没有得到客户的认可，反而备受营销界诟病。

(2) 通过产品特征或顾客利益点定位　应用较多的定位战略还有直接以最鲜明的产品特征或顾客利益点来定位。这种方式简单明了，利于记忆。要注意把握的是：这种产品特征是否具备公认的稀缺性和足够的震撼力、吸引力，否则不能承载树立项目形象的功能。

(3) 以规划或产品的首创和创新点定位　房地产市场经过多年的发展，更加成熟，竞争激烈，特别是在产品的均好性方面各项目之间很难拉开很大差距，因此开发商多通过产品的创新来提高性价比，提升价值，因此可以通过一个引领性或首创性的形象定位来吸引市场的关注，提升项目形象。

例如别墅项目"观澜湖翡翠湾"以大幅的路牌广告树立宣传项目"单线性规划，双首层别墅"的创新别墅的形象。

(4) 以项目的目标客户定位　将产品与使用者或某一类使用者联系起来，希望通过名人或特定阶层与产品联系起来，并能通过他们的特征和形象来影响产品形象。

例如原丰泽湖山庄被星河地产收购后改名为"星河丹堤"，产品以 TOWNHOUSE 为主，其形象定位语为"银湖山·城市别墅·CEO 官邸"，直接在定位中界定了其目标客户为 CEO 阶层。

(5) 以文化象征定位　在当前的形象定位中，比较常见而且比较容易的做法是移植、套用、打造各种有代表性的异域风情，如欧式风格、北美风格、地中海风情或高举中式风情的大旗，林林总总，用文化象征来差别化项目形象，试图以文化统领。树立一种成功的标志，一种全新的生活方式，一种独特的难以替代的情调和价值。

(6) 以生活方式定位　房地产项目形象定位不仅仅是华丽辞藻的堆砌，语句形式的诗化,更在于营造提升一种诗意的生活方式和人生境界,以拨动客户的心弦,捕捉人们心灵中某种深层的心理体验。它体现的不能仅仅是房子,它是对家的眷恋,是对物质更是对精神家园的皈依,它是人类追求的永恒主题之一。房地产项目形象要打动人心,打造推出诗意的生活方式,更能诠释人们情感、精神、个性的寄托和张扬。

(7)以行业或片区的引领者定位 如果项目在规模、品质、开发时间等方面有第一、引领或综合优势领先的特质,可以以引领者的定位出现,气势磅礴,先声夺人,一亮相就可以引起市场的强烈关注。

如深圳备受瞩目的香蜜湖"9万3"拍卖地块,以简单大气的文字"香蜜湖1号"定位亮相,其领先、稀缺、高品质的风情以王者的气质散发出来。

(8)以优势组合定位 有时项目具有众多优势的时候,也采用优势组合定位法,提取一般不超过三个的强势卖点组合出来,反复宣传,以使项目的优势深入人心。

优势组合定位法需要注意的事项:一是除非项目的几个优势都非常明显,并且在重要性上是并列的,无法取舍,否则不建议这种方法,优势太多,反而不利于传播和记忆;二是注意几个优势之间的连贯性和统一性,如果语义相差太大,很不和谐,这种组合也是比较失败的。

4. 人文升华

通过嫁接当地的人文历史,或以产品的特色优势直接塑造项目人文概念,打造卖点的诉求,使客户未来的生活环境、生活方式和生活韵味得以形象化,满足客户的利益需求。

四、展示形象

房地产项目形象主要通过案名、主题推广语、VI等因素进行塑造,从而使项目形象得以实现。

(一)案名的策划

房地产项目案名,顾名思义即楼盘名称,是楼盘寓意的象征。在项目推广销售时期,案名是使用频率最高,消费者接触最多、最初感受项目形象的楼盘文字。一个好的案名,不仅可以展示项目形象,入市后可获得消费者的高度关注度,而且可以树立或提升开发商的企业品牌。但一个好的案名,常常建立在深厚的文化底蕴之上,涵盖项目定位、设计理念、项目卖点等,因而,开发商对于项目案名的策划非常重视,不惜重金聘请策划大师进行案名的策划,甚至在媒体上进行"万元大奖征集地产项目名称",以期获得一个能够具有市场冲击力的案名。

1. 案名策划的前提

案名作为房地产项目形象的一构成因素,其策划应在项目既定定位下进行。案名在房地产市场传播,主要是通过抓住消费者的意识形态因素进行诉求,以达到分众→聚焦→触发好感→接受的效果。在项目异质化的情况下,案名作用力相对较小;而在同质化条件下,案名对于消费者好感的聚散作用就会十分明显。因此,在进行案名的策划时应考虑满足以下条件。

(1)是否适合目标或潜在消费者 消费者的购房目的不同,其对案名价值的认知度是不同的。

例如某项目的客户定位以25～34岁的青年白领为主，这类人群较注重生活品位、个人情调，对于私人空间的要求甚为细致。案名采用时尚、个性的"彩世界"一词，与目标客户极相匹配。

（2）是否适合作为企业持续性的品牌符号　有些品牌开发商在各大城市均有房地产开发项目，而且其同一产品线的项目案名是相同的。因此，案名的策划应考虑是否适合作为企业持续性、可复制的品牌符号。如恒大地产项目的命名：恒大·绿洲、恒大·名都、恒大·华府、恒大·金碧天下等。

（3）是否可以实现市场的传播效果——上口、易识易辨易记　案名文字上具有抑扬顿挫的韵律、朗朗上口，便于消费者记忆、认知、流传，形成口碑效应。如碧海云天、荔林春晓、金域蓝湾、香榭丽花园。

（4）是否具有语言承载价值——流行价值承载、关联性　案名的策划结合项目特征、风格、人文、定位等，获得消费者的认可及较高的市场传唱度。如椰风海岸、书香门第、水榭花都、奥林匹克花园。

2. 案名策划的技巧

（1）项目命名原理　命名SOI-CKT要素可为楼盘名称命名提供科学、较为全面的思路。其中，S（Suitability）合适——指商品名称对产品的功能、特征、优点的描述是否恰当；O（Originality）独创性——商品名称是否与众不同，独一无二，是否与其他品牌名称相仿或容易混淆；I（Idenity）同一性——商品名称是否易记，是否有回忆价值；C（Creativity）创造力——商品名称是否能吸引人，有韵律，或有文字游戏等成分；K（Kinetic value）能动价值——商品名称是否能引导人进行联想；T（Tempo）发展力——商品名称是否对准备开发的市场能提供合适的基调，给目标中的消费者创造一个好印象。

案名的风格可以多种多样，或言近旨远，或画龙点睛，或寓意丰富，或别具一格，但楼盘命名六要素具有普遍适用性。

一个好的案名是一个楼盘缩景观；一连串好的案名，构成了企业楼盘开发文化履痕。一些房地产企业以某字某词构成楼名系列也颇有特色，是企业品牌的日积月累，如中国海外地产的"海"字号系列楼盘，广东合生创展地产的"景"字号系列楼盘，北京万通地产的"新新"系列楼盘等。

（2）项目命名法则

① 注意力法则。在现代小区案名中，我们经常可以见到以英文字母、阿拉伯数字或借用某些时下流行的字符在其中，如"黄金99"、"GoGo新时代"、"77街"等，由于其形式的新奇和时尚，很自然地吸引大众的眼球，从而达到了吸引注意力的作用。

② 明确定位法则。项目的案名必须要能够反映出项目的产品定位，达到案名直指目标的效果，这样才能够引起目标人群的关注，如"白领公寓"中的"白领"就直接明确地点明了项目的服务群体——白领一族，从而更能够增加目标客户对产品的归属感。

③ 展示特色和核心优势法则。一个成功的案名，不仅要有好的形式更要有好的内涵。这里我们所说的内涵就是案名要能够直接表明或间接暗示出产品的特色和优势，使目标客户可以闻其名明其意，这也是案名最重要的意义所在。

以上就是在房地产项目命名时应遵循的基本法则，对于策划人来说案名的定位绝对不能只凭灵机一动或"拍脑门"的方式，一定要经过精雕细琢、仔细推敲才能够使案名在实际销售中起到良好的市场作用。

(3) 项目命名方法

① 对产品定位的暗示。好的案名必须蕴藏对产品价值观或者产品文化取向的暗示，做到案名与产品一体化。例如北京的财富中心、数码大厦等。

② 对地段优势的传递。好的项目案名，一听、一看就知道在什么地方，能传递对地段属性或地段性格的暗示，当然，由于地段不好，有意隐藏地段是一个方面，但如果地段好，案名就应该显示地段特征。

③ 对社区规模的传达。大项目有"大名"，常用的后缀如"城"、"镇"、"花园"、"中心"、"广场"、"社区"等，小项目有"小名"，常用的语缀有"阁"、"轩"、"大厦"、"苑"等。如果案名与项目规模不对称，会造成误解和客户的反感，对项目营销有害无利。

④ 对物业功能属性的传达。公寓住宅要温馨，而写字楼是为企业服务的，大多数企业要品牌，要大气，要实力，"霸气"与之是合拍的，别墅一般在山美水美的郊区，环境很重要，案名要传递环境特征和人们住别墅的感受，优雅、超脱、与城市生活的对比自然是其主题。

⑤ 对目标客户价值观的迎合。不同的区域、不同的定位，就会有不同的客户，而不同的客户就有不同的格调、品位和价值取向。案名必须符合这一逻辑，新财富阶层、BO-BOS、中产阶级、小资格调各不相同，低价房、经济适用房又不同。不同阶层有意无意中在寻找社会符号与标签，来界定自己的社会地位，因此，居住场所的案名也同样成为身份的标签，案名是与身份对称的密码，密码不对，营销就达不到预期。

⑥ 案名本身就是广告。成功的案名，在推广过程中还能担当广告的功能，表达项目最突出的诉求，是一句很好的广告语。不管在哪里，一看到这样的案名，就有联想，就有好感，就和你潜在的需求接上口。许多客户买"财富中心"，就是因为名称的缘故，喜欢它；"非常宿舍"也是一个例子，一看就是为年轻人准备的小户型，很有酷感和时尚。

⑦ 要给人深刻的第一印象。好的案名不仅字面美，而且立意深刻，令人过目不忘，从而达到很好的传播效果。例如，"橘郡"、"水印长滩"都能做到这一点，但前者更胜。

⑧ 要通俗上口，音节搭配和谐。好的案名一定是通俗的案名，只有通俗才能传播得更远。通俗不等于雷同，不等于庸俗，不等于低格调，真正的高明是在通俗中见创新、见品位，在通俗中与众不同，这样才能历久弥新，亲切如故。

(二) 主题推广语提炼

主题推广语是对项目形象塑造的工具之一，将项目的主题思想以简明扼要的语句传达给消费者，使消费者对项目有一个感性、清晰的认识。它提纲挈领，在楼盘开发和营销广告中起着统领作用，它是房产商与消费者沟通的聚焦点，如一根红线贯穿房地产全程运作的始终。

主题推广语的提炼，首先要对项目资源进行深入分析，将其所有的卖点罗列出来，并逐一进行提炼；推广主题具体可以从产品定位、客户定位和形象定位三个方面来寻找。主题推广语的提炼应注意以下几点。

(1) 关联性强　主题推广语与案名内涵必须保持一致，丝丝入扣；从案名到楼盘主题，向消费者传达一种统一的、长期的楼盘核心价值和基本信息。

(2) 突出特点　主题推广语不可能对楼盘的具体内容做直接的阐述，所以应该突出项目的特点，高度概括所要传播的信息。

(3) 简短易记　主题推广语需要消费者产生深刻的记忆并且能通过口头传播，所以不能过长，尽可能采用鲜明、生动、个性化的语言。

(4) 感召力大　主题推广语应该对消费者具有强烈的感染力和号召力，引起消费者注意，打动消费者心灵，促使消费者行动。

提炼主题推广语，可采用 FAB 比较优势法。所谓"FAB"，是英语单词 Features（产品本身的属性、特性）、Advantages（相对于竞争对手的产品优势）和 Benefits（产品给客户所带有的利益和价值）的首字母共同组成。通过定义项目的 FAB，确定人无我有、人有我优的比较优势，进而转化为项目的主题推广语。在实际的使用中，"B"可以作为项目广告的大标题，即广告语；"A"成为主标题的副标题进行强调和补充；"F"则起到支撑"A"的素材。

主题推广语的推广还可以参考以下方法。

(1) 案名联想　联想与案名有关的字词，关联性越多越好，然后通过某种句式把它们组合在一起推敲斟酌。

(2) 案名、项目卖点、项目定位造句　把案名、项目卖点、项目定位进行造句，单句、复句都可以，每一种句型多写几个，精雕细作。

【案例分析】　彼岸新都——我们生于那个年代，我们相聚彼岸新都

通过该项目营销人员大量扎实有效的市场调查发现，由于彼岸新都位于济南东部山大路，该区域拥有大量的青年购房群体，另根据调查显示，2003年济南住宅消费者中25~35岁之间的占70%左右的比例。基于此，将该项目的主要目标消费者定位于出生于20世纪60~70年代的人群。

而出生在20世纪60~70年代的这群人，目前均处于中坚力量，他们承担着太多的义务和责任。其中，对于改革开放造就的济南白领阶层来说，他们是一个拥有一定工作经验、经营管理能力、专业技能和一定社会关系资源的社会精英阶层，每年有稳定收入，充实富裕的经济条件让他们开始在众多楼盘里寻找选择着幽雅居住空间。事实上，这一句广告语一经推出便成为当时消费者耳熟能详的主题，唤醒了生于20世纪60~70年代的社会群体的共鸣，为项目销售的成功营造了广泛的消费基础。

(三) 项目 VI 及应用

CIS（CORPORATION IDENTITY SYSTEM），即企业识别系统，是提高企业形象的经营手段。CIS 由三个基本内容构成，即理念识别 MI（Mind Identity）、行为识别 BI（Behavior Identity）和视觉识别 VI（Visual Identity）；其中视觉识别 VI 在 CIS 系统中最具传播力和感染力，它项目最多，效果最直接。

心理学认为，人类接受的信息总和中由视觉器官获得的占83%。因此，通过房地产企业视觉设计，传达房地产企业理念、宗旨，是树立房地产企业形象、提高房地产企业知名度的最有效的方法。

随着社会的快速发展，市场竞争的日益加剧，各种形式的媒体层出不穷，消费者面对大量繁杂的信息，项目聚焦度越来越低。企业在进行房地产策划时，更加注重统一的、集中的 VI 应用，展示项目个性，提升项目形象。

1. VI 设计的原则

(1) 展示企业文化及规划理念　VI 的设计应以房地产企业的企业文化、企业宗旨为

核心，充分完整地展示房地产企业的精神内涵及规划理念；脱离房地产企业精神的设计，对房地产企业形象的提高没有多大作用。

（2）情感原则　房地产产品是让人购买和消费的，因此房地产企业视觉设计也就必须要满足人的心理情感，以情动人。

（3）独异性原则　VI设计如果与别人雷同，就难以达到目的。设计必须形成独异性才有突出的效果。

（4）艺术性原则　房地产企业标志、标准字等视觉识别是一种视觉艺术，同时，对视觉的欣赏过程也是一种审美过程。因此，视觉设计必须符合美学原理，适应人们审美的需要。为了更好体现房地产企业理念和实态，房地产企业视觉设计必须简洁明了。

（5）法律原则　房地产企业标志、标准字、标准色（的组成）如果通过法律程序予以登记，就成为商标，受法律保护。

2. 视觉识别设计的方法

房地产企业的VI设计首先要确定设计要素——房地产企业标志、标准字、标准色等，然后把它运用到其他因素中。

（1）标志的设计　标志，可分为房地产企业标志和品牌标志，是房地产企业或商品的文字名称、图案两者的结合的一种设计。标志表现和象征房地产企业（品牌）的整体特征。标志具有重要的传递信息的功能。一方面，设计者在创作开发时就应使标志准确地象征房地产企业（品牌）的宗旨、理念、规模、品质等特征；另一方面，房地产企业（品牌）的公众如消费者、投资者、公众、传媒也会通过标志去认知房地产企业（品牌）。

标志的符号形式有表音符号、表形符号、图画三大类。

标志的设计原则包括以下几点。

原则一：传递房地产企业整体形象，表现个性。标志是表现房地产企业经营理念、独特特征等。

原则二：传达房地产企业实态，名副其实。房地产企业标志形式必须正确恰当地符合房地产企业内涵。

原则三：简洁明了，切忌复杂。使标志易于传播，消费者和大众容易辨认和理解；复杂难懂的标志，难于传播，受众也不愿意或不容易了解，这样的标志缺乏感染力。

原则四：造型优美，艺术性强。艺术中富有美感的标志，常常能引人注意，给人以美的享受，使消费者和大众容易接受房地产企业的标志（及其代表的房地产企业形态）。优美的标志应注意造型的均衡性、动态性、对称性，符号点、面、线、形等自身结合的特点等。

原则五：富有时代气息，相对稳定。房地产企业标志代表了房地产企业形式，它经常出现在房地产企业的广告、产品、媒介之中，消费者和大众已相对熟悉，形成了一定的感觉，不能轻易更换，使大众难以认知，产生房地产企业不稳定的错觉。

（2）标准字的设计　标准字是由确定的铅字或是经专门设计的文字来表现的房地产企业名称（以及品牌名称）。

企业标准字种类有：企业名称标准字、产品或商标名称标准字、标志字体、广告性活动标准字。

标准字常与房地产企业标志组合使用，标准字的设计方法与房地产企业标志设计方法基本一致。

（3）标准色设计　标准色是经设计代表房地产企业形象的专门的色彩，一般有1~3种颜色组合。标准色与房地产企业标志，标准字等相配合。标准色广泛应用于房地产企业标志、广告、包装、服装、建筑装饰、旗帜、办公用品等。

3. VI设计应用系统

（1）事务用品类　名片、信纸、信封、便笺、各型公文袋、资料袋、薪金袋、卷宗袋、合同书、报价单、各类表单和账票、各类证卡（如邀请卡、生日卡、圣诞卡、贺卡）、年历、月历、日历、工商日记、奖状、奖牌、茶具、办公设施等用具（如纸镇、笔架、圆珠笔、铅笔、雨具架、订书机、传真机）等。

（2）包装产品类　外包装箱（大、中、小）、包装盒（大、中、小）、包装纸（单色、双色、特别色）、包装袋（纸、塑料、布、皮等材料）、专用包装（指特定的礼品用、活动事件用、宣传用的包装）、容器包装（如瓶、罐、塑料、金属、树脂等材质）、手提袋（大、中、小）、封口胶带（宽、窄）、包装贴纸（大、中、小）、包装封缄（大、中、小）、包装用绳、产品外观、产品商标表示、产品吊牌、产品铭牌等。

（3）旗帜规划类　公司旗帜（标志旗帜、名称旗帜、企业造型旗帜）、纪念旗帜、横式挂旗、奖励旗、促销用旗、庆典旗帜、主题式旗帜等，其中各类吊挂式旗帜多用于渲染环境气氛，并与不同内容的公司旗帜，形成具有强烈形象识别的效果。

（4）员工制服类　男女主管职员制服（二季）、男女行政职员制服（二季）、男女服务职员制服（二季）、男女清洁职员制服（二季）、运动帽、鞋、袜、手套、领带、领带夹、领巾、皮带、衣扣、安全帽、工作帽、毛巾、雨具。

（5）媒体标志类　电视广告商标标志、报纸广告商标标志、杂志广告商标标志、人事报告商标标志、企业简介商标标志、广告简介、说明书商标标志、促销POP、DM广告商标标志、海报商标标志、营业用卡（回函）商标标志。

（6）媒体广告类　导入CI各阶级对内对外广告、企业简介、产品目录样本、电视CF、报纸、海报、杂志广告、直邮DM广告、POP促销广告、通知单、征订单、明信片、优惠券等印刷物、对内对外新闻稿、年度报告、报表、企业出版物（对内宣传杂志、宣传报）。

（7）室内外标识类　招牌类：室内外直式、模式、立地招牌、大楼屋顶、楼层招牌、骑楼下、骑楼柱面招牌、悬挂式招牌、柜台后招牌、企业位置看板（路牌）、工地大门、工务所、围篱、行道树围篱、牌坊。

指示类：符号指示系统（含表示禁止的指示、公共环境指示）；机构、部门标示牌；总区域看板；分区域看板；标识性建筑物壁画、雕塑造型。

（8）环境风格类　主要建筑物外观风格、建筑内部空间装饰风格、大门入口设计风格、室内形象墙面、厂区外观色带、玻璃门色带风格、柜台后墙面设计、公布栏、室内精神标语墙、环境色彩标志、踏垫、烟灰缸、垃圾桶、员工储物柜、室内装饰植物风格。

（9）交通运输工具类　营业用工具，如服务用的轿车、吉普车、客货两用车、展销车、移动店铺、汽船等；运输用工具，如大巴、中巴、大小型货车、厢式货柜车、工具车、平板车、脚踏车、货运船、客运船、游艇、飞机等；作业用工具，如起重机车、推土车、升降机、曳拉车、拖车头、公共用清扫车、垃圾车、救护车、消防车、电视转播车等。

（10）展示风格类　展示会场设计；橱窗设计；展板造型；商品展示架、展示台；展示参观指示；舞台设计；照明规划；色彩规划；商标、商标名称；椅子、桌子、沙发。

（11）专卖店识别风格类　各空间区域的平面图和立体图、施工图；各类材质规划；各空间区域色彩风格；功能设备规划（如水电、照明等）；环境设施规划（如柜台、桌椅等家具，盆栽、垃圾桶、烟灰缸等环境风格，各类橱柜）；店员服饰风格、店内外广告招牌造型；店内外标识类；商品展示类（如商品陈列台、促销台、价目牌、分类牌、店卡、目录架、品牌灯箱等）。

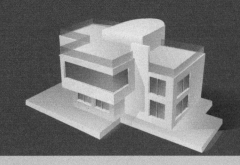

第五章

房地产推售计划及控制

第一节 房地产销售计划的制订

一、销售目标的确定

房地产销售目标是指房地产企业期望在一定时间内项目要达成的量化销售成果。房地产销售目标通常用两类方式确定成果：一种是按时间分，房地产项目销售目标可分为年度目标、季度目标或月度目标等；另一种是按成果指标分，这些指标包括总体销售周期、销售面积、销售均价、销售额、销售套数、回款额和利润等。如××房地产公司制定2017年完成销售额10亿元人民币或完成50万平方米的销售目标。

销售目标的确定极为重要，因为在具有明确的目标导向下，房地产企业才可以有的放矢，房地产营销各项工作才能围绕这一中心进行展开，所投入的资源如销售策略的资源、广告及促销费用、雇用的营销团队、采用的营销渠道以及房地产工程建设等最终都是为了实现销售目标。

通常情况下，销售目标的提出和确定可以是自上而下或自下而上的。自上而下的方式是指企业或集团总公司（尤其是上市公司）根据集团总体经营目标明确下达给各分公司或各项目的经营指标（含销售目标），分公司或各子单位或各项目遵循总体目标，完成被分解后的子指标；自下而上的方式是各房地产项目公司在制定销售目标时，由基层（组织）或员工分析国家宏观政策、市场供给和需求、项目建设进度并结合企业自身情况、过往的销售经验进行综合考虑，之后上报销售目标计划，直至总目标的确定。

二、销售目标的分解

（一）目标分解

目标分解就是将总体目标在纵向、横向或时序上分解到各层次、各部门以至具体到人，形成目标体系的过程。目标分解是明确目标责任的前提，是使总体目标得以实现的基础（见图5-1）。

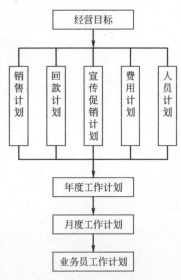

图5-1 目标分解示意

进行目标分解时要遵循以下要求。①目标分解应按整分合原则进行,也就是将总体目标分解为不同层次、不同部门的分目标,各个分目标的综合体现总体目标,并保证总体目标的实现;②分目标要保持与总体目标方向一致,内容上下贯通,保证总体目标的实现;③目标分解中,要注意到各分目标所需要的条件及其限制因素,如人力、物力、财力和协作条件、技术保障等;④各分目标之间在内容与时间上要协调、平衡,并同步的发展,不影响总体目标的实现;⑤各分目标的表达也要简明、扼要、明确,有具体的目标值和完成时限要求。

(二)目标分解的方法

常用的目标分解方法有指令式分解和协商式分解两种。

1. 指令式分解

指令式分解是分解前不与下级商量,由领导者确定分解方案,以指令或指示、计划的形式下达。这种分解方法虽然容易使目标构成一个完整的体系,但由于未与下级协商,对下级承担目标的困难、意见不了解,容易造成某些目标难以落实下去;更由于下级感到这项目标是上级制定的,因而不利于下级积极性的激励和能力的发挥。

2. 协商式分解

协商式分解使上下级对总体目标的分解和层次目标的落实进行充分的商谈或讨论,取得一致意见。这种协商容易使目标落到实处,也有利于下级积极性的调动和能力的发挥。

不论用哪种方法,在具体分解时都应采用系统法。将一级目标(总体目标)分解,就是将实现一级目标的手段作为二级目标,以此类推,一级一级的分解,从而形成一个"目标—手段"链。同时,自上而下又是逐级保证的过程,不但构成了目标体系,各级目标的实现也落实到实处。

(三)目标分解的步骤

制订时必须根据公司经营方针,对主要的指标进行重点分解管理,一般步骤如下。

(1) 综合目标设定 进行对比后选定课题,确定综合目标。综合目标不宜选定太多,否则会分散注意力。一般选定 1 个指标或 2~3 个指标,大多数情况不超过 4 个指标,其目标值应用数值具体表示出来。

(2) 目标展开 按综合生产力目标展开,树立对策体系。目标一般可以按照产品、工序、技术等来分解。还应考虑以下情况,如现象把握难易度,对策实施难易度,成果把握难易度等,然后决定按什么顺序来展开。

(3) 对策选定 对策检讨、选定,树立对策方案,验证。为达成每个目标值应探索能够实践的具体对策,以提高目标完成率。

【案例分析】 ××项目销售目标的分解

项目背景:××公司属于国内一家上市集团的子公司,国内一线房地产开发商,在国内各大城市开发过很多大型房地产项目,公司实力雄厚,开发经验丰富。本项目是住宅项目,总规模 45 万平方米(含地下面积),销售周期为 3 年(2010~2012 年),2010 年 5 月份可办理项目一期预售许可证。销售团队共 15 人,其中销售员 12 名。

目标制定:公司根据集团总体要求并结合当地市场情况,制定本项目 2010 年度全年实现销售面积 16 万平方米,2010 年 5 月开盘销售 800 套。

目标分解：把销售目标量化，面积换算成套数，分解到每月的签约套数。

月份	1	2	3	4	5	6	7	8	9	10	11	12
整体目标					16万平方米，约1800套							
关键营销节点					5月5日开盘推售800套			8月7日第二次开盘推出500套		10月16日第三次开盘推出500套		
签约目标分解					800			400	100	300	100	100

分解5月开盘前来电来访目标和个人目标（假设周末按上班计算）：鱼骨图分析法。

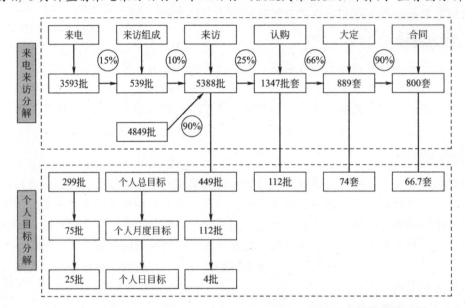

三、制订销售计划基本流程

一切销售工作是为了实现项目回款目标，销售计划的制订是为了更好地实现回款任务。制订销售计划的过程就是在可售房源和已储存客户选房意向中寻找可以实现回款目标的最佳方案的过程（见图5-2）。

图5-2 销售计划与房源、客户、回款关系

1. 明确详细回款目标和节点

首先明确回款期限以及回款额度，若回款目标为全年回款目标，则需要将目标分解至季度或月份。明确每月或每个季度需要完成多少回款任务，并保证每个阶段的回款划分是符合市场规律和客观工程情况。

例如房地产的传统旺季为4～5月及9～10月，春节前后为传统淡季，所以将全年计划细分时，4、5、9、10月需要承担的回款额会更高，而1、2月承担的回款额度为最低。市场特点并非一概而论，每个区域市场具有不同特点，例如海南房地产市场1、2月反而是销售旺季，理应承担更多回款任务。

房源的开工情况与施工进度是一定的，需要确保重要回款月份有足够数量符合预售条件的可售房源。

2. 详细盘点可售房源

首先，要对可售房源楼栋、户型详细统计，包括所有可售房源的可售规模、每栋楼的位置和周边环境情况、每栋楼的户型分布情况。其次，对房源价值评判打分。综合考虑每栋楼生活的便利性、周边园林景观分布、噪声影响、配套分布等所有可能影响居住的因素对楼座价值进行打分，判断哪些产品是标杆产品，哪些产品是现金流产品。

3. 产品搭配选择

根据楼栋价值的不同，以楼栋为单位可分为"标杆产品"及"现金流产品"两类。价值分数高的为标杆产品，可以代表项目高形象的产品；价值分数低，作为项目快速销售、快速回款的现金流产品。

在产品搭配时，要符合以下四个原则。

原则一：满足回现要求。目标需要快速回现时，现金流产品的比例要增加。回款的重要月份甚至可以全部选择低价的现金流产品。

原则二：树立项目形象。需要树立或强调项目形象的销售期需要以标杆产品为主要推售产品。例如低开高走的楼盘最后一期产品往往推出最好位置、价格最高的楼王，实现整个项目的最高价值。项目首期开盘需要有标杆产品配合销售，奠定整体项目形象。

原则三：满足产品的丰富性。为了保证客户的覆盖面，每期产品需要考虑到各类产品的丰富性。避免出现推出的产品只有小户型，或者只有大户型的情况。

原则四：工程施工的可实现性。每期产品的分布需要尽量集中，便于工程施工。此外，需要考虑到尽量避免入住楼栋与施工楼栋在交通动线上过渡穿插。

4. 制订一户一价表

（1）制订楼座均价 确定推售的楼栋后，结合楼栋价值打分和销售目标制订楼栋均价。

（2）制订户型均价 制订出户型均价必须满足每栋楼的均价要求。

对每个户型进行打分。根据户型结构是否合理、是否南北通透等，综合考虑所有户型因素对所有户型进行评判并且打分。

然后进行楼层系数打分。原则上高层产品中间楼层为基数0，楼层越高分数越高，楼层越低分数越低。

然后根据市场因素进行调整。例如按照济南的市场情况，东户比西户热销，所有东户在原有分数上进行加分，所有西户分数减分，中间户保持不变；一般高层底层产品和顶层产品不易销售，所以需要再在原有基础上减分。

最后根据已积累客户的意向情况对原有打分进行调整。为了提高客户选房的成交率，有效分流客户避免出现滞销房源，需要将客户意向高的楼栋及户型分数加分，客户关注低的产品分数降低。

5. 推盘计划最终确定成文

房源推售计划主要包含三个方面的内容：第一，市场形势分析；第二，客户需求分析；第三，房源推售计划。其中第三部分，也就是房源推售计划部分主要包括回款目标及计划、可售房源盘点、产品搭配选择、一户一价表以及各阶段推售的具体房源等内容。

四、目标管理原则

目标管理由管理学大师 Peter Drucker 提出，制订目标看似一件简单的事，但是如果上升到技术的层面，就必须掌握 SMART 原则，实施目标管理不仅能有效实现企业经营目标，而且有利于员工更加明确高效地工作，更是为未来的绩效考核制订了目标和考核标准，使考核更加科学化、规范化。

所谓 SMART 原则，即是五个英语单词 Specific（具体的）、Measurable（可衡量的）、Attainable（可达到的）、Relevant（相关性）、Time-based（时间限制的）的每一个词第一个字母的组合。

1. 目标必须是具体的（Specific）

所谓明确就是要用具体的语言和数字清楚地说明要达成的行为标准。目标设置要有项目、衡量标准、达成措施、完成期限以及资源要求，使执行人能够很清晰地看到公司、部门或科室月计划要做哪些事情，计划完成到什么样的程度。

2. 目标必须是可以衡量的（Measurable）

衡量性就是指目标应该是明确的，而不是模糊的。应该有一组明确的数据，作为衡量是否达成目标的依据。目标的衡量标准遵循"能量化的量化，不能量化的质化"。使制定人与执行人有一个统一的、标准的、清晰的可度量的标尺，杜绝在目标设置中使用形容词等概念模糊、无法衡量的描述。对于目标的可衡量性应该首先从数量、质量、成本、时间、上级或客户的满意程度五个方面来进行。

3. 目标必须是可以达到的（Attainable）

指绩效指标在付出努力的情况下可以实现，避免设立过高或过低的目标。目标设置要坚持员工参与、上下左右沟通，使拟定的工作目标在组织及个人之间达成一致。既要使工作内容饱满，也要具有可达性。可以制订出跳起来"摘桃"的目标，不能制订出跳起来"摘星星"的目标。

4. 目标必须和其他目标具有相关性（Relevant）

目标的相关性是指实现此目标与其他目标的关联情况。如果实现了这个目标，但对其他的目标完全不相关，或者相关度很低，那这个目标即使达到了，意义也不是很大。

5. 目标必须具有明确的截止期限（Time-based）

目标特性的时限性就是指目标是有时间限制的。目标设置要具有时间限制，根据工作任务的权重、事情的轻重缓急，拟定出完成任务项目的时间要求，定期检查项目的完成进度，及时掌握项目进展的变化情况，以方便对下属进行及时的工作指导，以及根据工作计划的异常情况变化及时地调整工作计划。

五、销售节点的制定

（一）房地产项目销售节点的制定

1. 房地产项目销售节点的一般划分

房地产项目销售节点主要有四个阶段：启动、开盘、持销、尾盘。

(1) 启动　组建项目团队、项目推广入市开始。

(2) 开盘　是项目销售的重要节点，是在积累一定客户量的基础上进行集中推售和选房，一个项目开盘是否成功往往决定了这个项目运作的成败。

(3) 持销　开盘后，对已推未售和加推产品进行不间断的销售，期间往往还进行小开盘（小规模集中推售和选房）或二次开盘（一般是指不同产品系或二期产品进行集中推售和选房）。

(4) 尾盘　项目销售已经完成绝大部分（剩余可销售产品比例控制在5%以内），开发商已经收回大部分资金。销售以自然销售或促销为主。

2. 房地产项目销售节点制订应考虑的因素

(1) 分析区域市场竞争环境和预测竞争趋势　区域竞争环境分析是指对目前区域内类似项目或可替代项目的供应量、供应产品、价格水平进行综合分析。在区域环境中，本项目如何进行竞争定位，是区域领导者，还是挑战者、补缺者、跟随者。

竞争趋势预测是指根据宏观大势、当地土地市场、项目开发动向等因素对未来市场竞争程度的预测判断。以指导企业进行销售节点的制订。

(2) 项目工程进度　项目工程进度与销售节点的制定是紧密联系的，尤其是预售许可证的取得，项目工程进度必须达到国家相关规范要求的相应条件。

(3) 结合项目推广入市时间和推广周期要求　项目推广入市时间一般作为项目第一个节点的开始，项目销售正式进入运作周期。推广周期的长短对项目节点的时间安排要求不同。

(4) 结合当地市场推盘经验　通常情况城市可分一线城市（如北京、上海、深圳等）、二线城市、三线城市、四线城市甚至五线、六线城市。每个城市房地产市场是有差别的，房地产项目的销售周期和时间节点安排也会有差别。因此，项目节点的制订最好结合当地普遍规律以降低风险。

（二）销售节点期间的主要营销工作内容

1. 项目销售启动节点期间的主要工作内容

见表5-1。

表5-1　项目销售启动节点期间的主要工作内容

工作计划	工 作 内 容
组建团队	基于不同的项目特点组建相应的团队，打造一支有战斗力的、搭配合理的、代表公司水平的营销团队
策划工作	• 撰写营销执行报告 • 制定年度月度计划 • 售楼处内部功能划分、装修建议电话、网络、办公谈判桌椅等物品 • 广告公司提案：关于案名、LOGO、VI系统和推广提案 • 销售物料：楼书、折页、海报、单页、3D片、沙盘、网站等 • 售楼处盛大开放等活动
销售工作	• 建立工作计划 • 销售员培训、考核、上岗 • 市场调研并积累客户 • 管理制度形成：如提成制度、例会制度、各类销售表单等

2. 项目销售开盘节点期间的主要工作内容

见表 5-2。

表 5-2　项目销售开盘节点期间的主要工作内容

工作计划	工作内容
策划工作	• 蓄客方案 • 开盘前推广计划 • 举办样板展示区开放活动（也可结合售楼处开放） • 举办项目产品说明会 • 制订项目价格方案 • 制订项目开盘方案 • 项目价格表、开盘流程、认购书等物流准备
销售工作	• 销售案场制度、接待制度等相关制度 • 销售员接待客户说辞考核等 • 制订蓄客目标并量化到个人 • 销售日常例会的召开 • 周报、月报的形成 • 客户摸排及客户升级 • 项目开盘

3. 项目销售持销节点期间的主要工作内容

见表 5-3。

表 5-3　项目销售持销节点期间的主要工作内容

工作计划	工作内容
策划工作	• 营销策略调整报告 • 价格调整方案 • 推售调整方案 • 月度、季度推广及工作计划 • 报广、户外等日常广告出街 • 年度及月度活动方案 • 年度总结及下一年度营销报告
销售工作	• 挖掘团队潜力，通过各种营销手段达到目标 • 项目周报、月报等相关报表 • 签订购房合同并协助客户办理贷款等 • 定期举办团队活动

4. 项目销售尾盘节点期间的主要工作内容

见表 5-4。

表 5-4　项目销售尾盘节点期间的主要工作内容

工作计划	工作内容
策划工作	• 尾盘促销方案 • 交房方案 • 结案报告
销售工作	• 完成剩余房源的销售 • 配合物业管理完成交房工作

【案例分析】 ××项目的销售节点及主要工作内容

在实际项目运作过程中，一般用营销总控图来进行销售节点的划分和营销工作的部署（见图5-3）。

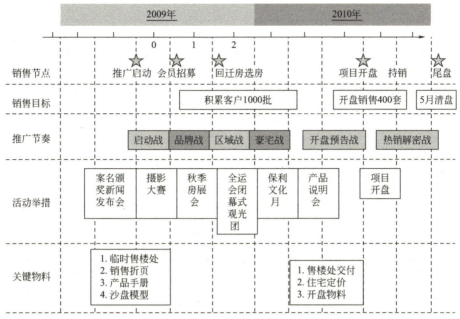

图5-3 营销总控

第二节 房地产项目价格定位

一、影响房地产定价的主要因素

房地产市场价格水平，既受到上述成本与费用构成的影响，同时也是其他众多因素相互作用的结果。这些因素包括以下几个方面。

（一）供求关系

供给和需求是影响价格的两个关键因素，二者同时对价格起决定作用，价格与需求呈正相关，与供给呈负相关。在进行定价前，必须对区域内的市场现有供应量、潜在供应量、成交量、市场需求等供需信息进行详细调整分析。

（二）社会因素

社会因素包括人口结构、人口密度、家庭结构、消费习惯等。例如，人口密集的地方住房需求旺盛，促成价格抬高；消费习惯是客户对不同档次，不同规模的产品的倾向。

（三）政治因素

政治因素是指会对房地产价格产生影响的国家政策法规，包括房地产价格政策、税收政策、城市发展规划、区域发展利好因素等。例如，国家的宏观调控大力打压房地产价格的快速增长，定价时就要深入研究政策走势、市场反应、价格走势，合理地制订价格体系。

（四）经济因素

经济因素包括宏观经济状况、居民收入水平、客户职业构成等。例如，经济周期在一定程度上影响着房地产价格走势；物价水平和居民收入水平也与房地产价格呈同向变动。

（五）区域因素

区域因素包括位置、交通状况、配套设施、环境状况等。例如，地处交通便捷城区的房地产出售、出租的价格都较高。

（六）自然因素

自然因素包括房地产所处地段的地质、地形、地势及气候等。例如，地质和地势条件决定了房地产基础建设的难度，即转化为投入的成本的大小必然与价格有关。

（七）个别因素

个别因素是指影响某个房地产项目的具体因素，包括房地产商开发目标、建筑物风格、色调、规划布局、产品档次、朝向、物业管理水平等。

二、房地产定价的基本流程

价格制订，首先要考虑的3个要素为成本、顾客和竞争者。通常采用以下流程。

（一）收集市场信息及楼盘资料

收集项目所在城市、区域以及相关政策的各种资料，了解房地产市场行情、所处周期，供求关系以及项目开发过程中各种费用数据。

（二）测算开发成本

以项目所在城市房地产建设相关税费收费标准及项目自身情况为基础，测算项目的建造成本、管理费用、销售费用等开发成本。

（三）分析竞争对手

通过分析价格、户型、面积区间、客户、分期、开盘等详细信息全面了解竞争对手的情况，分析项目与竞争者间的差异，做细化对比。通过对比研究，明确项目定位，找出优势与劣势，大体确定项目的价格水平。

（四）了解客户需求意向

通过认购、客户深度访谈等方式，了解他们的偏好、关注点，分析客户构成、置业目的、客户价格取向分析、接受程度等。

（五）确定定价目标，选择定价方法

定价目标是制订价格的核心影响因素，利润最大化目标、市场占有率目标、存活目标、塑造品牌等目标需要完全不同的定价策略，这对于楼盘的成功销售至关重要。

定价方法有以下几种方式：成本加成定价法；目标收益定价法；市场比较定价法；加权点数定价法；客户分析定价法。

这几种方法在实际操作过程中是综合使用的，各种方法之间可以相互验证。

（六）对价格进行修正，选取最终价格

利用选择的定价方法，得出项目均价，然后综合项目自身因素，确定最终价格。

三、价格定位的方法

定价是从用户的角度精确衡量一个产品价值的完整过程，是营销组合诸要素中最重要的一个要素。

房地产市场定价方法很多，常用的有以下几种定价方法。

（一）成本加成定价法

1. 计算方法说明

将产品的成本（含税金）加上预期利润即为房地产价格的定价方法，是一种最基本的定价法，是根据测算或核算的土地成本、施工前期费用、工程费用、施工手续费、工程管理费、财务费用等成本加上一定比例的利润率来确定的。

计算公式为：总售价＝总成本×（1＋利润率）

单位面积售价＝总售价/总面积

例如，M项目的总成本为8000万元，预期利润10%，则总售价为8800万元，再将8800万分配至每一单位面积的房地产商品，即得到单位面积平均售价，再根据房屋的楼层、朝向、楼体位置等情况确定最终售价。

成本是开发项目的全部成本，包括开发成本以及经营过程中的支出和税收，基本上可分为可直接计入的成本和分配计入的成本。利润率应当考虑房地产投资的风险情况和整个行业的平均利润综合测算确定。

2. 适用条件分析

成本加成定价法较简单、理论依据充分，这种方法简便易行但忽视了市场经济条件下的竞争以及需求弹性，现实操作时，必须综合考虑宏观政策、区域背景、价格走势、市场现有供应与潜在供应、客户接受程度等各个方面的可变因素影响，才能定出切合市场的价格。

（二）目标收益定价法

1. 计算方法说明

该方法与成本加成定价法类似，同样是在测算或核算开发成本的基础上得出，它对项目的收益有一个目标。

首先，要确定收益率，目标收益率表现为投资收益率、成本利润率、销售利润率、资金利润率等多种不同的表现形式。

第二，要确定目标利润，它因目标收益率的表现形式不同而有差异。

目标利润＝总投资额×目标投资利润率

目标利润＝总成本×目标成本利润率

目标利润＝销售收入×目标销售利润率

目标利润＝资金平均占用额×目标资金利润率

第三，确定售价。

售价＝（总成本＋目标利润）/可销售总量

2. 适用条件分析

目标收益定价法可以保证房地产开发企业的既定目标利润的实现，这种方法适用于市场上具有强势影响的企业，但该方法也存在成本加成定价法的弊端。

（三）市场比较定价法

1. 计算方法说明

市场比较法的依据是房地产价格形成的替代原理，即"同一种商品在同一个市场上具有相同的市场价格"。寻找和项目相似、有可比性的楼盘，然后再将楼盘的各个特征进行比较，进行评分，然后进行加权处理，得出项目定价，关键是指标和权数不好确定，因时因地、定价人的主观评价而异。此种方法在实际操作中较为常用。

2. 定价步骤

基本步骤如图 5-4 所示。

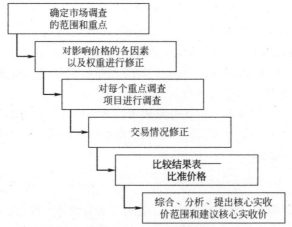

图 5-4　市场比较定价法的定价基本步骤

该种方法在使用中的注意事项有以下几点。

（1）筛选可比楼盘　考虑产品结构相似、区域接近、目标客户相似、销售期重合等因素。

（2）权重确定　根据与项目的竞争关系，确定权重。评定指标包括客户重叠程度、项目距离的远近等。

（3）打分　根据竞争项目影响因素的重要性进行打分。

常用的指标包括以下几类。

区位类：区域印象、发展前景、周边环境、交通规划、生活便利性。

规划设计指标类：项目规模、容积率、商业配套、车位数量比、园林规划、会所规划、梯户比、实用率、设备及智能化。

户型结构类：实用性、采光通风、赠送面积、户型创新。

景观及视野：景观内容、景观面宽。

品质展示类：建筑外观、园林效果、公共部分品质、物管形象、样板房效果、交楼标准展示。

项目品牌类：发展商品牌、专业阵容、前期推广形象。

3. 适用条件分析

市场比较法通常是在完全竞争市场条件下应当考虑的一种方法,有同质替代产品的情况下适用。

【案例】 某 M 楼盘定价思路

1. 明确竞争关系,确定权重级差

如表 5-5 所列。

表 5-5 不同类别项目的权重

类别	项目	权重
同片区直接竞争	A	9%
	B	30%
	C	8%
同片区竞争项目	D	15%
	E	9%
类似区域同档次项目	F	14%
	G	15%

2. 明确影响因素,确定权重级差

如表 5-6、表 5-7 所列。

表 5-6 不同影响因素的权重

因素	权重	细化因素	权重	内容	权重	A	B	C	D	E	F	G
地缘因素	85%	产品	30%	产品类型	25%	3	4	4	4	4	8	7
				设计风格	5%	3	5	4	4	4	8	4
		社区	25%	规划形态	15%	4	4	6	4	5	7	7
				园林绿化	5%	4	6	6	4	5	8	7
				社区配套	5%	5	6	6	5	5	7	6
		环境	15%	升值前瞻	3%	4	4	4	3	4	5	5
				生活气氛	3%	4	7	4	7	4	4	4
				人文气氛	3%	5	6	5	7	6	7	8
				自然环境	2%	4	7	8	5	9	8	8
				治安状况	2%	6	6	5	6	6	6	7
				区域印象	2%	6	6	5	6	6	7	8
		交通	5%	车行管制	2%	8	4	7	7	8	8	8
				公共交通	3%	9	6	4	5	4	3	2
		配套	10%	学校、幼儿园	6%	3	5	3	3	3	3	3
				菜市场、商场	3%	9	6	4	5	3	3	3
				医院、银行	1%	9	7	7	6	5	4	4
其他因素	15%	规模	5%	—	5%	6	8	7	7	6	9	8
		开发商实力	10%	—	10%	6	7	8	8	5	9	10
合计	100%		100%		100%	98	104	97	96	94	115	109

表 5-7 不同项目的均价测算

项目	权重	得分	均价	比较价格=均价×100/合计得分	权重值
A	9%	98	9000	9183.67	826.53
B	30%	104	10000	9615.38	2884.62
C	8%	97	9000	9278.35	742.27
D	15%	96	9500	9895.83	1484.38
E	9%	94	8700	9255.32	832.98
F	14%	115	12500	10869.57	1521.74
G	15%	109	12500	11467.89	1720.18
M					10012.69

由均价测算结果可见，当前市场状况下 M 项目住宅部分均价 10000 元/平方米。

（四）加权点数定价法

加权点数定价法一般多属于房地产开发过程中制订预售房屋价格时所用的定价方式之一。通常前述的几种定价方法，分析房地产市场行情，拟推出经营房地产每平方米单价的合理行情，再根据房型、面积、朝向、视野、楼层、外部影响因素等差别来确定不同的定价增减，并据以对不同房屋进行定价，一房一价。各种影响因素对价格的影响受消费习惯、消费心理、经济条件、社会风俗等多种因素制约，因此在充分的市场调研之后才能确定。

一般遵循下列规律。

1. 朝向差价

受居住习惯影响，朝南的房屋单元较贵，东南朝向、西南朝向的次之，朝北的最便宜。北方普遍只能接受南北向的房屋，南方对房屋朝向并不是很在意。

2. 楼层差价

楼层价位高低和建筑物高度有关系。对高层楼房而言，通常是由低层向高层逐渐趋贵，但最顶层要比次顶层便宜。多层建筑则中间楼层较贵，越往上下价位越低（见表 5-8）。

表 5-8 某项目楼层差价

低区	中区	高区
6F－5F=145 元 7F－6F=101 元 8F－7F=101 元 9F－8F=65 元	10F~14F 差价均为 65 元	15F~17F 差价均为 65 元 18F－17F=101 元 19F－18F=－101 元

3. 面积差价

因面积大小而导致的差价系数的不同往往和总价配比有关。根据市场需求，可在拉开总价适应不同需求的客户的目的下，对不同面积确定不同价差；有时也根据房屋面积居住的舒适性而定价差。

4. 视野差价

如果房屋在小区的核心位置，面临公园、湖泊等较好的自然景观或人造景观，视野开阔、敞亮，房价可能会高一些。

5. 设计差价

楼盘的整体品质也提升居住质量，进而提升售价。有些设计特别差的户型，可能需要降价促销。

（五）客户分析定价法

客户分析定价法是利用客户对产品价值的认识，通过分析客户构成、置业目的、客户偏好、价格取向确定均价。

投资者关注投资收益率。因此对价格非常敏感，一旦价格超过预期时他们便放弃购买；首置客户关注月供与租金比值关系，此类客户需要进行测算；当客户购买意向及价格意向非常清楚时，对客户意向的分析直接指导价格生成。

【案例-客户分析定价法】

从登记的客户群分析来看，本项目90%以上的客户是投资客和周边中低端自用客户（包括过渡性居住），因此他们较关注的是租金和投资回报率。因此本区域同类产品的租金颇具参照（见图5-5）。

图 5-5 某项目客户构成图示

四、房地产定价策略

（一）总体定价策略

1. 高价策略

采用高价策略的主要目的是在短时间内获得最大利润，而市场营销量与市场占有率可能无法相对提高。开发商大都希望自己的产品以超出同区域、同档次的楼盘价格开盘，能卖出远远超出实际价值的价钱，这必须赋予楼盘一些高层次、高品质的元素，如创新的规划设计、创新户型、创新材料运用、创新科技成果运用，使楼盘得到广大的社会认同，具备领先竞争者的内在优势，使需求大于供给成为可能。同时也要考虑项目品牌形象与知名度、企业综合实力及商品住宅价格上涨的趋势、卖场形象的包装、广告策略等因素。

这一策略的运用难度越来越大，风险系数也越来越高，这就要求开发企业具备极强的企业竞争力、控制力和创新能力。

2. 低价策略

采用低价策略，一般以提高市场占有率为主要目标，而营销利润往往为次要目标。开发商通常在资金压力较大而需要迅速回笼资金，提高短期销售量和市场占有率，赢得产品经济价廉的形象时运用低价策略。但这类产品多为档次较低的商品房，开发成本较低，期望的利润值也低，低价会促进销售。快速消化带来的是资金融通成本降低和资金效率的提高。由于物超所值，能够赢得大量客户群，转换成有效需求，让无法支付高价的新消费者成为实际购买者，一般都能全数售罄。

3. 平价策略

这种策略一般适用于房地产市场状况较为稳定的区域内的楼盘，房地产企业希望在现有的市场状况下保持其市场占有率，这种风险不大、利润不小的稳健策略是市场中绝大多数开发商选择的战略。其不利的因素体现在：销售周期较长、销售过程控制较差、较难聚集人气、不利于树立公司形象等，开发商应根据自身情况及面对的市场确立符合公司发展的创新、个性化价格策略，树立与众不同的楼盘形象。

（二）过程定价策略

房地产的总体价格制定之后，在销售过程中，根据供求关系的变化、客户的接受程度等因素，价格会在各个销售阶段做出相应地调整。过程定价策略一般包括低开高走策略、高开高走策略和心理策略等。

1. 低开高走策略

低开高走策略目标往往是获得最大的市场占有率。楼盘在开盘时为了吸引顾客，同时快速地回收资金，以低于市场行情的价格出售，为楼盘凝聚人气，当楼盘在消费者心目中具有了一定的知名度和美誉度后，适当地提高售价。低开高走策略的原则是"投石问路、分时间段、逐步走高、留有升值空间"。高走的价格趋势满足了消费者对房地产保值增值的心理要求，而高走的价格趋势也有利于维护良好的企业形象。

此策略适宜房地产产品多期投放，逐渐涨价，并要注意涨价幅度的适中。运用得当能引导房地产价格走向。低价开盘使得开发商具有主动权，如果项目销售进度完成情况较好，市场反应热烈，且聚集了十足的人气，为进一步制造销售高潮，以调高价格的方式对犹豫中的客户形成压迫性氛围，通过公告调价信息或调价方案向客户表明该项目极为畅销，如不尽快行动将不得不高价购买甚至错失良机；若是市场反应平平，则可以维持低价，静观市场的反应。

2. 高开低走策略

高价开盘是指楼盘以高于市场行情的价格发售，以阶段性高额利润为目标，其细分市场首先定位于需求弹性最小的高收入人群（挑剔物业品质，对价格最不敏感），以求得最大利润边际。在开盘初期以高价销售，迅速从市场获取丰厚的营销利润，再见机降价，力求尽快将投资全部收回。综合素质较高的房地产企业、实力和信誉颇佳的大公司、有"新、奇、特"概念的物业、对品质优秀的房地产项目，或有核心的地理位置，优越的居住环境，经典的户型设计，轻松的付款方式，先进的产品配置，甚至精美的包装和独特的创意可采取高开低走的策略，即通过高报价树立房地产项目形象和知名度，而实际以较低成交价格争取客户和市场份额。例如，有的房地产企业针对高素质、高收入的"金领阶层"，采用此策略，及时回笼资金，又维护物业的高档形象。高开低走给人以项目高品质的体现，但难以聚集人气，有一定的营销风险（见表5-9）。

表 5-9　低开高走策略与高开低走策略比较

价格走势	低开高走	高开低走
利	• 容易聚集人气 • 升值空间大、可根据市场灵活调价 • 销售速度快、资金回笼迅速 • 提高销售人员信心 • 容易建立开发商品牌	• 获取高额利润 • 高品质必定支持高价，有利于展示高品质形象
弊	• 降低物业档次、有损楼盘形象 • 低价必然低利润	• 价格高难以聚集人气 • 先高后低必然造成前期客户不满，影响品牌
适用项目	• 总体素质一般，无特别卖点 • 郊区大盘或超大盘 • 同类产品供应量大，竞争激烈	• 有创新性独特卖点 • 产品综合功能佳、高品质

无论是高开低走策略还是低开高走策略都不是一成不变的，销售过程中的价格变化是较为微妙的。关键是前期定价时应综合权衡各类因素，将风险降到最低。

3. 心理策略定价

房地产企业在定价时，不仅要考虑竞争者，还要把握消费者心理，做好消费者心理价格的调查，并通过适当的包装和广告推广手段，提高消费者心理价格，当消费者的心理价格高于企业制定的价格时，便形成了巨大的销售潜力。每一类产品都针对一定的消费需求，其价值与消费者的心理的关系为心理定价提供基础。心理定价策略，正是利用了用户"求廉、求吉"的购房心理。

常用的心理定价策略有整数定价、尾数定价、声望定价和招徕定价。如开发商定价为每平方米 6980 元，消费者会产生还不到 7000 元的感觉，虽然事实上 6980 元与 7000 元只相差 20 元，但会使消费者产生 6000 元与 7000 元之间相当大的差距感；并且有些消费者会认为整数定价是概略性的定价，不够准确，非整数定价会让消费者产生开发商定价认真、一丝不苟的感觉，使消费者的心理上产生对经营者的信任感。

【案例分析】

1997～1998 年间，"锦城现象"一直是广州房地产行业内外都十分关注的热门话题。几度发售，锦城花园都引来了滚滚"买家潮"，销售热浪一波强过一波，在整个大趋势趋于疲软的状态下取得了令无数发展商眼红的销售业绩。而令人津津乐道的关键成功因素，应该是发展商对价格策略的巧妙运用，即"提升心理价位，积聚销售势能"，迅速占领市场制高点。

锦城花园推入市场的时候，别墅豪宅一类的楼盘销售正处于一片萧条的困境，偏偏锦城花园又是作为新一代的豪宅推向市场的，其销售阻力可想而知。如果没有好的营销方式作指引，一招不慎就可能满盘皆输。为此，发展商确定了以上述的价格策略作为营销指引后，在项目设计、规划配套和推广手法上下了很多功夫，力图由此抬高锦城花园在消费者心目中的心理价位，然后以远低于心理价格的实际售价推出，以形成巨大的销售势能，从而使销售水到渠成。

针对如何提高消费者心理价位的问题，发展商做了大量的工作。

第一，楼盘的设计独特且具超前意识，内部典雅大气，外形华美富丽，兼具古典与现代美。

第二，环境与配套上，小区绿化率超过20%，楼宇都环绕中心花园而建，绿意盎然，环境优雅。小区内商场、小学、生活娱乐设施一应俱全。

第三，现代化的物业管理，使小区内不但提供完备的硬件保障设施，而且拥有一支现代化、高水准的物业管理队伍，为业主提供全方位、全天候服务。

第四，品牌形象包装上，力图使小区成为21世纪都市家居生活的典范，在买家心中形成良好的印象。

通过各种手段，在正式入市前，发展商已经不声不响地将小区素质提升到了一个非常高的档次，根据对买家心理价格的调查，大家都认为锦城花园价格完全有可能达到每平方米1万元以上。不料，就在大家没有一点思想准备的情形下，发展商冷不防抛出一个每平方米7500元均价的低价位，与心理价格之间的差距达到3000元以上。一时间，锦城花园售楼部被潮水般拥来的买家挤得水泄不通，一连几次发售，都在几天内将所有单位全部卖完，在当时波澜不惊的豪宅市场上掀起了几波巨浪。尽管后来锦城花园几次提价，但销售业绩一直独占鳌头。

在应用这种价格策略的时候，由于发展商是主动出击，通过一点一滴的前期投入来积聚价格势能，创造销售奇迹，所以在最终利润的攫取和市场主动性的把握上有更大的控制力度。但这对发展商的实力与耐心也是一个严峻的考验，毕竟，为提升消费者心理价位所做的努力和资源投入不是每个发展商都能承担的。

(三) 价格促销策略

为保证产品的销售速度，在定价时往往有一定的优惠政策进行促销，定时完成任务额，缩短销售周期，降低投资利息和经营成本，及早收回投资。

1. 现金折扣

如购买优惠卡，买房者通过提前交付小额订金而获取一部分的现金折扣及优先选房的优先权；随着首付比例的提高，总价也有相应的折扣。

2. 数量折扣

即消费者团购或私人购买达到一定数量时，可以享受一定折扣的房价优惠，鼓励大量购买，可以按每次购买量计算，也可按一定时间内的累计购买量计算。

3. 低价促销

开盘初期或内部认购期间，推出少量位置较差或户型欠佳的产品以廉价的姿态出现，吸引消费者购买，同时造出热销的声势。

4. 降价清货

尾盘降价，可以是明降如直接降价大让利，也可以是暗降如更大的折扣、差别定价、送豪华装修、送电器、送家具、送物业管理费大礼包、返现金等。

5. 精细营销

主要针对积压房。需要分析每套积压房的问题所在，在对市场深入研究的基础上实施精细化营销，这样可得到更高效、更全面的解决办法，如以租代售、强化优势概念，甚至运用造势手法等。

五、价格的调整

房地产销售过程中,由于市场形势的变化或企业自身目标的转变,要对售价进行调整。当销售火爆、市场反应激烈,或是外部环境剧烈变化时,开发商将会进行提高售价的调整,确保利润或获取更高额的利润,价格上调,是说明物有所值,人气旺盛,吸引后续客户;而当销售停止不前,市场竞争激烈,产品优势不明显,则要选择降价,说明产品有缺陷或市场不景气,削弱客户购买信心,也容易引起前期客户的不满。

1. 基价的调整

基价是制订所有单元价格的计算基础,调整基价是对价格进行上调或下降,是对所有单元的价格同步、同方向、同等程度的调整,并与市场形势相一致。

2. 差价系数的调整

房地产实务中,通常是在基价的基础上通过制定不同的差价系数来确定不同套、单元的价格,各套、单元价格则是由房屋基价加权所制定的差价系数而计算的。但每套、每单元因为产品的差异性而为市场所接纳的程度并不会和原先的预估相一致。在实际销售中,有的原先预估不错的房屋单元实际上并不好卖,有的单元原先预估不好卖实际上却好卖。差价系数的调整就是根据实际销售的具体情况,对原先所设定的差价体系进行修正,将好卖单元的差价系数再调高一点,不好卖单元的差价系数再调低一点,以均匀各种类型单元的销售比例,适应市场对不同产品需求的强弱反应。

第三节 销售控制

一、销售控制的目的

销售控制,简称销控,它是房地产营销管理的一项基本职能。在销售执行过程中,往往会因为政策因素、市场因素等出现变化,对销售产生一系列的问题或阻碍,这就需要营销人员做好规划和控制,进行有效的销控预防和应对。

简言之,销控是为了平衡资金回笼速度和实现利润最大化,具体表现为保障销售目标的实现。

1. 实现利润最大化

房地产与其他的消费品不同,它的生产周期长,市场需求变化后供给是难以调节的。房地产开发在快速扩张的时期,很多企业都采用了现金流挂帅的销售模式,其结果是浪费了成本,失去了利润,因此,快不是目的,利润率是房地产企业长期持续发展的根本保障。

因此,控制好销售节拍,在不同的推售阶段合理安排好供给比例,每个阶段中供应的销售量在产品类型、面积、朝向、高低等的比例,实现均衡销售。通过销控,最终实现企业利润最大化。

2. 预防和应对销售障碍

销售控制的直接目的是防止和解决战略实施过程中出现的一些不确定性因素或市场变化。如企业外部环境出现较大变化,而现有销售策略一时难以适应;销售执行过程中所需资源条件与实际资源之间的较大差异和缺口等。

因此,通过销售控制,可以防止销售目标偏离方向;可以防止营销执行过程中的短期行为和单纯的阶段性的利益导向,同时保障了销售本身的适应性、可行性和可接受性。

3. 提升销售执行的整体控制力

实施销售控制,要求建立相应的战略性控制机制,并制定具体的阶段性计划,增强销售数据的处理能力,同时,销售部门要根据市场环境和销售条件的变化及时调整销售计划和策略,提高控制力,达到利润最大化。

二、销售控制策略

(一)销售节奏控制

推售策略是由推盘量、推盘顺序、推盘价格、推盘节奏、产品搭配等多因素共同导向的产物。具体来讲,就是在什么时间,以什么样的价格,推售多少量的何种产品组合的房源销售的方法和策略。

销售节奏的控制主要根据销售的阶段划分,即预热期、强销期、持续期和尾盘期等阶段,它需要配合价格控制、数量控制等进行。好的销售节奏安排应该是流畅、恰如其分的,能够有效实现各阶段的销售目标和利润最大化目标。

在实施销售节奏控制的过程中,要随时对销售结果进行定时、定量、定阶段地检测和评估,及时调整和反映市场变化,并采取有效措施保证销售节奏的稳步推进。

(二)销售价格的控制

一般可以分为"低开高走""平开高走""高开高走""高开低走"四种策略。

1. 低开高走策略

低开高走策略就是在房地产预(销)售时,为了吸引买方,首先将楼盘以较低价格开售,用以聚集人气,并形成热销局面,随后再根据工程进度的推进和销售的具体情况,提高售价以实现预期开发利润。这种策略并不是简单的低价竞争,而是建立科学合理的房屋品质和价格变动体系以控制价格来适应市场需求,随着工程进度的推进,逐步提高市场售价,既有价格升值概念,又保证了市场购买力,扩大了有效供给,将地产商和消费者之间有效供求结合起来。

若一个楼盘面对以下一种或多种情况时,可以采取低开高走策略。第一,楼盘自身品质一般,竞争力不强。第二,当地楼盘平均价格较低。例如,楼盘所在地区的主流价格是 $4000 \sim 5000$ 元$/m^2$,那么如果将此楼盘定价超过 5000 元$/m^2$,便偏离了主流市场,购房者对于此类楼盘的需求就会相对有限,在这种有效需求不足的情况下,开盘面市应采用低价策略。第三,楼盘的开发量相对过大。市场经济中供求状况决定价格。楼盘是一个区域性产品,一般情况下,一个地区的楼盘主要由本地区居民购买,而这种区域性的客源是有限的,所以,如果楼盘的开发量相对过大,就应该考虑市场需求状况以及大多数购房者所能承受的限度。

采用低开高走策略的优点有多处。第一,便于聚集人气,实现快速销售。在平均房价很高的情况下,如果卖方以低于市场的价格开盘,必然引起轰动效应,能够吸引很大一部分购房者的注意,而且还能鼓舞销售队伍的士气,聚集人气。此外,还能发挥良好的舆论效应，吸引更多的购房者前来购买。大量购房者的上门，即使最后不能成交，也会营造出楼盘销售现场人头攒动、热闹非凡的景象，从而吸引更多的购房者前来购买。第二，便于日后灵活地进行价格调控。采用低开高走策略，能够使卖方掌握价格的主动权。一方面，当市场反应热烈，购房者在低价的"诱惑"下蜂拥而至时，可以逐步提高销售价格，以形成供不应求的良好局面，因为每次调价都能造成增值印象，使较早的购房者不仅认为用较低的价钱购买了物有所值的房子，而且会使他们认为所买房子增值很快，有很大的投资前景，进一步加强他们以及他们亲朋好友的购买意愿，促使其产生购房的冲动，进而加快楼盘的销售。同时，价格"先低后高"实现了前期购楼者的升值承诺，还能使开发商形成良好的口碑。另一方面，当市场反应平平时，开发商则可以继续维持低价优势，在保持一定成交量的基础下，静观市场反应。第三，便于加快开发商的资金周转速度。楼盘销售得越快，资金回笼就越快，对于资金储备不足的开发商来说，更能够加快资金周转速度，减缓企业因资金不足造成的压力。

低开高走策略存在以下几种不足。首先，楼盘形象难以提升。低价会影响楼盘在购房者心目中的档次，甚至产生购买疑虑。因为低价很容易给人一种"便宜没好货"的感觉，容易降低楼盘形象。其次，销售利润难以预计。低于市场行情定价会使楼盘在销售期内开发利润不高，有的出现零利润或者亏损。但卖方如果因此将主要利润的获取寄希望于后续调价时，也应慎重考虑，低价开盘后，如果价格调控不力，譬如楼盘每单价涨幅过大，或者涨价过快，都可能给后续到来的购房者造成一种被骗的感觉，从而造成销售停滞的局面，这样不但会使预先设定的期望利润落空，而且会抵消已经取得的销售佳绩。

2. 平开高走策略

平开高走策略是介于"低开高走"和"高开高走"之间的一种推售策略，就是卖方以与市场同类产品平均价格接近的售价推售房源，随着工程的推进和销售的进行逐渐调高售价的定价策略。

一般来讲，平开高走策略适用于以下几种情况：第一，项目素质大众化，不处于领先地位，也不在落后位置；第二，区域内在售楼盘之间的竞争激烈程度不强；第三，整体市场行情看好，需求量大。

平开高走策略优势主要在于以下几点：第一，能够有效避免价格定低造成的利润损失；第二，利于化解价格过高、人气不旺所带来的销售风险；第三，价格调整的空间和自由度较大。平开高走策略的不足之处在于，价格上的大众化容易使楼盘在形象上失去个性，不利于吸引目标客户。

3. 高开高走策略

高开高走策略就是在房地产销售时，首先将楼盘以较高价格开售，树立项目在市场上的高端形象，随后再根据施工进度和销售情况继续提高售价以实现预期开发利润。

该策略主要适用于以下几种情况：第一，市场的领导者，拥有定价主动权；第二，项目核心竞争力明显，具备其他项目不可比拟的优势；第三，项目的驱动力充足，能够为营销提供源源不断的强势吸引力。

高开高走策略的优势有两个：能够迅速树立项目在市场上的高端形象；利于保证高额的开发利润。但不足之处在于：第一，销售价格的高门槛会使有效需求降低，不利于营造热销氛围；第二，资金周转速度慢，资金链压力大；第三，价格调整的空间小。

4. 高开低走策略

这种定价策略类似"撇脂定价策略"，正如将一锅牛奶中的油脂（精华）部分一下子撇走的做法一样，其目的是卖方在新开发的楼盘上市初期，以高价开盘销售，迅速从市场上获取丰厚的营销利润，然后降价销售，力求尽快将投资全部收回。

这种策略一般适用于以下两种情况：第一，一些高档商品房，市场竞争趋于平缓，开发商在以高价开盘取得成功后，基本完成了预期的营销目标后，希望通过降价将剩余部分迅速售出，以回笼资金；第二，楼盘或小区销售处于宏观经济周期的衰退阶段，或者由于竞争过度，高价开盘并未达到预期效果，开发商不得不调低售价，以推动市场吸纳物业，尽早收回投资。

采用该种策略的优势在于：第一，便于快速获取利润；第二，高价未必高品质，但高品质必然需要高价支撑，因此容易形成先声夺人的气势，给人以楼盘高品质的展示；第三，由于高开低走，价格是先高后低，后续消费者也会感到一定的实惠。但是，价格高，难以聚集人气，不易形成"抢购风"；先高后低虽然迎合了后期的消费者，但无论如何，对前期消费者是非常不公平的，对发展商的品牌会有一定的影响。

（三）销售量的控制

基于推盘量的推售策略主要有"集中推售""小步快跑"以及以上两种结合的策略。

1. 集中推售策略

集中推售策略，就是把某阶段或全盘要推售的房源一次性地全部推出，给购房者更大的选择空间。

一般来讲，以下一种或几种情况出现时，较为适合使用集中推售策略：第一，项目规模小，或者推盘数量少；第二，蓄客量充足，能够造成短期的供不应求；第三，产品均好性强，不存在大量缺陷性产品。

采用这种策略的好处有：一次性解决问题，避免多次蓄客；客户可选择余地大，利于增加销售量；可在短时间内大批量回款。

有其利必有其弊，集中推售策略的不足之处表现在：第一，需要大量积累客户来保证热销局面形成；第二，容易产生滞销户型，造成尾盘积压；第三，一次性把房源推出，不利于追求利润最大化。

2. 小步快跑策略

小步快跑推盘策略就是把所要推售的房源分成若干次推售，每隔一段时间推售一批房源。

对于楼盘规模较大，房源数量多；开发商资金压力不大，不急于大量回款；项目销售周期长，需要进行长久规划的，非常适用该策略。

小步快跑策略的优势在于：第一，便于挤压销售弱势户型，避免房源积压；第二，精耕细作，有利于实现开发商利润最大化目标；第三，可根据市场回馈信息微调产品，便于适应市场需求。但是，销售周期长，短期内不利于快速回款；同时需要持续吸引客户吸引力，营销推广费用高。

【案例分析】 ××项目"小步快跑"推售计划

××项目，是某大型集团落地山东的首个项目。项目位处正在形成的济泺中央居住区的核心。项目总占地面积 185 亩，总建筑面积约 30 万平方米，由 20 栋高层、电梯花园洋房组成，共计 2100 多套房源，规划营销周期 3 年。

项目营销规划自 2010 年 3 月开始蓄客，2012 年 3 月清盘，期间共 2 年的时间，分四次开盘，每次开盘的销售额在 2 亿～2.6 亿元之间。其中安排 2010 年 6 月和 10 月各开盘一次，2011 年 4 月至 5 月开盘一次，2011 年 8 月至 9 月再次开盘（见图 5-6）。

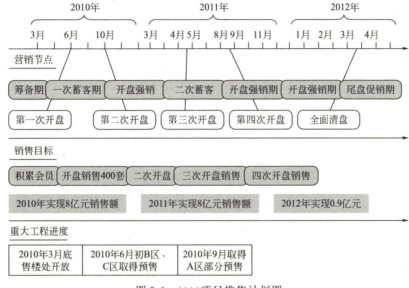

图 5-6　××项目推售计划图

3. 大开盘＋小开盘策略

就是将集中推售策略与小步快跑策略相结合，"大开盘＋小开盘"，一般是一次大开盘之后跟随多次小开盘，也可以是在一次大开盘之后的几次小开盘中间穿插大的开盘推售。

采用该策略的前提是：项目规模较大，产品种类丰富；或者开发商回款要求较为灵活，要求的回款时间和数量存在不确定性。

该种策略能够兼具集中推售策略和小步快跑策略的优势而弱化以上两种推售策略的劣势。

（四）产品搭配控制

按照产品搭配来划分，推售策略主要有"低端先期入市"、"高端产品先行"、"单类物业分期推盘"三种。

1. 低端先期入市策略

顾名思义，就是在推售过程中，先推出低端产品，之后推出档次和品质较高的产品。

低端先期入市策略的适用条件：第一，项目具有两种或两种以上产品形态；第二，各形态之间有着较为明确的档次划分和品质等级；第三，项目销售周期相对较长，且有较为明显的阶段划分；第四，项目前期回款压力较大。

这种策略的优势在于：第一，便于低价入市，降低置业门槛，实现快速旺销；第二，首先满足置业水平低但基数较大客户的需求，能够有效规避市场风险；第三，首期销售能够快速回笼资金，保证房地产开发的安全性。

不足之处在于，低端产品先行，容易造成项目是低端楼盘的市场形象，后期产品吸引高端客户的难度加大。

2. 高端产品先行策略

就是在同一个楼盘的两种或两种以上产品之中，首先推售高端产品，之后推出档次较低的产品。

高端产品先行策略的适用条件：第一，项目具有两种或两种以上产品形态；第二，各形态之间有着较为明确的档次划分和品质等级；第三，项目销售周期相对较长，且有较为明显的阶段划分；第四，项目前期回款压力不大，不需要大量现金回笼。

高端产品先行策略的优点表现在：第一，首次亮相便以高端形象入市，利于塑造项目形象；第二，后期较低档产品以较低的价格入市更容易被客户接受；第三，用高端产品树形象，中低端产品回现金，便于实现利润最大化。

但是，由于高端产品客户数量相对较少，不易形成热销氛围；同时高端的形象容易把较低端产品的目标客户拒之门外；此外，前期回款压力大。

3. 单类物业分期推盘策略

就是在推售过程中将各类针对单一目标客户群的产品逐一进行推售。例如在同一楼盘当中，既有满足刚性需求客户的产品，又有满足首次改善型客户需求的产品，还有满足多次改善的享受型需求客户的产品。在某次推售时，只是推出满足其中一类客户需求的产品。

该种策略适用的项目具有以下特点：产品种类丰富，个性鲜明且各种产品针对明确的目标客户群体。

单类物业分期推盘策略的优势在于阶段推售产品针对单一目标客户群体，便于营销推广；劣势在于每次推售完一种产品之后，需要调整项目的推广形象，容易造成认知混乱。

【案例分析】 ××项目"单类物业分期推盘"策略

项目总占地面积1200余亩，规划地上总建筑面积100余万平方米。物业类型包括高层、小高层、多层、产权式酒店、平层官邸、小独栋及联排多层住宅、五星级酒店、商业等。

项目采用的推售策略——"单类物业分期推盘"，小高层、公寓、法式多层、高层公寓以及住宅底商分别推售（见图5-7）。

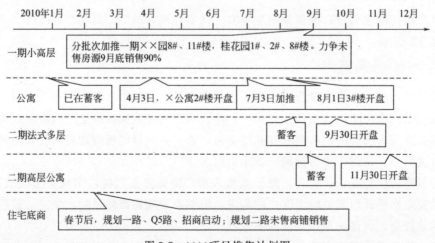

图5-7 ××项目推售计划图

第六章
房地产营销推广与媒体运作

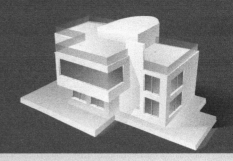

第一节 营销推广计划与控制

一、房地产营销推广概述

(一)房地产营销推广的定义

房地产项目营销推广成功与否直接决定着项目的成与败,是房地产项目运作的一个重要组成部分。它是指在房地产项目租售过程中,开发商或营销代理公司通过所有可能采取的手段向目标客户群宣传该项目,增加项目的知名度和美誉度,让客户了解项目、认可项目,以激发他们的购买欲望和行为,从而促进项目租售的一种经营活动。

(二)房地产营销推广的手法

房地产项目营销推广手法有很多,在项目实际运作过程中,具体采用哪类营销推广手法,主要从五个方面考虑:一是产品特征,即项目的特性与要求;二是客户特征,目标客群的接受可能性;三是手段本身的要求与限制,现实情况能否满足;四是手段的效率考虑;五是项目所具备的资源。一般常用的营销推广手法有广告推广、活动推广、渠道推广三大类。

1. 广告推广

广告推广是房地产营销推广最常用的手法之一。广告推广是指为配合房地产项目完成各个销售推广阶段目标,对项目的卖点即项目价值,通过各类媒介宣传给客户。它可以迅速建立项目品牌,促成项目租售,也可以使企业形象资产有效地积累。房地产项目广告推广需做两方面的工作。

(1) 确定项目卖点 房地产项目的卖点一般都是由项目优势转化而来的,可以从品牌、地段、交通、产品、价格、景观、会所、周边配套、销售服务、物业管理等多个角度多层面分析中获得。有时项目的卖点较多,需要对其进行梳理,划分出主要卖点和次要卖点,以便于提炼项目核心价值。卖点的总结将最终以广告的形式落实于营销的战略战术中,化为消费者能接受、认同的利益和效用,达到产品畅销、建立品牌的目的。

(2) 选择推广的媒体 房地产项目常用广告推广媒体有报纸媒体、电视媒体、杂志媒体、电台媒体、网络媒体和户外媒体。在选择媒体同时,还需考虑媒体出版时间、主要栏目、发行量、收视率、面向客群以及价格等几个方面。

2. 活动推广

活动推广作为整个房地产项目营销推广手法中的奇兵，能快速集聚人气，扩大项目影响力。在实际运作中，根据每个阶段每次活动目的，会选择部署不同的活动。房地产活动推广的目的主要有三个。第一，制造新闻：在项目的亮相、起势阶段，通过制造新闻事件以扩大项目的知名度、提高项目的形象，提升项目的价值。第二，改变态度：项目建立知名度后，要解决的问题就是开始积累客户，并且使之改变态度、产生偏好，打造项目美誉度。第三，达成销售：项目建立知名度、美誉度，最终是为了达成销售。项目积累起一批意向客户后就要开始消化，最终将其变成现实客户。

房地产项目常用营销推广活动包括销售节点活动、新闻发布会、演讲（论坛）营销、产品说明会（发布会）、节日促销及大事件活动等形式，通过这些活动达到维护、巩固、扩大客户的目的。

（1）事件活动推广　事件活动是以某一公众事件为载体，通过策划、组织和利用具有名人效应、新闻价值以及社会影响的人物或事件，将企业及产品的相关信息，合理地嫁接到事件中，达到产品的高曝光率，吸引大批消费者的眼球，从而达到项目广告的效果。事件活动是实现项目与客户的双向沟通工具，成为国内外十分流行的一种公关传播与市场推广手段，集新闻效应、广告效应、公共关系、形象传播、客户关系于一体，并为产品推广创造机会，形成一种快速提升产品知名度和美誉度的营销手段。

房地产项目在事件选择方面一般遵循三个原则：一是重要性原则，看事件对社会产生影响的程度；二是接近性原则，越是心理上、利益上和地理上与受众接近相关的事实，新闻价值就越大；三是显著性原则，事件中的人物、地点和事件的知名度越是著名，新闻价值也越大，如国家元首、政府要人、社会名人、历史名城等，都是出新闻的地方。例如海尔绿城项目就是利用第十一届全运会这一新闻事件成功地运作了该项目。

（2）节点类活动推广　节点类活动是房地产项目活动促销中最常用的活动之一。一般来说，一个房地产项目开发建设的主要节点包括开工奠基、内部认购、正式开盘、建筑结构封顶和交房入住。节点类活动的最大特点是在举办的过程中有一个明确的时间先后顺序，它必须根据项目的建设进度来举办。其中，两个重要节点类的活动推广如下。

① 项目内部认购活动。在项目正式公开销售之前，一般都会有一个内部认购期，在内部认购期举办一些活动，既可以对项目进行宣传，又可以达到"试水"的目的。

② 项目开盘活动。房地产项目开盘活动是由开发商投资组织的，主要指开盘当天在楼盘现场所举办的面向公众开展的一系列活动。旨在促进开发商及其所开发的楼盘与社会各界公众（特别是目标客户和已购房业主）的关系。提升开发商及其所开发楼盘的知名度和美誉度，最终达到促进楼盘顺利租售的目的。在策划开盘活动时，除了要详细考虑每个细节外，还要注意开盘前各项准备工作的落实。

（3）告知类活动推广　告知类活动主要包括项目说明会、产品推介会、记者见面会和新闻发布会等。这些活动一般在项目内部认购或正式公开发售前举办，其主要目的是告知大众（特别是目标客户群）本项目的相关信息，增加项目的知名度。

（4）研讨类活动推广　研讨类活动主要是指邀请一些专家、知名人士对某一个话题发表自己的见解，通过专家的意见引起公众（特别是目标客户群）的共鸣，从而引导他们关注本项目。研讨的内容一般包括城市发展规划、家居装饰、投资理财等。这些研讨的话题表面上与项目本身联系不大,但在深一层有着密切的联系。

(5) 节日类活动推广　在某些重大节日,例如元旦、春节、五一、十一等举办一些活动来吸引更多人关注本项目,营造项目的声势,扩大项目知名度。

(6) 展会类活动推广　在一些大中城市,每年都会举办一些有关房地产的展会,例如房展会、展销会、住交会等,房地产企业往往通过参展以提高项目知名度。

(7) 文化表演类活动推广　开发商适当地举办一些文化表演类活动,既可以给当地群众或业主提供娱乐活动,也可以增加社区的人文气息。

(8) 比赛评选类活动推广　常采用的比赛评选类活动有:绘画大赛、征文大赛、书法大赛、征名活动、形象代言人评选等。举办比赛评选类活动,可以增加群众(特别是目标客户群)与开发商的互动,树立起开发商亲民的形象。

在策划代言人或形象大使评选类活动时,可以评选本项目的代言人或项目大使,若能得到当地政府的支持,也可以评选项目所在地区的形象大使。

(9) 项目业主联谊类活动推广　当项目的租售率达到一定程度后,开发商可以举办一些业主联谊活动,既可以增加开发商与业主之间的交流,又可以显现开发商关爱负责的良好形象,从而达到以客户带客户的效果。

对于一些分期开发的大型项目,可以针对前几期业主举办一些联谊活动,从而对这一期项目进行宣传推广,最终达到老客户带动新客户的目的。

(10) 其他类活动推广　除了上述所提到的9种类型活动外,房地产项目人员还根据项目特点、项目社会背景及机会做一些其他的活动。只要该活动能够增加项目的知名度,有利于项目高价高速销售,而且执行费用又不超过预算的话,该活动就是可行的。如公益活动、主题类活动。

3. 渠道推广

渠道推广实际上是一种"精确式营销",其特点在于根据目标区域市场状况以及目标客户群特征定向传播,定制式营销。因此,渠道推广对于房地产项目而言,不仅收效大,而且还可大大节省营销费用。

渠道推广主要有三种方式:圈层营销、行销、关系营销。

(1) 圈层营销　圈层是指背景、习性及文化等类似的特定阶层或群体。房地产圈层营销指将不同领域的对等品牌联合起来,共享资源,合力传播。通过不同领域相同目标客群的联动推荐,使得房地产产品品牌的内涵变得更为丰富和生动。常用圈层推广形式有鉴赏酒会、艺术沙龙、名车展、高尔夫球协会、财富沙龙和名流派对等。

房地产项目的圈层营销大致分为三种类型。

一是根据项目的档次进行圈层营销,这种方式在豪宅营销上运用较多,最为常见的方式为豪宅与奢侈品牌的嫁接,如高尔夫球友会、宝马车友会、红酒品赏会等,通过点对点的高端活动实现项目的定向传播。

二是根据项目的内涵与灵魂进行圈层营销,在众多的房地产项目中,为了形成市场区隔,在项目整体定位和产品打造上,均赋予项目不同的内涵。从而使楼盘具有了价值倾向和个性特征,楼盘自身的气质决定了项目的目标客户群体必定是具有某种相同追求的同一圈层。因此,在营销推广过程中将项目内涵发散,以传播主题、活动等形式,形成圈层客户对项目的深度认同。

三是根据项目"老客户"和项目目标客户群体的年龄、家庭等特征进行有效地圈层营销。

（2）行销　房地产项目行销是指在了解消费者的分布和需求层次的基础上，通过研究、策划、推广及实体配销技术等一系列整体策略，主动出击寻找客户。行销包括三部分：事前，了解项目周边环境、调查市场需求、熟悉产品，订出合理价格，选择适当的销售网，编写广告预算和促销政策等；事中，人力推销，研究推销技巧（接近、交谈、顾客管理等）；事后，评估、服务、跟踪和控制。行销就是以顾客为中心，运用技巧和智慧，让顾客了解、认可产品而购买，从而使得获取最大的利润。

（3）关系营销　关系营销重视消费导向，强调通过企业与消费者的双向沟通，建立长久稳定的对应关系，在市场上树立产品和品牌的竞争优势。

在中国的传统文化中，重"人情"、重"面子"是处世的一项重要原则。因此，在房地产营销过程中，关系营销的开展变得更加简单和容易操作，因为人际关系可以影响到客户群体对房地产项目好坏的判断及其购买行为。所以，在房地产项目关系营销实施过程中，需要房地产企业有意识、有计划地进行关系营销。首先，在房地产项目的审批过程中，涉及众多政府部门，而这些部门作为房地产行业的主管单位，不仅自身有一定的购买能力，更为重要的是作为行业的"领袖"意见，可影响到众多的客户群体；其次，在房地产行业的产业链条中，房地产企业与众多企业有合作关系，包括设计单位、建设单位、材料供应商等，而这些合作伙伴对房地产行业较为熟悉，很容易成为其购买倾向的客户群体咨询的对象，他们对项目的评价将直接影响客户群体的购买信心；再次，充分挖掘公司内部员工的潜力，让公司员工对项目具有强烈的信心，帮助项目的传播，并发动亲友团购；最后，将所有成交客户的资料整理入库，定期与客户进行关系维护，通过老带新促进项目销售。

【案例分析】　济南××项目品鉴会暨青年人居标准新闻发布会

本项目是济南本土品牌开发商倾力打造的纯小户型大社区，总用地面积47051m²，总规划建筑面积约15万平方米，由8栋小高层组成，共2100多套住房，套型面积为30～80m²，设计经典舒适、科学合理。

1. 活动背景

××项目通过前一阶段的推广宣传，在济南市场上形成了较高的知名度与美誉度，得到了市场的认可，目前已有千余青年置业会员。前期，通过媒体的宣传与活动的开展，项目的一些规划、产品形态等信息已传达给市场，市场反应良好，但随着时间的推移，这些信息明显满足不了市场对项目以及产品信息的要求。由于项目信息的匮乏，市场对项目存有躁动的迹象。

2. 活动宗旨

鉴赏活动通过产品及配套的推介，一是向项目置业会客户充分展示本项目产品的亮点并解答客户比较关注的问题，加强其置业的信心及带来口碑宣传作用；二是通过媒体宣传，将项目深度信息传递给市场，应对市场的质疑，进一步增强项目的市场影响力，提高项目的知名度和美誉度。

青年人居标准的发布活动旨在向客户传达本项目所倡导的居住理念，进一步加深其对青年人居样板的理解。

3. 活动基本流程

◇通知青年置业会会员，于营销中心领取入场券（每位会员限领一张，可带多人参加活动）。

◇ 产品鉴赏会结束后，入场券正券加盖××地产公司印章后，可兑换济南近郊旅游景区门票2张。

◇ 当日活动入场时，把入场券副券投入抽奖箱，参加开盘后抽奖，抽中者选房签约后，方可领取奖品。

◇ 活动前一周在各媒体对推介会进行宣传；活动结束后，由各媒体安排发布论坛新闻通稿。

二、房地产营销推广计划

房地产营销推广计划是营销执行报告的重要部分，是基于营销总策略和营销推广策略下，各营销时期采取相应的策略组合而形成的执行方案。

（一）房地产营销推广计划的目的

1. 实现项目的知名度

营销推广计划的直接目的是实现项目的知名度和美誉度。特别是在项目营销初期，广告推广是营销推广的主要组成部分，它以企业品牌或项目的主题推广语和核心卖点为内容，以线上推广形式，大力宣传，极大地增强项目的知名度。

2. 实现项目品牌和企业品牌的提升

房地产企业的品牌传播和项目传播是相互结合的。在项目的营销推广过程中，注重应用整合传播策略，充分体现品牌特色，使项目得以与客户建立起某种关系，并在其心中创造出某种印象和地位，从而使得品牌本身变成一个"有意义"的个体。

3. 实现企业销售目标

房地产营销推广计划的根本目的是帮助企业实现销售目标。总体来说，通过营销推广计划的编制、执行和检查，充分挖掘和利用企业的各项资源，制订与市场环境相适应的最优方案，并把企业内部的全部经营活动科学地组织起来，使企业的房地产营销推广工作有计划、按步骤地进行，以获取利润和实现企业的战略目标。

（二）房地产营销推广计划的基本原则

1. 目标原则

营销推广计划的内容都是围绕着实现项目目标和企业目标而展开的，它的制定和实施的目的都是为了实现目标。

2. 先后原则

房地产行业的复杂性决定了各项目营销工作都是有计划、有步骤的。营销推广计划是开展活动和媒体动作的先导。

3. 普遍性原则

每一个房地产企业都有其营销计划，每一个项目都有营销推广计划，项目的每个营销结点都有其推广计划。

4. 效率原则

房地产营销推广计划要求以最少的推广费用获得最大的知名度,取得显著的销售业绩。

5. 层次性原则

房地产营销计划在制订的时候,在执行时间上分长期、中期和短期,在执行的高度上分为目标、策略、行动方案和支持计划、预算等方面。

6. 灵活性原则

在制订计划时要充分考虑弹性,例如时间弹性、费用弹性,以减少未预料事件引起的惊慌失措。

7. 调整原则

定期复核计划,进行必要修订。承诺时间越长,承诺任务越多,管理者分段核查越必要。

（三）制订营销推广计划的步骤和内容

在房地产市场营销中,制订出一份优秀的营销推广计划十分重要。一般来说,营销推广计划包括如下内容（见表 6-1）。

表 6-1　营销推广计划的内容

步　骤	内容要点
明确目标	总体目标:确定推广计划中要达到的销售量、市场份额和利润等目标 阶段目标:推广计划实施后要达到的目标,如增加销售的来电来访量、增加成交量
市场分析	搜集房地产市场、竞争对手、目标客户的相关数据,整理并进行 SWOT 分析,预测未来市场趋势
机会和问题分析	概述主要的机会和威胁、项目的优势和劣势,以及在计划中必须要处理的产品所面临的问题
营销推广策略	基于工程进度,针对不同市场情况和不同的销售阶段,组合运用营销推广手法
策略下的行动方案	在不同的营销阶段详细制订行动方案
营销推广费用预算	计划所花总费用及各销售阶段的花费计划
控制	监控本营销推广计划的实施,评估并调整该计划

1. 明确目标

每个公司都会追求更多的利润。房地产开发商为寻求一个稳定的长期投资的概率,并估算其所开发项目可得总利润及每年获得利润,构建财务目标。

财务目标必须转化为市场营销目标,营销工作的开展都是围绕着公司财务目标展开的,营销推广计划的最终目标也是要实现公司财务目标。不同销售节点,营销推广策略的不同决定营销推广计划的各分目标。

2. 市场分析

市场分析包括宏观经济分析、宏观政策分析、土地市场分析、市场供应分析、市场成交分析、价格分析、客户分析和竞争项目分析等内容。市场分析的目的是为本项目的推广策略的制订提供依据。

3. 机会和问题分析

分析应以描述市场营销现状资料为基础,找出主要的机会与挑战、优势与劣势和整个营销期间内公司在此方案中实现目标所面临的问题等。

（1）机会与挑战分析　项目所面临的主要机会与挑战指的是可能左右企业未来的外部因素。写出这些因素是为了要建议一些可采取的行动，应把各项机会和各项挑战分出轻重缓急，以便使其中之重要者能受到特别的关注。

（2）优势与劣势分析　与机会和挑战相反，项目的优势和劣势是内在因素，项目的优势是指项目可以成功利用某些策略，项目的劣势则是要改正或规避。

（3）问题分析　以项目及市场的现状对应目标，以结构化思维方式寻找实现目标的困扰因素，推导项目的核心问题。对这些问题的决策将会导致随后的目标、策略与战术的确立。

4. 营销推广策略

不同的销售节点，营销推广的目标不同，因此营销推广应根据工程进度、市场情况，组合运用营销推广手法。

5. 策略下的行动方案

策略阐述的是用以达到企业目标的主要营销推广组合，而行动方案的每一要素都应经过深思熟虑，来做回答将做什么、什么时候做、谁去做、将花费多少等具体行动。

6. 营销推广费用预算

行动方案需要编制一个支持该方案的预算，制订各销售阶段的花费计划及费用总计。公司主管部门将审查这个预算并加以批准或修改。

7. 控制

为保证营销推广方案有序执行，整个计划的进程必须有控制。通常，目标和预算都是按营销周期制定的，这样企业就能检查各期间的成果并发现未能达到目标的部门。有些计划的控制部分还包括应急计划，简明扼要地列出可能发生某些不利的情况时项目应采取的措施。

三、房地产营销推广策略

（一）房地产营销推广策略的概念

房地产营销推广策略是对以上广告推广、活动推广、渠道推广等营销推广手法的整合运用。它是根据营销环境和项目自身优劣势，针对目标客户群的需要及营销任务，制订高效的推广手段、推广主题、推广策略和推广计划，为房地产项目租售做好准备。

（二）房地产营销推广策略制定

1. 营销推广策略制定的前提

制订房地产项目营销推广策略，必须了解市场环境、客户情况、开发商背景、项目情况以及营销任务。

市场环境方面：了解当地的房地产市场特点、竞争对手、市场推广的手段、媒体操作手法和可利用的营销资源等。

客户方面：了解当地的风土人情、当地人的收入水平、偏好以及目标客群的客户属性。

项目情况方面：了解项目的自然环境、历史人文环境、项目自身配套、产品方面以及竞争优势、比较劣势等。

开发商方面：了解开发商的实力、开发商的企业风格、开发商品牌、开发商操作此项目的目的以及开发商决策人的性格特征等方面。

营销目标方面：了解项目销售时间节点、销售任务以及项目知名度、开发商品牌等方面的要求。

2. 制订营销推广策略的原则

第一，以客户的需求为出发点。营销策略应该围绕一切满足客户的需求为目的，"顾客就是上帝"。

第二，把握时机。制订策略时，要尽可能地利用可能发生的变化。

第三，扬长避短。制订策略实质就是研究如何以弱胜强、以小胜大、高屋建瓴，所以就必须扬长避短、发挥优势。"田忌赛马"就是一个很好的例子。

第四，出奇制胜。就是靠创新，靠另辟蹊径而获得成功。

第五，集中资源。集中资源，就可以使用有限的资源发挥出最大的效益。

第六，量力而行。所谓量力而行，就是要使策略与时机情况相适应，不同的规模就有不同的战略，切忌好大喜功。

3. 房地产营销推广策略分类

房地产项目的推广策略是指根据本项目的特点、开发商背景以及特殊时机等方面，制订本项目推广策略，从而达到预期的推广目标。一般来说，房地产项目的推广策略可以分为三种，分别是循环渐进策略、强势推广策略、常规稳健策略。这三种策略都有其各自的特点，并有一定的适应范围，具体如表6-2所列。

表6-2 房地产项目营销推广策略分类

分类	循序渐进策略	强势推广策略	常规稳健策略
特点	公开发售前的两三个月开始，通过媒体介绍项目及相关内容，以引起目标客户群的兴趣，以求开盘时造成轰动	在短期内集中广告投放，让项目迅速在市场中享有高的知名度	除开盘期外，销售期内保证周期相对稳定的广告投放量，告知客户楼盘处于销售阶段
适应范围	大型项目，特征明显的项目	开发商希望尽快争取部分资金回笼的项目；"概念楼盘"的推广；也适应于市场上同质楼盘推出量巨大时的项目	处于普通状况的大多数楼盘

4. 房地产营销推广策略制定

由于房产与其他商品相比，生产周期非常长。小规模项目从开工到竣工至少需要8个月，大规模项目全部竣工所需时间为5~8年，甚至更长，再加上开工前需要办理的一系列手续，使项目的开发周期至少在2年以上。而房产同时又是一种集使用和投资于一身的昂贵商品，人们在采取购买行动之前都会对市场进行调查，会经过较长时间研究才购买，所以它的选择和购买过程较长。因此房地产项目营销策略更为重要。根据一般商品营销流程来说，一种产品从信息出现到最终购买，主要经历了"知道产品→了解产品→对项目产生好感→发生购买行为"等几个阶段。因此，房地产项目在实际操作中，也会根据项目情况及任务不同，划分不同的推广阶段。

（1）第一阶段：项目销售准备期营销推广策略　房地产项目宣传的前期，营销推广较侧重项目知名度的扩大。这个阶段，工程施工刚刚开始，销售工作处于准备阶段，项目现场不具备展示条件，营销推广应选择传播面较广的手法，如户外媒体、报纸、论坛等。将新项目入市的信息传播出去是这一阶段宣传的主要任务。营销推广的重点放在区域、开发商品牌、项目的卖点方面，在人们心里形成一个固定而清晰的概念，以达到在众多项目中脱颖而出的目的。

（2）第二阶段：项目强销期营销推广策略　配合销售工作的全面展开，该阶段营销推广策略全面突显项目优势，如户型设计、园林景观、配套等方面，使客户对项目加深了解并产生信赖。营销推广手法多样，采用电视、报纸、网络、DM、参加展会、产品说明会、事件营销等多种手法。

（3）第三阶段：项目销售持续期营销推广策略　在强销期过后，新增客户会维持在一个相对平衡的数量曲线上，再加上这阶段的工程项目已经达到主体完工或进入装修阶段，楼宇及社区规模形象初显，客户可以看到大体的实体建筑。因此这阶段营销推广相对减少，主要采取报纸广告、电视、圈层老客户带新客户活动以及客户维护活动类手法。

（4）第四阶段：项目销售尾盘期营销推广策略　房地产项目销售到了尾盘期，好的户型和楼层基本都已售空，所剩房源不多，且大多是不好销的尾盘房。因此，在这一阶段营销推广重点是优惠促销、告知交房或销售状况信息、物业管理方面。在营销手法上主要采用短信、老客户带新客户等。

四、房地产营销推广计划的执行及控制

计划是对未来行动的指导，而计划在实施过程中会受到不确定因素的干扰。因此，营销推广执行是将推广计划转化为行动的过程，并保证该方案的完成，以实现计划的既定目标。推广计划的控制是一个从分工、执行到监控调整的循环过程。如图 6-1 所示。

（一）营销计划执行的影响因素

执行涉及"谁"去执行、"什么时间"去执行和"怎么样"去执行的问题，营销推广计划的执行受推广策略的指导；此外，执行也是一种策略

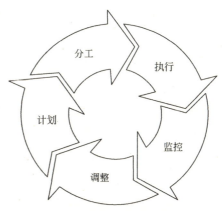

图 6-1　营销推广计划控制循环

反馈，即预计在执行某一策略中产生的困难是否影响策略的选择。影响执行营销推广方案因素有发现及诊断问题的技能、评定存在问题的公司层次的技能、执行计划的技能、评价执行效果的技能。

1. 发现与诊断技能

当营销推广计划的执行结果不能达到预期目标时，策略与执行之间的内在紧密关系会造成一些难以诊断的问题。如销售量（售卡、售房）低是由于来电来访量少还是由于现场成交率低？来电来访量少是由于推广力度不够还是由于渠道开发的力度不够？如果问题是出现在营销推广方面，那是由于营销推广制定的不合理还是由于营销推广在执行上有问题？通过这样的层层分解，由目标到原因，由原因再找原因，构建出一个完整的问题诊断框架，哪个环节出现了问题能一目了然。

2. 评定存在问题的重要性层次

营销的执行问题在企业三个层次的任一层上都会发生。

（1）营销推广功能层次　办理预售证、销售、交房等功能，在执行营销任务时是必须履行的。如有的房地产开发企业由于资金或土地产权问题，无法逾期办理预售证，就无法获取定金，甚至不能如期开盘。

（2）营销推广方案层次　即把各种营销功能协调组织在一起，构成整体活动。例如一个成功的开盘活动需要组织者、广告制作、媒体运作、庆典礼仪人员等的通力协作完成；房屋代理商通过定价和促销的整体功能活动将房屋售给顾客。

（3）营销推广政策层次　营销推广计划的顺利、有效实施的关键要素还在于营销执行者。因此，引导从事营销工作的人员理解本组织的营销主张、营销的领导艺术以及更具体的各种报酬、招聘、训练和销售政策等，都体现了该组织的营销文化。如果房地产企业员工在与客户、开发商和其他人在营销推广中采用社会性营销观念，就需要有达到这一目标的明确的营销政策。营销政策对能否有效执行销售推广方案的影响最大，其次才是执行营销推广功能的能力，因此，营销推广方案能否有效的执行，主要取决于制定和执行健全的政策。

3. 执行市场营销推广的技能

为了有效地执行营销推广方案，公司的每个层次，即功能、方案、政策层次都必须运用一整套技能，主要包括配置、监控、组织和相互影响。

（1）配置技能　指项目负责人给功能、政策和方案三个层次分配时间、资金和人员的能力。如按何种方式来有效配置好房地产推销人员是每个房地产公司都面临的一个共同的问题。通常，项目负责人会根据不同的销售节点编制详细的工作计划表，通过合理安排时间，保证人员到位，按时完成任务。

（2）监控技能　建立和管理一个对营销推广活动效果进行追踪的控制系统，控制有四种类型——时间计划控制、利润控制、效率控制和策略控制。前三种类型会在营销推广计划的执行过程中用到。

（3）组织技能　实现公司目标而应具有的营销人员关系结构。掌握构成控制系统的集中化程度和正规化程度及理解非正式营销组织的地位和作用，是制定有效执行程序的重要先决条件。非正式系统与正式系统的交互作用将影响许多执行活动的效率。某项目驻场人员的组织结构如图 6-2 所示。

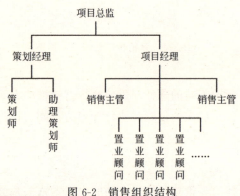

图 6-2　销售组织结构

（4）协调技能　营销人员不仅必须有能力推动本组织的人员有效地执行理想的策略，还必须推动组织外的人或企业，如广告代理商、销售代理商来执行理想的策略，哪怕他们的目标不能恰好与组织的目标相同。

组织内部每个问题出现的频率，可能与企业的规模、市场位置和企业与竞争的行业增长率有关系，而卓越的营销执行需要在三个层次（功能、方案、政策）上的四个方面（配置、监控、组织、相互影响）的管理技能。

4. 执行的评价

有时候，在市场上取得良好的绩效并不一定证明营销执行得好。因此，评价的营销执行效果是否有效，应正面回答下列问题。

① 有无明确的营销推广主题、强有力的营销领导和能促进和诱发美德的企业文化？

② 为了完成营销活动和处理与顾客的相互关系，管理部门是如何组建的？是否有组织合理、便于内部沟通的组织架构？

③ 公司的营销推广方案是否形成整体，并以集中的方式向目标顾客群进行营销推广？

④ 公司营销管理部门与公司其他职能部门的分工与配合是否良好？顾客与销售人员的相互关系是否良好？销售线人员和策划线人员的配合是否良好？

⑤ 管理部门采用什么监控方法使自己不仅知道自身的活动状况，而且也知道顾客和潜在顾客的行为状况？

⑥ 管理部门给各种营销工作分配的时间、资金和人员是否得当？

要将策略和执行在市场上产生的结果区分开来终究是一项困难的工作。但是，强调公司需要擅长执行营销推广计划和做好策略性的营销规划则会全面提高公司的绩效。

（二）营销推广计划控制

计划通常是建立在事先对众多不确定因素的假定基础上的，当计划实施过程中遇到与事先假设不一致的现实情况时，就需要通过营销控制，及早发现问题，对计划或计划实施做出有针对性的调整。以确保企业经营按照计划规定的预期目标运行。

1. 营销推广控制的步骤

房地产企业的营销组织中，有效的营销控制是由科学、严格的工作步骤来保证的。其控制步骤如图6-3所示。

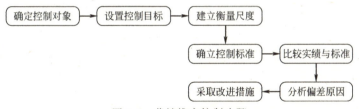

图6-3 营销推广控制步骤

（1）确定控制对象　确定应对哪些市场营销活动进行控制。固然，控制的内容多、范围广，可获得较多信息，但任何控制活动本身都会引起费用支出。因此，在确定控制内容、范围、额度时，应当使控制成本小于控制活动所能带来的效益或可避免的损失。

最常见的控制内容是销售收入、销售成本和销售利润，但对市场调查，推销人员工作、消费性服务、新产品开发、广告等营销活动，也应通过控制加以评价。

（2）设置控制目标　这是将控制与计划联结起来的主要环节。如果在计划中已经认真地设立了目标，那么这里只要借用过来就可以了。

（3）建立衡量尺度　多数情况下，企业的营销目标决定了它的控制衡量尺度，如目标销售收入、利润率、市场占有率、销售增长率等。但还有一些问题则比较复杂，比较难以量化，如销售人员的工作效率，可用一定时期内新增加的客户数目及平均访问频率来衡量，广告效果可用记住广告内容的读者（观众）占全部读者（观众）的百分比数来衡量。

鉴于多数企业都有若干管理目标，所以，多数情况下，营销控制的衡量尺度也会有多种。

(4) 确立控制标准　对衡量尺度加以定量化。如规定每个推销员全年应增加 30 个新客户；某种商品房的市场占有率达到 3%；市场调查访问每个用户费用每次不得超过 10 元等。控制标准一般应允许有一个浮动范围，如上述商品市场占有率在 2.8%～3% 是可以接受的，访问费用最高不得超过 12 元等。

确立标准可参考外部其他企业的标准，并尽可能吸收企业内管理者和被管理者的意见，以使其更切合实际，受到各方面承认。为使标准具有刺激作用，可采用两种标准：一种是按现在可接受的水平设立；另一种用以激励营销人员的工作达到更高水平。

确立标准还需考虑项目、地区、竞争情况不同造成的差别使标准有所不同。如考察推销人员工作效率时需考虑以下因素的影响：所辖区内的市场潜力、所辖区内新房的竞争力、广告强度、商品房的具体情况。因此，不可能要求每人都创造同样的销售额或利润。

(5) 比较实绩与标准　在将控制标准与实际执行结果进行比较时，需要决定比较的频率。这取决于控制对象的变动频率。如果比较的结果是实绩与控制标准一致，则控制过程到此结束；如果不一致则需进行下一步。

(6) 分析偏差原因　产生偏差可能有两种情况：一是实施过程中产生的问题，这种偏差比较容易分析；二是计划本身的问题，确认这种偏差比较困难。况且两种情况往往交织在一起，使分析偏差的工作成为控制过程中的一大难点。

(7) 采取改进措施　如果在制订计划时同时也制订了应急计划，改进就能更快。例如，计划中有"一季度利润如果下降 5%，就要消减该部门预算费用的 5%"的条款，届时就可自动启用。但在多数情况下并没有这类预定措施，这就必须根据实际情况，迅速制定补救措施，或适当调整某些营销计划目标。

2. 房地产营销计划控制方法

(1) 年度计划控制　年度计划控制是房地产企业所采用的主要控制方法，其目的是确保企业达到年度计划规定的销售额、利润指标及其他指标，它是一种短期的即时控制，中心是目标管理。年度计划控制的实质是随时检查年度计划的执行情况。

年度计划控制的主要指标有以下 4 种（见图 6-4）。

① 销售额分析。由统计分析与年度销售目标有关的销售额组成。

② 市场占有率分析。销售额的绝对值并不能说明企业与竞争对手相比的市场地位怎样。有时一家企业销售额上升并不说明他的经营就成功，因为这有可能是一个

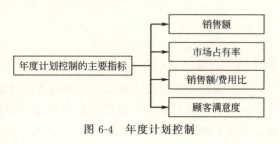

图 6-4　年度计划控制

正在迅速成长的市场，企业的销售额上升但市场占有率却反而下降。只有当企业的市场占有率上升时才说明它的竞争地位上升。

③ 销售额/费用比分析。年度计划控制要确保企业的利润水平，关键就是对市场营销费用/销售额的比率进行分析。

④ 顾客满意度跟踪。前面的方法主要以财务和数量化分析为特征，它们十分重要，但还不够。为了尽早察觉市场销售可能发生的变化，还应建立客户满意度跟踪系统。这个

系统包括客户投诉和建议制度、典型客户调查和定期随机调查三部分。

（2）其他控制方法

除了年度计划控制以外，房地产企业还经常用到的营销控制方法有盈利能力控制、效率控制和战略控制等。

【案例分析】　××项目营销推广执行报告

项目背景：××项目处于城市中轴豪宅板块，坐拥稀缺的山体资源和生态天然林海资源，具有成为豪宅的自然禀赋。开发商为山东知名开发商，确定把本项目打造成高端居住社区。项目规划有花园洋房、高层、小高层，以豪华会所、商业街、国际标准双语幼儿园的内部配套和以中式台地叠景园林、4000m^2中央水景的景观园林提升项目品质。

为使本项目在越来越激烈的高端住宅市场竞争中脱颖而出，××公司基于项目目标和现状，从目标客户的角度，进行项目的定位、包装、营销推广，以实现项目高价值下的高速营销。

为保证项目首次开盘成功，制定2008年6月～2009年5月年度营销执行报告。在本营销周期内，将分形象导入期、内部认购期、开盘强销期三个阶段详细说明营销执行计划。

一、形象导入期（2008年6～8月）推广思路

推广目标	利用××的优势，进一步扩大××在济南的影响力，制造城市山居话题，树立责任地产的高端形象
推广主题	××，再造城市山居生活
广告推广策略	××品牌升级战
媒体组合	以户外、网络为主，树立项目的知名度和美誉度，考虑到地震和奥运在媒体中的过度报道以及开盘节点等情况，平面媒体不宜过多投放
活动策略	开工奠基暨山体改造启动活动

1. 广告推广

在本阶段的3个月内，项目处于面世初期，依据本阶段广告推广策略，××地产将借助自己的品牌优势进行系列推广，推广主题定为：

　　　　　××地产　　山居生活缔造商
　　　　　××地产　　××市责任地产商

2. 媒体组合

一是通过户外广告大规模扫描，抢占优质户外资源，选择目标客户群经常出入地点进行户外封杀，迅速建立项目的知名度。由于本项目定位为城市豪宅，目标客户散布于整个城市，因此户外广告应选取在城市的主要干道和本项目周边主要道路上，计划做6个大型的户外广告。

二是到8月底进行以软性文章为主的平面媒体的宣传。软文主要诉求点如下。

- ××地产成长之路；
- ××地产，巨资打造××；
- ××地产，致力于山居生活；
- ××地产，山居生活缔造商；

- ××地产，斥巨资为市民打造山体环境；
- ××地产，一个责任地产商的崛起。

3. 活动推广

活动目的：引起社会关注，树立高端形象，建立项目影响力，扩大项目知名度。

活动主题：项目奠基暨山体改造启动仪式。

活动时间：2008年6月。

活动内容：（1）隆重举行项目奠基仪式；（2）山体改造正式启动。

参加人员：省市政府重要职能部门的领导、建筑公司、规划公司相关领导及各大新闻媒体。

宣传计划：各大媒体同时发布新闻。

软文：××，捐资千万为市民改造××公园。

活动费用预计：5万元。

二、内部认购期（2008年9月～2009年2月）推广思路

推广目标	1. 将××品牌进行延伸 2. 通过区域宣传，提出城市山居文化、城市山居生活 3. 通过活动迅速建立项目的知名度和美誉度 4. 进行客户积累，为开盘做好铺垫
推广主题	真正的城市山居生活
广告推广策略	品牌延伸＋区域稀缺＋项目高端形象
媒体组合	平面＋户外＋广播＋网络＋分众＋电台＋杂志
活动策略	余秋雨《山居笔记》讲坛暨售书仪式；房展会；××体验活动；会所体验活动

1. 广告推广

区域推广主题：

"爵"版的区域，城市的高度

一个城市的居住理想

形象推广主题：

一座山　一个家

我的山，我的城市山居生活

城市山居，风靡全城

城市山居，鼎级豪宅

2. 媒体组合

（1）户外广告大规模扫描

在项目进入认购期后，以区域宣传和项目形象为主，开始渗透城市山居文化。

（2）平面媒体

该阶段利用平面媒体进行区域和项目形象的宣传，主要诉求点：

- 区域的稀缺性，再无如此规格的土地；
- 山体稀缺性，济南首席私家山体公园；
- 城市山居典范，济南居住高度；
- 城市山居，济南人高度追捧；
- 城市山居的十大标准。

3. 活动推广

内部认购期是蓄客的重要时期,为使客户更加了解项目、认可项目,本期内做了四个活动,注重客户的参与和体验,提高客户购买的积极性。

(1) 余秋雨《山居笔记》讲坛、售书仪式

余秋雨是以《文化苦旅》和《山居笔记》闻名的中国美学家,曾获"国家级突出贡献专家"的称号,并担任多所大学的教授。

活动目的:在房展会前进行,通过此次活动,迅速建立项目的品位和气质,为房展会客户积累铺垫。

活动时间:2008年9月。

活动内容:邀请余秋雨在山东会堂讲述山居笔记的主要内容以及写作背景;并邀请余秋雨到项目参观,题字留念。

活动形式:可与××晚报合作,对意向客户和济南市客户赠送门票。

媒体邀请:济南主流媒体。

活动费用:××万元。

(2) 房展会

活动时间:2008年9月。

活动地点:××会展中心。

活动主题:我的山,我的城市山居生活。

活动内容:售卡积累客户、节目演出、购卡客户赠送余秋雨先生的《山居笔记》。

活动费用:××万元。

(3) ××体验活动

活动时间:2008年10月。

活动地点:××地。

活动主题:山居,真正的优质生活。

活动内容:邀请目标客户到××进行体验,宣传××责任地产商的形象。

活动费用:××万元。

(4) 会所体验活动

活动时间:2008年12月。

活动地点:会所。

活动内容:①邀请客户体验会所;②邀请媒体体验会所;③现场购买红酒、咖啡等,供客户品尝体验。

活动费用:××万元。

三、开盘强销期(2009年3月~2009年5月)推广思路

推广目标	(1)产品超值展示,形成客户购买 (2)开盘集中引爆,集中签约,掀起销售高潮,树立市场口碑 (3)为项目下一期销售积累客户
推广主题	盛大开盘 完美绽放
广告推广策略	产品展示战,通过体验传递文化、稀缺、身份
媒体组合	平面+户外+网络+分众
活动策略	开盘+山体体验+认购菜地活动+认领果树活动+发现山居之美摄影活动

1. 广告推广

产品推广主题：

居住一生的山居社区

山居之美　完美绽放

2. 媒体组合

（1）户外广告阶段投放

在项目开盘后的强销期，展示项目产品主要卖点，在建立项目的形象后户外广投投放适当减少。

（2）平面媒体重点投放

该阶段利用平面媒体进行产品主题以及开盘活动宣传，主要诉求点：

- 可居住一生的山居社区；
- 山体盛大开放；
- 盛大开盘　火爆热销；
- 火爆热销背后的原因。

3. 活动推广

（1）国际住宅文化论坛

活动时间：2009年2月底3月初。

活动地点：会所。

活动内容：①邀请专家论道建筑与风水；②邀请媒体进行适度宣传。

活动目的：利用活动建立客户对项目的高度认可，为开盘火爆开盘奠定基础。

活动费用：××万元。

（2）发现山居之美——山居体验活动

活动时间：2009年3月。

活动地点：××山。

活动内容：①邀请市政府、区政府、街道办事处领导参观改造后的公园；②邀请意向客户体验，增强客户购买信心；③邀请客户体验，促进口碑传播；④联合济南市摄影家协会举办摄影比赛；⑤邀请各大媒体竞相参观体验并进行深度报道。

活动费用：××万元。

（3）开盘活动

活动时间：2009年3月12日（植树节）。

活动地点：会所。

活动内容：①解筹选房；②购买客户赠品送礼，作为镇宅之宝；③认购菜地和认领果树活动，签订意向书（做完义工后方可正式签订协议）。

活动费用：××万元。

（4）奢侈品华丽鉴赏会

活动时间：2009年4月。

活动地点：会所。

活动内容：①参观会所；②奢侈品鉴赏，奢侈品主要有名烟、名酒及收藏品，顶级品牌珠宝首饰，古董收藏品等。

活动费用：××万。

（5）幸福公约启动仪式

活动时间：2009年5月。

活动地点：会所（暂定）。

活动内容：①《幸福公约》发布仪式；②《幸福公约》漫画展；③社区文明建设倡议书发布；④"构建幸福社区，共创和谐社会"万人签名；⑤《幸福公约》公开向社会征集"幸福"（图文/影像/声音）；⑥《幸福公约》和《家庭教育讲座集锦》免费领取活动。

活动费用：××万。

第二节　媒体运作策略

一、媒体分类及其特点

所谓媒体，是指传播信息的媒介，通俗的说就是宣传的载体或平台，能为信息的传播提供平台的就可以称为媒体。

媒体通常分为若干不同的种类。大众媒体、分众媒体、创新媒体、自有媒体、行业媒体，是房地产企业使用最多的、较为重要的几类。

（一）大众媒体

大众媒体是指针对全面人群，具有广泛社会影响力和阅读率的媒体，这类媒体发行渠道广泛，发行量大，阅读人群涵盖普遍。由于房地产行业具有区域性特点，因此，地区报纸是这个媒介类型的典范，综合性、民生性的电视、杂志、广播也属此类。

1. 报纸媒体

报纸是楼盘销售广告中最主要的、最有效的、最简洁的媒体媒介。其优点是发行量大、覆盖地域广，且时效快，发行数量稳定；其缺点是时效性短，且往往房产广告过于集中，容易分散受众的注意力；设计上单调、呆板，缺少视觉冲击力。

2. 电视媒体

电视广告形象生动，听觉和视觉的冲击力强，通过唯美的画面和绘声绘色的解说，能使楼盘形象瞬间印入受众心里，尤其对于工程形象难以支持的期房来说，电视是最具感染力的媒体。其缺点是时间短，不易记忆，而且制作、播映费用较高。因此，电视广告适用于期房，而且大多是在楼盘竖立形象的初期配合选用。

3. 杂志媒体

杂志也是一种非常重要的房地产广告媒体，杂志媒体具有如下优点：第一，杂志具有较强的专业性，发行面广，有特定的读者阶层，利于目标客户群的拓展，宣传效率较高；第二，杂志的印刷水平较高，制作精美，给人较强的视觉冲击力，能发挥明确而感性的诉求；第三，杂志的反复阅读率较高，传读率高，有效期长，并具有较高的收藏价值，可以长期地促进销售。但杂志媒体也存在一些缺点：发行范围不够广，传播速度和传播时效偏低，不利于房地产项目信息的及时传达。

4. 电台媒体

电台广告媒体最大的优点首先是信息传递迅速、及时。其次，广告媒体费用便宜，传播的范围广泛，几乎在任何地点都可以听到。广播能使人们在不知不觉中促使记忆和提高印象，但其缺点是时间短暂，只有声音，没有图像，不利于重复记忆，给人留下的印象不深、不详细。在城市中，电台广告的受众群体多为有车一族和出租车司机，因此其广告播出时段的选择十分重要，一般将其锁定在早晨 7:30～9:00 上班时段和晚上 17:00～21:00 下班时段。

大众媒体一直以来都占据着媒体的主流地位，它也有着确实无可比拟和无法替代的地位，因为它具有以下几个特点：①发行量大，宣传面广，具有广泛的传播性；②发行渠道完善，传播迅速，时效性强；③阅读人群深入社会各个阶层，阅读（观看）率高，具有良好的到达率。

由于大众媒体具有以上优势，因此它能够有效地建立公众形象，对于具有项目型企业特点的房地产行业来说，社会大众对项目的认知无疑能提升项目品牌，所以对于任何定位的房地产项目而言，大众媒体都是不可或缺的。

（二）分众媒体

当前的房地产项目在市场化的要求下广泛地应用定位理论，对消费群体进行了细分，因此，大众媒体的广泛性覆盖无法直接面对细分化的消费者，这势必会让广告效果大打折扣，在这种情况下，为了更好地针对特定的目标客群，精准深入进行广告信息传达，从而提高广告效益和效果，房地产企业开始考虑分众媒体投放。

在这一类别中，户外媒体和网络媒体作为其重要代表经过了迅速发展，已经成为了房地产企业媒介投放方案中必不可少的内容。DM 信函邮寄及公交广告等也随之出现并同样获得了发展，另外在新科技日益发展的今天，手机的互动传播性也被广泛挖掘利用。

1. 户外媒体

户外媒体包括路牌、招贴、交通工具、霓虹灯、气球等。户外广告通常选择在交通通达性好或召视性好的位置，这样能够反复引起人们的注意，而且利用户外媒体的费用较低。户外媒体的最大的缺点是宣传区域小。在交通便捷的情况下，选择来往目标客户聚集地的公交路线作为项目的流动广告，对于体现项目的交通优势及项目位置具有十分强烈的指引效果。

2. 网络媒体

近年来，随着互联网的全面普及，网络以其快捷性和便利性成为日常居民生活的一部分，网络房地产信息量大与信息更新快的特点吸引了大量网民访问房产类网络媒体，因而网络广告越来受到开发商的青睐和重视。

目前比较有影响力的有搜狐焦点房地产网和搜房网两个房产信息网站。虽然网络广告不是房地产销售信息传播的主要途径，但从发展的角度来看，网络广告的影响力越来越大。网络广告对于提升楼盘档次，提高科技含量大有帮助，通过提升项目的知名度和美誉度，最终将网络上的潜在购买力转化为实际购买力。

3. 公交媒体

公交媒体包括出现在公共交通工具车厢内外、终点站和站台上的展示广告。

公交媒体的优点是：受众规模大、频率高、效率相对较高、灵活性强、可直达消费者（目标客户）。

公交媒体的局限性如下。

（1）信息空间有限　在大多数时候，大型或复杂的信息是无法通过这种媒体加以传播的。公交广告一般没有可以承载这些信息的空间。

（2）竞争优势相对较弱　公交工具不是一种打扰性媒体。相反，它往往要和其他能吸引人们注意力的事物竞争，例如风景的吸引力、公交工具的特性以及他人的交谈等。乘坐交通工具上下班的人一般都很累、很厌倦，要么就是在读书或听音乐，外部展示常需要特别好的创意才能引起他们的注意。

（3）需要频繁进行检查　由于公交广告暴露在各种自然因素下，招贴很容易被弄脏、涂抹或遭到其他的损坏。如果碰到这种情况，就要及时替换原先的展板。这就要求频繁地进行检查。

（三）创新媒体

创新媒体是指经过思考和发现，创造或寻找出的全新的媒介载体，或曾经被使用过，但是由于行业特点，没有被房地产行业使用过的媒介载体。例如指定点投放型媒体，投放地点特殊。

创新媒体由于载体的新颖，往往在第一眼接触就能够被受众记忆，因此具有很高的认知度，作为广告投放的空白点，甚至能开启一股投放潮流（见表6-3）。

（四）自有媒体

自有媒体指的是广告主自己创造的广告载体。房地产行业鉴于自身的优势，目前是自有媒体应用得最广泛的行业之一。这种媒体大致上可分为以下几类。

（1）印刷类　房地产项目楼书、海报、户型单张、手提袋等。

（2）定点类　售楼处看板、概念样板房、工地围墙等。

表6-3　部分创新媒体及其投放方式

创新媒体	投放方式
高空广告	带条幅广告的飞机
机场/飞机	机场内的展示
	飞机上播出的视频节目
	机场围栏上设置的滚动新闻条
	整个机场设置的显示器，播放娱乐节目和广告
	激光展示板（背投式展板）
自助商店	贴在店里垃圾桶上的广告
	自助商店媒体（悬挂在天花板上，贴在冰箱上等）
高尔夫球场	高尔夫球会所里以高尔夫运动为主题的加框彩色招贴
	贴在高尔夫球T形球座上的彩色广告
	贴在高尔夫球推车前面和侧面的广告

续表

创新媒体	投放方式
杂货店	店内手推车上的广告
	收款通道：悬挂在收款台上方的电视机所播放的广告
	卖场广播：在整个商店都能听到的音乐和信息中插播广告
	通道广告：贴在通道上的广告，或是贴在货架上的广告
健身俱乐部	贴在公共范围或衣帽间墙板上的全彩广告
电影院	电影院大厅里张贴的彩色广告
	中场休息时银幕上播出的广告片
电话亭	电话亭里外张贴的广告
医生的候诊室	由电视、杂志、墙板和派发的小册子所组成的综合性多媒体系统
购物中心	表现各个购物中心和商店特色的电视广告
体育馆/舞台	使用巨大的彩色电视墙回放体育比赛和广告
移动广告	贴在卡车后面和侧面全彩色海报和标志

（3）会员类　房产企业为了更好地服务客户和打造企业品牌，建立业主数据库，成立俱乐部或其他团体，内部发行会员卡或业主刊物等载体，如万科集团的万科会、绿地地产的绿地会等。

（4）社区类　项目建成业主入住形成一定人气后，社区就有了广告价值，例如电梯广告、导示系统广告等。

（5）其他类　还有一种也属自有媒体，就是房产企业发行的书刊杂志，例如SOHO中国的《杂碎》、世联地产的《地产评论》等，虽然这种媒体对项目销售没有直接帮助，却对企业品牌建设有着重要价值。

（五）行业媒体

行业媒体是指行业共同营造的媒介载体以及各媒体对该行业关注形成的有效载体。这种载体由于具有明确的行业性，从常规意义来看，这种媒体面向的是业内人士，其实并非如此，对于有购房意向的消费者，他们往往会高度关注行业信息，因此这种媒体也具有较高的到达率，但是由于该类媒体限制，消费者不能深入了解项目特点，只能起到引导作用。

这类媒体最典型的代表就是行业展会，由于近两年房地产行业的快速发展，房展会在各地如火如荼地开展，在一定程度上削弱了其广告效果，另外媒体的行业信息也是一个重要代表。

二、媒体组合策略

媒体组合策略就是指在营销推广过程中，综合使用两种或两种以上媒体进行推广，以期达到特定目的的一种方法。

（一）媒体组合策略的选择依据

1. 考虑媒体的广度与深度

房地产项目广告投放最大的目的是有助于销售，但是一个项目在不同阶段也有着不同的意图,在开盘前期主要是开盘信息传达,开盘期主要是项目具体特点及价格等消费者的关注点,强销期主要是促销信息,收尾期为了延续下一项目开发及树立企业品牌则主要是品牌信息。因此,针对各个阶段也要选择不同的媒体,并考虑投放量。在传达项目具体信息的时候就要选择针对目标客群的媒体,在传达开盘信息和树立品牌的时候则需要选择覆盖面广的媒体,只有有的放矢才能达到预期目的和效果。

2. 考虑项目市场定位与媒介的嫁接或统一

房地产开发项目的市场定位是在详细的房地产市场调研和分析的基础上,选定目标市场,确定消费群体,明确项目档次,设计建设标准。因此只有在对这些内容完全理解的情况下才能制定出合理的媒介策略,例如一个定位于金字塔尖的豪宅,大众媒体的作用就不是那么明显,而一个定位于工薪阶层的低端项目就不能投放于高端财经类杂志。

3. 考虑目标客群的习惯

由于目标受众的媒体接触习惯和消费特性都不同,因此媒介策略需要配合目标受众特点进行选择,如要针对商务人士则应投放日报、商业经济类报纸、商业及财经类杂志等,而对于大众消费者来说,晚报、综合性电视及公车亭广告就更为适合。

4. 考虑媒体的主流销售区域

房地产项目具有明显的地域性特点,因此销售区域也是媒介选择的一个重要影响因素,一方面原因在于考虑媒介传播范围不同,接触到该媒介的人群也就不同;另一方面由于我国是一个地域甚广的国家,各区域之间的人们生活习惯有很大差异,因此其媒介接触方式也就有所不同;还有一点在于各区域的传媒发展水平也有所不同。在一些二三级城市,并没有影响比较广泛的报纸,因此其媒介投放就应该考虑更多户外以及活动等。

5. 考虑媒介特点

不同的媒体种类之间有不同的特点,而具体的媒介载体也有着自己的特性,因此媒介选择要精心选择及组合才能起到最大的作用,一般来说,主要应从媒体的发行量、面向人群、阅读(观看)率、表现力、覆盖范围等方面综合考虑。还有就是媒介成本问题,企业应考虑不同媒体广告费用的差别,结合企业的实力进行选择,要尽量使广告的效果和费用成正比,另外,多媒体联合使用即组合也能达到降低广告费的作用。

6. 考虑竞争对手媒介策略

了解竞争对手媒介策略,有利于建立自己的媒介组合策略,而了解竞争对手,大概可以从以下几个方面:总体媒介花费、媒体选择组合、投放方式、是否用特殊广告创意及尺寸等。

媒介投放策略是一项专业技术性非常强的工作,只有在了解项目定位的基础上,选对了媒体,并进行科学合理的投放组合,才能够将项目信息有效地传递给目标受众,同时能让他们接受并记忆,只有在精确科学的媒介策略下才能扩大传播的深度和广度,从而形成立体传播的推广合力。

(二)媒介组合的原则

并不是媒介播放的次数越多越好,在一次广告宣传中,怎样使用两种以上的媒介进行配合达到理想的宣传效果,就需要遵循一定的组合原则。

1. 有助于扩大广告的受众总量

任何一种媒介都不可能与企业产品的目标消费群完全重合,没有包含在媒介受众的那一部分消费群需要借助其他媒介来完成。因此,媒介的组合应该最大程度互补,以满足广告发布覆盖最大的有效人群——目标消费群。

2. 有助于对广告进行适当的重复

消费者对广告信息产生兴趣、记忆、购买欲望,需要广告有一定的频率来提醒消费者。受众对于一则广告在一个媒体上重复刊播的注意力会随时间而减少,因此需要多种媒体配合,延长受众对广告的注意时间。

3. 有助于广告信息的互相补充

不同的媒体有着不同的传播特性,例如电视广告对于吸引消费者的注意力有所帮助,但不能传递太大的信息量,报纸、杂志就可以传递较大的信息量。一般促销活动的发布信息可以由电视或报纸发布,但促销活动的详细规则可以由店头海报传递。因此,媒体的组合,应该充分考虑信息的互补。

4. 应考虑媒体周期性的配合

不同的媒体有不同的时间特征,例如电视、报纸可以非常及时,可以连续进行宣传,间隔较短。而杂志一般以月为单位,不宜发布即时性新闻。在媒体组合中,应该考虑时间上的配合。

5. 有助于效益最大化

在多种媒体上同时发布大版面、长时段的广告不一定达到最佳的效果,因此要对在各种媒介上发布的广告规格和频次进行合理的组合,以保证在达到广告效果的情况下节省广告费用。

【案例分析】 ××项目媒体运用案例

本项目运作将围绕与主流媒体密切合作,通过立体广告的渗透,让人们重新认识本案地段价值和项目产品品质,通过全方位广告表现形式进行系列的主题诉求和媒体投放,把项目的核心价值体系和明确清晰的项目形象有效传递给目标客户,最终形成济南办公物业市场的焦点物业,并树立起项目的差异性物业形象。

合作的主流媒体:《齐鲁晚报》。

由三鼎房产、《齐鲁晚报》组成宣传推广班子,根据宣传推广总策略,定期撰写、设计和投放软文、广告、组织促销活动。

其他辅助媒体如下。

报纸:《济南时报》等。

杂志:《恒源商情》。针对山大路从业者的直接宣传,间歇式宣传;及其他临时性杂志媒体。

电台:山东交通广播电台做2个月,提高项目知名度。

网络:《济南搜房网》按钮广告,按钮广告6个月。

户外广告:在经十路与燕子山路交叉口、文化东路与东二环路口设立广告牌。项目周边几个重要路口设立导示牌。

三、媒体费用控制

(一) 媒体预算内容

1. 房地产媒体预算的构成

(1) 媒体调查费用　主要包括广告前期市场研究费用、广告效果调查费用、广告咨询费用、媒介调查费用等。

(2) 媒体制作费用　主要包括照相、制版、印刷、录音、摄影、录像、文案创作、美术设计、广告礼品等直接制作费用。

(3) 媒体费用　主要指购买各类报纸和杂志版面、电视和电台播出频道和时段以及和户外看板等其他媒体的费用。

(4) 其他相关费用　主要指与媒体活动有关的公共活动等的费用。

2. 媒体费用

(1) 电视　电视与媒体费用有关的一个主要特点是它的总量"不可存储"。一般而言，可用于出售的电视时间是一个固定量（称作"总量"）。报纸或杂志可以在任何一期上增加或减少可用的广告页数。而电视则不同，一分钟广告时间没卖出去，都无法重新改过。在推销电视媒体时，销售者必须处理好这一"不可存储"的概念。

虽然市场定价的条件随时都在变化，但广告客户对广告时间的要求，总是会对价格造成影响。假定时间总量不变，对广告时间的要求越强烈，销售期和节目播出时间靠得越近，广告价格就会越高。对播出日期的要求不多，则可以带来较低的价格。不可存储性、需求和总量之间的相互关系，创造出了一个动态的价格环境。

(2) 杂志　杂志可以每期增加或减少广告页数，印刷空间的价格比广播类媒体相对更稳定。因此，相较于电视广告时间的固定和不可存储，印刷广告的费用稍有变动余地。

杂志一般会发行刊例价目表，其中包括了未来的费用情况。不过由于磋商折扣和一揽子交易的原因，公开的价目表不一定可靠。要提前安排全年计划的媒体策划人，必须考虑到这一年中杂志费率的上涨情况，尤其是在采购者计划使用的杂志可以讨价的时候。在这种情况下，采购者必须确定媒体方案中将要使用到的费率。

(3) 报纸　报纸在灵活性方面具有明显的优势。它可以根据每个市场的情况做调整，截止日期灵敏迅速，在地方市场覆盖率高，容易在个别市场获得认同。和其他媒体相比，报纸的形式变化多，可供出售的广告单位也多。主要的类型包括内页刊登、增刊和定制插页。

内页刊登：广告的大小没有限制，从全幅面到几寸见方的都有，既有彩色也有黑白的。如需在黑白广告中增加一种颜色，要额外增加10%～15%的费用。四色广告则需加价20%～40%。不过，批量购买某个报业集团的广告，可以完全免去这部分的额外支出。内页广告空间按标准广告单位出售，其幅面范围小至几英寸，大至整版。近年来，规定尺寸按照报纸的不同而有所变化。

增刊：提前印制的、随报纸派发的增刊。增刊不仅能够提供报纸在覆盖率上的所有优势，而且是四色印刷，具有和杂志类似的色彩还原能力。

定制插页：除了内页广告和杂志式增刊，报纸还可以把在外部印刷厂印好的广告插页，夹在其他版面中一同派发。这些插页可以采用很多不同的形式。它们既可以使用质量上乘的纸张印刷，也可以使用价格便宜的纸张；尺寸大小各异；既有单张的也有多页的；印制方式多种多样。这些展现广告的不同方式，让客户能够创造出独特的广告，进行他们想要的沟通，同时在价格上也能为其所接受。根据质量的高低，定制插页的价格也会有所变化。每种报纸对夹带插页广告收取的费用也不同。

（4）电台　既有全国性广播电台网，也有针对个别市场的地方电台。

① 广播电台网。可供广告客户选用的节目包括新闻、音乐、体育和广播剧。电台的广告费相对较低。

② 地方电台。每个市场里地方电台的形式都不一样。地方电台存在的问题是，由于媒体的差异性，很难归纳其费用。不过，从总体上讲，针对指定目标受众购买选择性强的地方电台，费用相当划算。利用电台系统可以了解地方电台的费用情况，它采用了和查询电视费用相同的电脑系统。

（5）互联网　互联网广告的价格是根据传递给用户浏览器的每千次闪现费用计算的。和所有媒体一样，广告的具体价格取决于广告的大小。

（6）户外媒体　户外媒体的可用范围相当广泛，尺寸和投放位置存在极大的差异。在所有媒体形式中，户外媒体的地方性最强，客户可以根据不同地区的情况，在非常特殊的位置购买广告单位。

（二）媒体预算的影响因素

1. 竞争程度

主要指房地产市场的竞争状况，竞争激烈、竞争者数量众多时，需要较多的广告费用投入。

2. 广告频率

国外学者研究发现，目标沟通对象在一个购买周期内需要接触3次广告信息才能产生该广告的回忆，接触次数达到6次一般被认为最佳频率。当广告频率超过一定限度，一般认为8次以后，将会产生负影响。有些企业通过广告的负面影响来提高楼盘的知名度。例如，广州碧桂园在推盘时就分别在中国香港有线翡翠台、中国香港台和广东省的各大知名电台每天晚上的18:00～23:00的黄金时段插播30次的高频率广告，电台观众对此有很大抱怨。结果是：碧桂园却成了家喻户晓的名字。

3. 房地产的销售进度

对房地产企业要销售的某一特定楼盘来说，销售总量是固定的，卖一套少一套。销售刚开始时，往往广告预算较高；当销售进度达到近1/2时许多企业往往投入最多的广告支出；当销售到尾声时广告预算就很低了。

4. 楼盘的替代性

房地产具有一定的替代性，对于在使用功能、质量等方面缺乏卖点的楼盘来说，一般要求更多的广告。

5. 企业的品牌

一家知名的品牌企业所需投入的广告费用可以远远少于一个普通企业。

（三）媒体预算方法

房地产广告预算常用的方法是量入为出法、销售百分比法、竞争对等法、目标任务法。

1. 量入为出法

即根据企业自身的承受能力，能拿多少钱就用多少钱为企业做促销宣传。

2. 销售百分比法

即企业根据目前或预测的销售额的百分比决定广告费用的大小。例如在经济比较发达的城市，广告费用一般约占项目销售额的2％～3％。

3. 竞争对等法

这是指按竞争对手的大致广告费用来决定本企业的广告费用支出。这也是房地产企业较常使用的方法。

4. 目标任务法

这种方法使企业首先确定其销售目标，根据所要完成的目标决定必须执行的工作任务，然后估算每项任务所需的促销支出，这些促销支出的总和就是计划促销预算。

（四）媒体预算费用编排

就房地产销售而言，广告预算大致应该掌握在楼盘销售总金额的1％～3％之间。通常，一个完整的营销周期由筹备期、公开期、强销期和持续期四个部分组成。在销售的筹备期，因为包括接待中心、样品房在内的大量的要设计制作的户外媒体、印刷媒体的数量相当大，再加上其他的准备工作，所以广告费的支出是比较大的，这时期广告费一般约占总预算的30％～50％。进入销售期，报刊媒介的费用开始上升，而其他销售道具因为已制作完成，则很少再产生费用。进入广告强销期，报纸杂志、广播电视的广告密度显著增加，广告费用又陡然上升，另一方面，为推动销售上台阶，穿插其中的各项促销活动又免不了，因此大量的广告预算必不可少，这时候的广告预算约占总量的40％。接近持续期，广告预算则缓慢趋于零，销售也开始结束。

【案例分析】 ××湖景豪宅媒体费用控制

项目定位为城市第一湖景豪宅。产品设计优良，超过竞争对手，具有良好的市场知名度和美誉度，更符合市场需求。本项目客户对本区域具有强烈的感情因素，对区域依赖度较高。销售目标4亿元，推广费用要求控制在销售收入的1％～2％。

据此，营销人员制定了一份媒体费用控制表，如下表所列。

阶段	2009年9～12月 客户积累期/万元	2010年2～3月 开盘强销期/万元	2010年4～5月 清盘期/万元	合计/万元	比例控制
报纸（以晚报和商报为主）	80	60	30	170	38％
户外（4处重要位置）	70	20	10	100	22％
广播	20	10	3	33	7％
网络	10	10	5	25	6％
杂志	15	10	5	30	7％

续表

阶 段	2009年9~12月 客户积累期/万元	2010年2~3月 开盘强销期/万元	2010年4~5月 清盘期/万元	合计 /万元	比例 控制
活动	50	20	0	70	16%
其他(短信、直邮等)	10	5	5	20	4%
合计	255	135	58	448	100%
比例控制	57%	30%	13%	100%	

第三节　互联网营销

一、房地产传统营销

(一)房地产传统营销的特征

在房地产诸多传统营销方式中，主要采用的是单向推送方式。房地产营销者通过各种大众媒体，比如报纸、杂志、传单、广告牌等将营销信息简单粗暴地传递给消费者。房地产营销者是信息的主导者和推送者，而那些潜在的业主是各种信息的被动接受方，房地产营销者可以清楚地传递自己想要传达的信息，但是潜在业主不能直接将意见和感受反映给房地产营销者，而且营销者只能借助市场调查和销售业绩来了解房地产营销活动的结果，造成营销者与潜在业主之间无法进行双向交流。这样不但使营销周期拉长和相关成本增加，而且由于潜在业主成为被动的信息接受者而不断被刷低了存在感。显而易见，这种传统的营销模式已经远远不能够满足现代快速发展的需求了，因此为了追求企业利益最大化，寻求一种新的营销模式已经成为大势所趋。

(二)房地产传统营销的缺陷

1. 成本高，效率低

传统的营销方式成本相对较高，往往需要负担场地租赁费、推销人员的相关费用、印刷费、交通费等一系列开支，而且信息传播速度完全靠人为的工作效率以及广告效应，场地进入障碍大且传播面较窄，所以就长远发展而言不利于房地产行业效益的提升。

2. 互动性差，信息单项传递

房地产传统营销是一种自上而下的传达方式，而且信息流向是单向的。这样往往会导致信息的不对称性，比如消费者想主动查询分散在各处自己感兴趣的房地产的价格或者地理位置的时候往往无从查取，无形之中就降低了房地产的质量和服务水平。

3. 地域界限，时间局限

传统营销方式以实体展示为主，而且将购买对象局限于当地，对于外地有购买意向的上班族来说无疑是个很大的障碍，所以无形之中限制了受众群体的延伸。

二、房地产网络营销

随着第五次信息技术革命的展开以及"互联网+"理念的提出，互联网早已成为人们获取鲜活快捷资讯的常用途径。根据中国互联网络信息中心（CNNIC）发布的《中国互联网络发展状况统计报告》显示，截至2016年6月，中国网民规模达7.10亿，互联网普及率达到51.7%，与2015年底相比提高1.3个百分点，超过全球平均水平3.1个百分点。由此可见，如何充分、有效地利用网络进行营销宣传，已经成为房地产行业能否在激烈的市场竞争中脱颖而出、扩大知名度以及增强影响力的关键环节。

房地产网络营销是对传统营销模式的一种改良与发展。与传统营销相比，网络营销主要是利用网络媒体来进行的一种多维营销模式，它既可以提供一种突破时空局限的信息传播方式，又加快了信息的传播速度。并且网络上的消费者大多数都是主动地去接受信息，同时，还可以相互之间进行信息的分享，这样又成为了信息的传播者。这样的营销模式除了能够完全适应当今市场的变化和需求，还能及时满足消费者的需求。

网络的最大特点就是信息的公开化和透明化，网络营销的横空出世使得营销市场的竞争更加的透明，尤其是对于信息高速流通的房地产行业而言，不得不改变他们原有的营销战略，迎接网络营销带来的挑战。只有及时适应时代和市场的变化，并做出相应的战略来改变自己以增加自身的竞争力，才能不被淘汰。

第一，互联网的特点之一是使企业能够在全球范围内进行市场调研并能够迅速地获得相应的反馈信息，这有利于企业可以针对不同的消费者提供不同的信息，从而提供不同的产品类型。第二，公司要开展网络营销，面临的一个最大的挑战就是管理好自己的产品比较困难，尤其对于全球品牌和国际市场来说，网络营销管理更加困难。第三，网络营销的优点之一就是促销费用少，可以大大地节省成本。这样就可以使得房地产商为了增大产品优势而降低价格，使消费者更能接受产品。第四，网络营销可以利用网络空间不受空间限制的特点来进行快速地传播信息，而且利用网络可以迅速提高广告的传播效率。这会进一步改变和影响企业的广告策略。第五，通过网络，企业可以直接与客户取得联系，这会严重影响传统中间商的作用，从而改变了传统的营销渠道，同时造成了网络营销与传统营销的渠道冲突。

三、微博营销

微博营销是网络经济背景下的一种新型网络营销模式，房地产企业开展网络营销，在观念上必须认识到微博的特色所在，重视微博应用；在方法上围绕客户兴趣，合理安排版面内容；在组织上开展微博活动，提高企业的影响力；在市场拓展上迎合市场热点，实施微博创新。

1. 认识微博特点，重视微博应用

微博因其特有的及时性和互动性特征，使得微博营销很有可能在未来的若干年内脱颖而出，成为一种广为使用的营销手段。因此，微博营销作为一种新型的营销方式在房地产企业的经营中必须给予突出的地位，基于微博的特点制订一套有效的营销方法，做好策划工作，将微博营销嵌入企业营销体系之中，把微博作为企业营销战略的一个重点。同时应该知道，微博虽然是一个有效的推广平台，其新颖性能够吸引和聚拢大量的微博粉丝，但必须明白，这并不天然地等同于这些注意力就一定或全部能够转化成确定的营销因素。注意力和营销业绩之间的差距要求我们必须准确地分辨出哪些微博受众才是企业潜在的客户，哪些只是旁观者。只有通过精准的分析锁定潜在顾客，有的放矢地开展营销活动才有

实际意义,才能大大提高销售的成功率。

2. 围绕客户兴趣,合理安排内容

微博可供人们自由地表达自己的观点和发表言论,但其根本并不是为了给人们提供一个漫无目的的聊天空间,而是为企业展示自己的风采搭建宣传平台。任何一个微博如果其行为的目的只是一味地吸引眼球、增加粉丝数量,但微博展示的观点、言论和内容与企业经营经营活动相去甚远,那么即使这个微博能够吸引众多的粉丝参与,但终究无助于企业销售目标的实现。也就是说微博发布的内容一定要与企业的产品或者营销工作密切相关,与潜在购房者需求的内容高度相关,只有如此才有可能实现预期的营销目标。为了使微博更加贴近客户需要,在安排微博内容时必须考虑客户的特点和可接受性。由于房地产价格往往较高,客户一般需要支付巨额的资金才能满足购房需要,导致客户的购买行为较之一般的物品往往要谨慎得多。因此,微博营销发布的宣传内容和采用的宣传形式一定要能深深地吸引和打动客户,解除他们的疑虑和顾虑,吸引他们积极关注和参与企业的营销活动,让他们及时了解开展的各种优惠活动,从而尽快做出购买决策。

3. 开展微博活动,扩大企业影响

目前,不同的微博都在组织和安排各种各样丰富多彩的营销活动。一部分商家海量发布各种优惠活动信息,组织消费者参与有奖活动;一部分商家积极组织旨在聚集人气的各种公益活动,或者开展各类花样翻新的文体活动。种类不同、丰富多彩的活动吸引了大批网民积极参与。微博活动实际上就是一次高性价比的营销活动,其效果却远远高于同样代价的传统促销方式。网络统计表明,较之普通人而言,明星和名人等社会公众人物的行踪往往更加受到普通大众的关注。这一规律启发我们,房地产企业也要经常组织知名人士参与微博开展营销活动,以便企业在互动中准确寻找潜在的客户。房地产企业通过名人效应实现微博营销的目的并非仅仅是要聚集人气、吸引眼球,更为重要的是要在此过程中制造和抓住机会实现与客户的海量沟通和交流,落脚点依然是为了实现有效的营销。为了扩大微博的影响,房地产企业还可以主动邀请别人来评论自己的微博。任何一个微博如果缺乏与对方的沟通和交流,只是自说自话把开放的微博办成封闭的私人空间,那么这样的微博必然得不到更多的关注而走向关闭。

4. 抓住市场热点,实施微博创新

创新是一个永恒的话题,任何行业都不例外。现如今网络平台更新换代太快,要想引人注目占据竞争优势,就必须开拓进取不断创新。一要学习成功的房地产微博营销案例,积极学习和借鉴别人的经验;二要发现自己的优势,通过微博宣传这些个性化的元素;三要使用简洁精练的语句,选择犀利精准的词汇;四要把握时事热点,关注焦点动态,参与流行话题的讨论,制订灵活多变的微博营销计划;五要及时更新信息传播方式,比如当下流行的直播平台就可以采纳与借鉴。房地产营销是比较讲究实体感观和体验的,那直播的方式就可以让消费者间接的参与到实体情境之中来,还节省了时间和精力。

四、微信营销

(一)微信营销的特征

微信作为一款专注于为智能手机提供即时通讯的免费应用软件,支持语音、视频、图

片、文字、多人群聊以及 LBS 定位等功能，内置了摇一摇、漂流瓶、朋友圈、公共平台等服务插件，具有方便、快捷、即时、信息表现形式多样等特点。目前，微信注册用户超过 9 亿，成为亚洲地区用户群体最大的移动即时通讯软件。据企鹅智酷公布的《2017 微信用户 & 生态研究报告》，截止到 2016 年 12 月，微信全球共计 8.89 亿月活用户，而新兴的公众号平台拥有 1000 万个。由于巨大的用户基数、方便简洁的操作界面和强大的功能作用，微信平台推出不久，便成为企业和专家竞相研究的对象。2012 年 8 月 31 日，全国首个房地产官方微信——碧桂园十里银滩正式上线，开创了中国房地产网络互动营销的新时代。至目前，已有万科、保利、绿地等 100 多家房地产企业和项目尝试微信营销。微信营销在新媒体营销中独树一帜，从势头上力压微博营销，成为时下新潮词语。

巨大的用户数和关注度是房地产业微信营销的直接动力。在大中型城市，微信用户活跃度超过 QQ，成为公众最受欢迎的社交软件，这使得房地产业利用微信平台推广项目成为了可能。微信平台是传播信息的重要途径，也是房地产开发商与受众沟通交流的桥梁。微信公众账号的开发为房地产业营销提供了新的思路与途径。微信公众账号拥有者可以向用户多形式、多角度、全方位地推送相关产品信息，还可以针对用户的问题点对点地交流回复，增加了用户黏度。除此之外，微信还具有精准推送的功能，弥补了传统营销方式如纸媒、广播、电视、户外广告等在房地产营销过程中的不足。

房地产微信营销与传统的营销方式相比具有鲜明的特点，也是房地产业营销的利器之一，与传统营销形成强有力的互补。

首先，微信营销规避了时间和地点的限制。用户可以随时随地地接收房地产企业推送的信息。其次，微信营销属于互动营销。企业通过与购房者交流互动，在一定程度上缓解了信息不对称带来的负面影响。再次，微信具有强关系属性。房地产开发商通过微信公众账号向购房者推送房产信息，而微友又将信息分享给自己的好友和朋友圈。基于微信的真实性与强关系属性特点，无形中就增加了对方的信任感，提高了信息传播的效率。除此之外，微信营销成本低。它大大地解放了劳动力，在一定程度上减少了工作量，降低了成本，节省了时间，提高了工作效率。而且，微信平台还搭建了公众讨论区。潜在购房者可以通过微信平台了解其他客户对楼盘的看法，并发表自己的意见，也可以将自己的建议反馈给房地产开发商，开发商根据购房者的观点和建议做必要的调整，这无形中就增加了房地产微信的互动性。

房地产微信营销主要以线上传播互动为主，通过吸引已经积累的意向客户到线下体验最终完成交易，这不仅改善了传统营销辐射面小、用户参与度不高等情况，还有助于开发商与购房者互动沟通，搜集顾客信息，听取客户意见，为客户提供个性化服务。不同的房地产企业微信平台具有不同的表现形式。总而言之，微信营销是房地产企业现如今比较流行和有效的宣传方式。

（二）房地产微信营销的基本模块

1. 楼盘概况

包括楼盘简介、户型分析以及相应的基础配套设施介绍。主要是针对楼盘的基本信息，如开发商、楼盘位置、结构、户型、面积、周围环境、价位、适宜人群、基础配套设施、理念与定位、联系方式等方面进行文字简介或用短视频、微电影等方式进行简介。

2. 信息推送

包括楼盘新闻动态和趣文推送。主要指发布楼盘最新的信息和以楼盘信息为背景,适量播报一些趣闻和街边消息等,增加客户的阅读兴趣,提高微信服务平台的黏性。

3. 咨询互动

包括在线咨询、智能服务和关键词搜索。咨询互动主要是为开发商与顾客之间的交流互动提供方便,既可以在线通过人工咨询,也可以通过智能服务和关键词搜索为客户解惑。

4. 会员制度

包括会员看房团预约、会员活动和会员论坛。其目的是为注册的会员服务,方便组织购房团和会员活动,如:优惠券、抽奖、刮刮卡等,而且还可以组建会员论坛,方便大家讨论、发表个人对楼盘的看法和分享楼盘信息等,促进消费者与地产商的互动交流,增加微信平台的用户黏性,提高营销的趣味性,并促进消费者分享,形成发散传播,提升营销效果。

5. 点评系统

包括房友点评和专家点评两种。在微盟平台房地产板块中,房友可以自行添加对楼盘的印象,表达自己对楼盘的意见;专家点评主要是邀请一些专家对楼盘的整体性能进行公正客观的评价。点评系统方便了潜在客户对楼盘的了解,有利于将更多的潜在客户转变成现实客户。

6. 服务设施

包括街景与定位系统、房贷计算器、LBS 定位和趣味板块,这不仅为购房者了解房屋周边环境提供了方便,而且还内置娱乐环节,为客户提供了更多的便利,吸引用户使用,保证了用户在微信服务平台上的停留时间,相对提高了楼盘的关注度和曝光率。

(三)房地产微信整合营销策略

1. 病毒营销策略

所谓病毒营销,就是通过口碑传递,迅速扩大推广宣传范围,使受众以几何级数增长。从微信的角度说,就需要通过一些活动,利用微信本身的朋友圈、集赞有奖等方式来实现病毒营销。因此,房地产官方微信推送的内容必须是消费者感兴趣的内容,如:房地产投资趋势、新择校规定等,同时编写的信息要图文并茂,语言要幽默风趣,这可以提高消费者的阅读兴趣,努力做到让原来关注官方微信的消费者不流失。房地产官方微信还应该开通供消费者查询项目信息的微网站,不定期举行特价抢购、微信团购、抽奖获取游园机会等活动,以吸引更多的用户关注房地产企业官方微信。

2. 体验营销策略

随着市场竞争日趋激烈,越来越多的房地产开发商重视体验式营销,除了早期的样板房,现在还做一些景观示范区、建材展示、绿色建筑绿色技术展示等一系列体验设施。房地产微信与体验营销相结合主要有两种方式:一种是通过现代多媒体技术,制作三维视频,将整个小区未来的各个场景亮点,甚至一草一木展示在微信平台上,供广大消费者了解,以三维技术并用手机来体验小区未来居住的舒适度,这一过程也比较有娱乐性,容易吸引手机用户的参与；另一种结合方式是通过微信活动将消费者带到样板展示区现场，保障现场人气旺、秩序稳、内容丰富又井井有条，就能收获众多消费者的热情，品牌信誉有口皆碑。因此，通过各种不同的方式实现房地产微信体验式营销，可以明显提升房地产营销效果，增强房地产企业的竞争实力。

3. 全员参与策略

首先，房地产企业应选送部分人员培训，提高团队微信营销能力，然后鼓励全体员工都要参与到微信营销中，通过朋友圈等渠道，推广本企业的微信号，在转发朋友圈的同时，首先要注明自身企业的房产优势，吸引到真正要买房的朋友关注。其次，房地产企业应在传统营销媒体，如：企业网站、楼盘宣传单等显著位置放置本企业官方微信二维码，还可以通过与电影院、餐厅等商家合作，在商家入口放置印有房地产企业官方微信二维码的海报，消费者通过扫描二维码即可获得商家纪念品、折扣优惠券，这些方法都可以吸引更多的消费者关注房地产企业官方微信。

4. 公益营销策略

公益营销能大幅提升房地产企业的正面形象，有助于企业及其产品被目标客户群信任，其广告效果非常明显。例如：某知名房地产企业在其微信平台上推广名为"绿丝带"的公益活动，通过微信平台招募粉丝志愿者，并将有爱心的粉丝纳入到资助贫困地区教育的公益活动中，再对参与公益活动的微信粉丝展开微信访谈节目，并在平台上播出。并将一段时期内所售房价的一定比例捐献给希望工程。通过此项活动，该房地产企业的微信公众号粉丝数爆增，销售量和销售额明显增加。

5. 精准营销策略

微信用户间多是亲朋好友，或是生活工作中比较紧密的真实关系人群，通过一对一，或是一对多的消息推送，可以进行精准的人群覆盖，形成一个闭环交流。微信可以精确统计用户登录、浏览、分享、回流等行为，对消费者关注情况、消费者分布情况、主要意见集中点等进行统计分析，进而改进项目缺点，优化策划方案，提高营销效果。房地产企业还可以在微信公众平台上精心设置关键词自动回复功能，及时回答消费者的问题。一旦他们感觉自己受到了重视，就很容易转化成忠实客户，这些客户还可以将房地产企业的营销信息分享到自己的微信中，通过微信开放平台、朋友圈实现分享，实现营销信息的广泛传播，为企业赢得良好的口碑。

总之，微信作为国内最值得关注的社交工具，其强大的营销功能必将对营销业界产生深远影响。随着微信功能的逐步完善和房地产企业对于其营销功能的挖掘，微信将为房地产业创造更加广阔的发展空间和更加良好的发展前景。

【案例分析】

乐居网的互联网营销

乐居网是中国首家在美国纽交所上市的中国轻资产地产概念公司，易居（中国）控股有限公司旗下的房地产电商交易平台，旗下包括新浪乐居、百度乐居、微房产三大板块，于2014年4月17日登陆美国纽交所，成为行业的领导者。

1. 四大引流入口，汇集海量用户

乐居在引流方式上整合了新浪乐居、百度乐居、微房产、微信售楼处四大引流平台，汇集了海量客户。新浪网作为华人社区最强大的门户网站，为新浪乐居提供了可观的人气积累。百度乐居通过强大的搜索引擎工具和专业的房地产行业数据库，为中国互联网用户提供全面、及时的房地产信息服务。微房产与微信售楼处是乐居的信息互动平台，其具有的强大的社会影响力、方便的易用性、顺畅的沟通氛围和开放的发展空间极大地增加了用户的使用黏性。

2. 乐居数据库建设，智能搜索、精准营销

乐居依托于易居中国旗下克而瑞信息集团与易居云数据打造了乐居数据库。克而瑞信息集团通过研究人员调研和代理团队信息反馈等方式，定期对全国在售房地产项目进行汇总分析。电商云数据平台通过线上数据、线下活动实名用户登记、合作媒体互动活动等三大渠道，在云数据平台实时更新，汇集成海量购房意向客户数据库，以呼叫中心、短信、EDM 三种形式实现对购房者房产信息的精准传递，为开发商输出精准需求客户，大大提升了蓄客精准度与意向转化率。

3. 抢占移动终端，实行微博营销、微信营销等营销策略

随着我国移动互联时代的到来，用户从 PC 端向移动端的转移趋势日渐明显。乐居网也顺应时世，积极开展微博营销与微信营销。其中微房产包括新浪乐居官方账号矩阵，房地产业界意见领袖矩阵，全国及各地知名媒体矩阵，财经、名流、草根大矩阵等四大矩阵，汇集了海量的关注客户，制造了前所未有的广大影响力。乐居网的微博营销与微信营销对于乐居拓展市场，实现与公众及时、快速、一对一的沟通，实现口碑传播具有重要的意义。

4. 线上线下结合，创新用户转化

乐居网凭借丰富的行业经验，打造了一个会员服务俱乐部——乐居会。同时借助线下的看房团与品鉴团，通过举行线下的看房活动大大提升了顾客的购买意愿。乐居深谙潜在购房者心理，积极利用线上线下渠道为用户向开发商争取优惠折扣，消费者通过乐居提供的 E 金券享受开发商不同程度的专属优惠。除此之外，乐居联合中信银行，将金融信贷服务引入房地产电商模式，推出了"乐居贷"的金融服务，为购房者解决首付问题，有效地提升了意向客户的转化率。

5. 建设客户关系平台，提供增值服务

(1) 开发社区移动 APP　在移动互联网异军突起的年代，乐居紧跟移动互联网的大趋势，针对不同受众推出"口袋乐居""房牛加""口袋经纪人""装修钱管家""口袋楼书"和"乐居触屏版"等多款移动产品及移动应用。APP 的打造为乐居营销提供了多维度房地产移动营销模式，便利地为用户提供项目宣传、客户维护、社区增值等营销服务，进一步延展了乐居的"微房产"营销内涵与概念。

(2) 提供社区增值服务　乐居依托新浪微博、微米的社区社交平台，分众传媒领先的社区数字化传媒平台以及申通的物流平台，为社区住户提供"最后一公里"生活服务。为大约 500 个小区、近 100 万的居民提供各类线上、线下的社区增值服务。

总而言之，随着房地产需求的不断增长，房地产业面临着巨大的机遇与挑战，传统的营销方式只是将项目信息通过报纸、电视等媒体向消费者进行单向传递，存在诸多缺陷。而互联网的不断发展，使房地产网络营销在增强企业竞争力方面发挥越来越重要的作用。因此深入分析房地产网络营销的优、劣势，推进多方互动与交流、市场调研、确定目标群、拓宽业务区域等房地产企业网络营销对策的实施，提出加强房地产网络营销管理的建议，对房地产网络营销的研究具有重大意义。

第七章

项目现场体验营销设计与包装

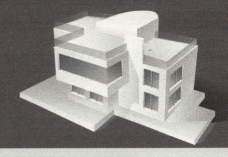

第一节 体验营销概述

一、体验

(一) 体验的概念

从语义上来讲,"体验"就是"以身体之,以心验之",是人用自己的生命来验证事实,感悟生命,从而留下印象的一个过程。体验到的东西可以使我们有真实、现实的感觉,并在大脑记忆中留下深刻印象,令我们可以随时回想起曾经亲身感受过的生命历程。

营销领域对"体验"的界定主要是以社会心理学的界定为基础,并融入营销管理的特色。伯德·施密特(Bernd H. Schmitt)指出,体验是思维的反映,是个体直接观看或参与某事件——无论是真实的、梦幻般的,还是虚拟的,并在过程中对某些刺激做出的反应,这些刺激包括诸如售前和售后的一些营销努力。

随着体验经济的不断发展,体验被越来越多的行业所应用,目前相关的研究已经涉及旅游、娱乐、教育培训、高科技以及房地产等各个领域。通过总结已有的经验成果,我们可以将体验定义为:客户与企业在交互过程中,企业对客户心理所产生的冲击和影响。如果在交互过程中,企业带给客户的影响是积极的,那么客户得到的体验就是有价值的正面体验;反之,企业带给客户的体验就是消极负面体验。

(二) 体验的特点

体验不仅能够参与到交易过程,而且可以创造经济价值,是名副其实的经济提供物,但是它与产品和服务仍有着一定的区别。

1. 客户参与的重要性

从体验的定义可以看出,客户参与是体验创造的前提,没有客户的参与,体验根本就不可能发生。而传统的产品或服务流程在设计过程中往往把客户排除在考虑因素之外,简单地把客户作为产品或服务的接受者,一切问题都由企业单方面做决定。事实上,企业作为体验的提供者,所提供的只是体验产生的平台,体验真正的产生是以体验者自身的情况为基础,并且需要受到外界刺激而产生的,如果忽略客户的参与,体验就无从谈起。

2. 过程与结果的有机统一

从过程来看,体验的产生要经历一个过程,或者是产品的使用,或者是服务的享受。

对于纯粹的体验业务更不必言,客户是要在一段时间内通过企业传递的信息逐渐获得相应体验的。

从结果来看,体验是客户心理新奇、刺激、愉悦,诸如此类的感受,然而是否真的产生了相应的体验,只能由客户说了算,而非企业。所以只有从结果层最终实现客户的价值,才能有效地创造和传递体验。

可见,同时从过程和结果视角考虑,体验就是客户通过与企业接触的全过程在内心形成的心理意向。没有过程,体验的创造就是无水之源;没有结果,体验的传递就是无果之花。

3. 差异性

体验是基于客户与企业的交互过程而产生的,它一方面取决于企业所采取的具体措施,如产品的设计、服务的设置等;另一方面取决于客户自身的情况,如性格、喜好、心情等。所以是否会产生体验,会产生什么样的体验,都存在很多不确定的因素。

4. 效果的可延续性

产品在消费或者使用之后就会消失,服务在完成之后就宣告结束,只有体验是可以长久留存的,因为体验可以通过直接映射客户所要实现的价值而得以弥留在客户心目中。体验效果的这种可延续性,有力地增强了客户对企业的忠诚度,让越来越多的客户对企业进行宣传,从而形成了口碑传播。

5. 不易仿效性

在当今竞争激烈的市场上,企业仅凭产品和服务去打动客户,把企业做出特色化难度是很大的,对没有品牌作后盾的企业来说更是难上加难。而体验的设置可以因企业而异,体验的效果会因人而异,在整个过程中存在很多变数。所以各个企业带来的体验即使是被效仿,也只能是得其形而失其神。

二、体验营销

(一)体验营销的定义

体验营销是品牌体验设计研究中最为活跃的一个领域,它主张把企业和品牌与消费者的生活方式相连、赋予消费者的个体行为和购买时机更广泛的社会意义。伯德·施密特(Bernd H. Schmitt)曾在《体验式营销》一书中提出体验营销是一种真正注重客户而不是注重产品的营销模式,它站在消费者的感官、情感、思考、行动、关联五个方面,重新定义、设计营销的思考方式(见图7-1)。此种思考方式突破传统上"理性消费者"的假设,认为消费者消费时是理性与感性兼具的,消费者在消费前、消费时、消费后的体验,才是研究消费者行为与企业品牌经营的关键。美国战略地平线LLP公司的两位创始人约瑟夫·派因二世(Joseph Pine Ⅱ)

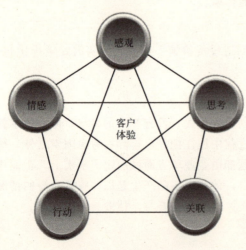

图 7-1 客户体验途径

和詹姆斯·吉尔摩（James Gilmore）虽然没有在阐述体验经济的时候提出体验营销的概念，但是却通过借鉴服务营销中戏剧化的观点论述了服务业的做法，建立了一个体验的剧场模型，用人们所熟悉的戏剧表演来描述服务体验。在模型中，剧作＝策略、剧本＝程序、剧场＝工作、表演＝提供物、观众＝顾客，改变或者重新设计任何一种要素，都可能赢得或营造不同的体验表现。

综上所述，我们可以将体验营销定义为：企业通过采用让目标顾客观摩、聆听、尝试、试用等方式，充分运用产品或服务这个道具，让顾客实际感知产品或服务的品质或性能，激发并满足顾客的体验需求，从而达到企业目标的一个过程。

（二）体验营销与传统营销的差别

体验营销旨在创造美好的、值得回味的顾客体验，它在理念和方式上与传统营销存在很多差别（见表7-1）。

表7-1　体验营销与传统营销的差异比较

差异	传统营销	体验营销
理论基础	顾客是理性的	顾客既是理性的也是感性的
关注焦点	产品或服务的特色、质量和服务水平	顾客的体验
营销传播	企业到顾客的单项活动	企业与顾客的互动
顾客角色	接受者或参与者（被动、一定程度的互动）	主角（绝对主动）

首先，理论基础不同。传统营销认为顾客是理性的，其购买产品或服务只是为了满足自身的某种物质需求；体验营销则认为顾客兼具着理性和感性，而体验就是用来满足顾客情感和个性需求的。

其次，两者关注的焦点不一样。传统营销注重的是产品或服务的特色、质量和水平，想借此来区别于对手，从而取得竞争优势；体验营销的焦点在于为顾客提供难忘的体验经历，强调的是顾客在体验过程中所产生的乐趣、感受。比较而言，前者侧重的是消费结果的满足，后者侧重的是消费过程的满足。

再次，营销传播的不同。传统营销方式的营销传播是信息流从企业到顾客的单向流动，企业在整个过程中发挥主导和控制作用；体验营销讲求的是企业与顾客的双向互动以及消费氛围的整体营造，最终在互动中实现营销信息的整合和再传播。

最后，顾客角色不同。传统营销中，顾客是产品或服务的接受者或参与者，虽然有一定程度的互动，但往往还是经济提供物的被动接受者；体验营销强调的是顾客的主动性，只有在顾客主动参与到体验活动的时候，作为经济提供物的体验才能够产生并被让渡给顾客。

三、体验营销的构成要素

体验营销的主旨是向客户提供有价值、有意义的体验，整个过程可以通过图7-2来说明。

体验过程中有四个必不可少的要素。

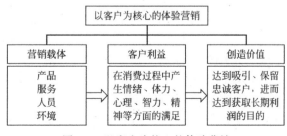

图7-2　以客户为核心的体验营销

1. 设施环境

顾客的第一印象是由设施环境形成的，可以说设施环境为客户的整个体验设定了基调，故设施环境可以称作"体验景观"，它是体验发生中的物理环境的各个方面，包括设施背景、设施风格、设施配置以及设施所渲染的情调。

设施环境之所以重要，是因为它是体验质量的有形表现，所以企业要把设施作为营销工具来加以利用。当然，设施环境的营造不一定需要付出高昂的代价，有时候极为简单的构想和设施都能取得意想不到的效果。例如银行可以在顾客等候办理业务的时候为其提供报纸、杂志和饮料；大型购物商场可以设置一些休息区和吸烟室；家具店可以利用现成的货品将店面布置成一个起居室供顾客实地感受等。

2. 产品实体

大多数企业为客户提供的是有形的产品，因而产品是体验营销构成因素中的关键因素。但是如何才能让产品具有体验的价值呢？最直接的办法就是在产品中增加某些要素，使产品活起来，这样就能加强客户与它们互相交流的感觉。然而要做到这一点，就需要企业清楚地知道哪种感觉最能打动顾客，并针对这种感觉来设计产品，使其更富有吸引力。对于从事产品体验营销的企业来说，就可以针对核心产品、基础产品、期望产品、附加产品、潜在产品这五个产品层次展开体验设计。

3. 服务质量

服务就是为特定顾客演示的无形产品，但是现在不仅服务业开展体验营销，很多有形产品中的服务因素比例也越来越大，以至于制造业也逐渐把自己看做是为顾客提供服务的企业。像舞台表演一样，服务体验表现由许多细节融合而成，体验表现的许多要素发生于后台而不为客户所知，或者被前台演出所掩盖。即使有些特别的服务体验当众表演，它们也常常被忽视，因为它们与设施和舞台表演难以区分。通常只有在这些元素无法按照计划支持演出时，客户才会意识到它们的存在。这就需要在向顾客提供服务的过程中，经常让顾客惊喜或愉悦。因为服务体验如何让顾客感知或体验到，已成为体验营销是否成功的关键。通常服务提供商在这方面有很大的优势，他们不用专注于有形的商品，而是致力于改善顾客在购物或接受服务时所处的环境，或者是顾客迷恋于企业精心营造的温馨氛围，或者是引导顾客参与其中，以便将服务转化为难忘的体验。

企业通过提高服务质量给顾客带来愉快的因素包括：可信性，即执行已许诺的服务过程中的可信任度和精确性；责任心，即心甘情愿帮助顾客和提供快速服务的程度；有形体现，实体工具、人员、材料等体现。

4. 互动体验过程

互动体验过程是指为提供产品、服务和商业体验而从事的一系列活动过程。难忘的体验就是从顾客参与到这些活动的过程中产生的，从客户被某个产品或服务的宣传吸引的那一刻起，一个高质量的客户体验过程就开始了。

为了使企业在做客户体验的过程中，始终保持一个良好的状态，需要解决以下几个问题：一是不断对为顾客提供的整套服务做总结，及时发现其中的问题和不足；二是定期对市场的竞争状况进行评估，以保证自身产品和服务的质量；三是定期请顾客对企业的工作进行评价，征求顾客意见，相应地做出改善，并要求服务人员懂得见机行事。

体验营销的四个构成要素共同营造出了客户的体验。然而，对于不同的互动体验过程而言，这四种要素对体验效果的贡献程度是会因为产品、服务、行业性质的不同而异的。例如，对于大型购物商场来说，它的设施环境和服务质量在体验过程中格外重要，而对于通过网络进行销售的商家来说，设施环境在体验中的影响就不大，因为顾客是通过 Internet 来订购商品的。因此，不同的企业应根据实际情况来决定体验营销构成要素的重要程度。

四、体验营销的体验形式

体验是一个复杂的过程，但是根据一定的标准分为不同的形式之后，每种形式都有自己独特的结构和过程。这些体验形式是经由特定的体验媒介所创造出来的，能够达到有效的营销目的。

（一）感觉体验营销

在当今社会，大量的媒体工具，以及交互式、充满感觉的多媒体，使通讯量变得十分巨大，因此只靠产品的性能、价值以及品牌的影响和联想是很难吸引顾客注意的。真正能够吸引顾客的企业，提供的是能够让顾客享受到与企业、产品或服务的定位相一致的、令人难忘的感官体验。正是因为这个原因，品牌营销开始逐渐被感觉体验营销所替代。

感性并不是物的实体，它是某种意识或心理状态。感性商品就是诉求于感性的商品，商品的感性化现象是与顾客意识有关的一种心理现象。感觉体验营销的诉求目标就是创造知觉体验的感觉，它包括视觉、听觉、触觉、味觉和嗅觉。

（1）视觉　视觉是影响消费者的重要感觉之一，它帮助我们捕捉诸如颜色、大小、形状等客观情况，从而产生对包括体积、重量和结构等有关物理特征的印象。黄金的璀璨、珍珠的圆润、翡翠的晶莹等，所有这些理解都源于视觉，并形成了顾客体验的一部分。

（2）听觉　许多产品和服务都需要声音，通过听觉与顾客沟通是一种其他感觉不能替代的体验方式。但是企业在不同的场合应当谨慎选择不同的音色和音调，以使顾客产生愉快的联想，从而得到顾客的认可和高度评价。

（3）触觉　和视觉一样，触觉也是通过帮助顾客形成印象和主观感受，从而转化为价值的。即通过接触产品时的感觉，可以判断产品材料的好坏，从而知道产品的价值。一件羊毛衫滑过肌肤的轻柔和细滑，这种美妙的身体感觉和心理感受，马上会让顾客做出一个理性的判断——这件衣服价格不菲。

（4）味觉和嗅觉　嗅觉是最强烈的感觉，而味觉主要来源于嗅觉。在我们生活的环境中，气味无处不在，它对于人心理和生理的影响作用也是非常大的。例如，星巴克咖啡之所以能够不断发展壮大，频频开出连锁店，其成功的基础在于"人们对咖啡的感觉 90%来自嗅觉，10%来自于咖啡的味觉"。

（二）情感体验营销

情感不同于感觉。情感营销诉求于顾客内心的感情和情绪，目标是创造情感体验，其范围可以是一个温柔、舒适的正面心情，到欢乐、自豪甚至是激情奔放的强烈情绪。情感体验在运作过程中需要真正了解到不同的刺激所能引起的每种情绪，并使顾客能够自然受到感染，从而融入到当时的情景中。

与感觉相比，情感的特征在于它不是五种感觉器官的单独活动，而是复合了复数感官信息的东西和记忆。情感是复合感官作用的结果，意识阶层比各种感官的作用高。情感是由复数感官形成信息而被合成时创发的意识，情感中的大脑发挥着记忆和学习、比较和判断等作用。总之，情感比感觉具有更高的价值和记忆，情感也是因人而异的。

在情感中也有高层次。乘坐豪华跑车在大路上驰骋时那种美好、威严、潇洒的情感就是高层次的。像艺术的情感容易理解一样，高层次的情感每个人之间有很大的不同。因此情感要研究的是产品与顾客的感情、心理、意识的共同部分。情感化最为可能性的产品应该是与大众直接相连的工业制品领域、最终消费资料领域。

（三）思考体验营销

思考体验营销诉求的是智力，以创意的方式引起顾客的好奇和兴趣，对问题集中或者分散的思考，为顾客创造认知和解决问题的体验。特别是对于高科技产品而言，思考活动一直都被普遍使用着。现在很多产业中，思考体验营销已经被用于产品的设计、促销以及顾客的沟通上。

（四）行动体验营销

行动体验营销的目标是影响身体的有形体验、生活形态与互动。行动体验通过增加顾客的身体体验，指出做事的替代方法、替代的生活形态与互动，从而丰富了顾客的生活。而顾客生活形态的改变是激发或者自发的，且也有可能是由偶像角色引起的。

例如，在美国，几乎每销售两双鞋其中就有一双是耐克。耐克公司之所以那么成功，主要原因之一就是它有一个成功的广告——尽管去做（Just Do It）。这个广告通过描述著名篮球运动员迈克尔·乔丹（Michael Jordan）升华身体运动的体验来吸引和打动顾客，应该说是行动体验营销的经典。

（五）关联体验营销

关联体验营销包含感官、情感、思考与行动体验营销等层面。关联体验营销超越私人感情、人格、个性，加上"个人体验"，而且与个人对理想自我、他人或是文化产生关联。关联活动方案的诉求是为自我改进的个人渴望，要别人对自己产生好感。让人和一个较广泛的社会系统产生关联，从而建立个人对某种品牌的偏好，同时让使用该品牌的人们进而形成一个群体。

例如，在全面客户体验方面，联想是忠实的实践者，并且也已取得了不俗的成果。联想的全面客户体验体现在从产品的定义到开发，再到测试的整个流程。联想的产品是在认真体验客户的购买需求，在有了深度的客户体验之后才开发出来的。有了对顾客的实地感受和体验，最后做出来的产品才会让客户在使用过程中感觉到欢喜和愉悦。

【案例分析】

迪士尼乐园的体验营销

迪士尼公司从一开始就把主题公园看作类似卡通或电影的舞台设施，在做每件事情的时候都将娱乐哲学融入其中，它所营造出的理想化美国景象，加上一系列异国文化，仿佛把整个世界都缩影在了这里，给人一种温馨、和谐的大家庭的感觉。在迪士尼公园，使人们流连忘返的不仅是消遣，还有那些用于亲身体验的活动。乘坐形状各异的交通工具，耳畔响着美妙奇特的音乐，游客们可以前往各种虚构的场所，尽情享受那里的美丽风光。在大家都熟悉的迪士尼卡通人物的帮助和带领下，游客们还可以购买到很多喜爱的玩具和唱片等。随着迪士尼主题乐园新活动的不断增加，吸引了越来越多的游客，给相关的餐饮、纪念品及其他服务业都带来了可观的经济收入。迪士尼主题游乐园的丰富体验，加上迪士尼卡通片和电影电视节目的体验塑造，最后产生了吸引消费者的体验经济特质（见图7-3）。

图 7-3 迪士尼乐园场景效果

迪士尼对人造景观的设计、建造和经营管理在旅游业的影响是首屈一指的，它给人们带来的体验效果正在影响着越来越多的人，甚至在世界范围内引发了一个"迪士尼化现象"，这就是体验的魅力。

第二节 房地产体验营销概述

一、房地产体验营销的概念

房地产体验营销是伴随着楼盘产品的逐步细化以及购买者置业心理和行为的不断成熟而出现的，它是对应于消费者行为流程的营销策略流程的整合与一体化管理，它试图打开消费者所有的感官，使营销者的感官能更加贴近消费者的脉动特点，以此博得消费者对于体验营销者行为的认同。这一点说明开发商不仅要重视产品本身的使用价值，同时也要重视产品所延伸的内涵，包括经济的、功能的、心理的效益。

应该说体验营销是贯穿于房地产开发全过程的，实施体验营销需要通过价值链的各个客户接触点来完成（见图 7-4），这样才能创造统一的、有价值的客户体验。

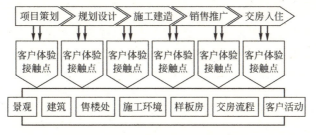

图 7-4 客户体验接触点与体验设置

二、房地产体验营销的主要环节

房地产体验营销要结合消费者行为学对消费者的感性行为进行划分,因此包含以下4个环节。

1. 第一个环节:看

信息受众通过广告和公开场合的传播获得感受。主要的传播方式有两种:一种是直接传播,主要通过实物传播,如售楼处、样板间、小区外景、工程现场等;另一种是间接传播,即通过广告来传播,如报纸广告、宣传单页、楼书、户型图、道旗、灯箱等。两者的共同特征是看得见,但是由于客户身处信息量涌动的社会,仅通过这一环节还不能足够地刺激消费者的购买欲望。

2. 第二个环节:听

包括直接的听和间接的听两种。直接的听,如对项目业内和朋友间的口碑传播,项目制造的社会新闻的口头传播。间接的听,即多环节的传说,如广播广告、立体声宣传广告片等。听的传播方式比看具有更强的冲击力,通过朋友的实际感受体验,更能赢得潜在消费者的信任。这个环节的传播情况是开发商和项目最终落实为大众化还是小众化的转化枢纽。

3. 第三个环节:使用

包括直接使用和间接使用两种。直接使用,如试住就是这种方式的集中体现。但这种营销方式仅适合现房,对于先租后售的商业物业更为实用。间接使用,包括样板间、样板楼、小区内景。如果是分期开发的项目,入住的产品也是未来使用的参照。直接使用对住宅的营销实用性不是很强,开发商应有效地将其集中在样板楼这样的间接使用方式上。

4. 第四个环节:参与

包括沟通和展示两方面。沟通,如客户俱乐部、节庆答谢会等;展示,如参加各类房展活动和公益赞助活动等。参与实质就是开发商设置一个情景,让消费者参与到设置好的情景中,使得消费者在环境中自然地产生应景性的需要,从而带动消费者的购买欲望。

在这四个环节中,前两个环节称为"放量",后两个则为"深耕"。一般而言,后两个环节针对性强,在设定的情景中成交的概率较大;在房地产体验营销中,越向前的环节就越有放量的作用,越向后就越有深耕的作用。

三、房地产体验营销的策略

房地产体验营销的策略就是以客户个性需求为中心,在产品价值链的各个环节为客户提供协调一致的产品和服务体验,满足客户心理和情感层面的需求,保障最终品牌承诺给客户入住后提供的体验是完整的、统一的。

项目策划阶段需要重点考虑体验主题设计对项目建筑规划设计的影响以及确定体验营销主题需要考虑的关键要素。体验营销的实施步骤可以简述为如图7-5所示的四步。

在确定体验营销主题的过程中,需要考虑以下四大关键要素:项目所处的地理位置和

图7-5 体验营销的实施步骤

社会外部环境、竞争对手情况、企业内部具备的资源和运营能力以及企业实施体验营销具备的外部资源。

1. 产品规划设计阶段

产品的规划设计决定着客户在售中和售后对某种生活方式的体验，这个阶段的核心就是围绕体验营销的主题，借助建筑、售楼处、样板房等各类载体，给客户传递统一的产品体验。

2. 施工建造阶段

在项目施工建造阶段，应该充分利用施工过程中的客户接触点来开展体验营销，如对施工现场进行客户体验设计，开展此阶段的客户互动体验活动，或者也可以联合各方面的合作伙伴开展营销管理（见图7-6）。

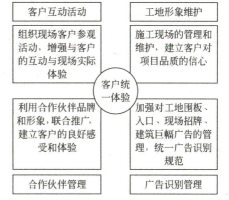

图7-6 施工现场的体验营销策略

3. 销售推广阶段

在项目销售推广阶段，各个部门应该站在客户体验的角度，与合作伙伴在规划设计、采购、施工、装修与物业管理等环节保持一致的认识，从而营造出与目标客户心理需求相一致的产品销售氛围，使客户获得与公司品牌核心价值相一致的、切身的体验。

4. 交房入住阶段

客户入住体验是重点培养忠诚客户的开始，因此在这个阶段必须从每一个细节出发，对客户接触点进行统一规划（见图7-7）。

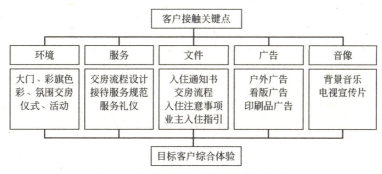

图7-7 交房阶段客户接触点统一规划

四、房地产体验营销策划要点

由于现在很多房地产开发商对体验营销的概念、框架、策略以及消费者行为的变化没有足够的了解和认识，在实践中对体验营销的应用就会出现一些误区。

首先是认识上的错误。很多企业在开展体验营销的过程中，只停留在提供感官体验、情感体验的层次，这是远远不够的。现在消费者追求更多的是精神、成就方面的深层次体验。其次是企业的一厢情愿作风，导致购房者参与度低。大多数企业已经习惯在实施体验营销的过程中利用自身的资源做表面文章，这样给顾客创造的体验只是感官上的浅层次体验，完全忽视了顾客心灵上和情感上的深层次体验，从而导致顾客参与度较低。最后，体验仅停留在产品层面，缺少对品牌的体验，顾客所期望的是突破性的解决方案和具有领先水平的产品以及能与之相联系，从而能够刺激他们的品牌，所以提供差异化的产品和服务体验才是企业创造品牌知名度的关键。

为了避免以上在实施体验营销过程中的误区，需要从以下几个方面引起注意。

1. 注重对消费者心理需求的研究和分析

对于很多物质生活水准达到一定程度的消费者而言，购置房产不再是单纯为了居住，而是出于满足一种情感上的需求，如有人追求田园般的休闲生活，渴望得到回归自然的情趣；有人为了凸显自己的身份，讲究的是档次和奢华的铺展。企业营销要关注消费者的心理需求，开发同消费者产生共鸣的产品，发掘有价值的营销机会。

2. 注重产品心理属性的开发

房地产本身就是个性很强的行业，有强烈的独特性才能吸引更多人的目光。在产品开发过程中，企业需要十分重视产品的品位、形象、个性、情调、感性等方面的塑造，营造出与目标顾客心理需要相一致的心理属性，帮助顾客形成或者完成某种感兴趣的体验。

3. 加强体验式的信息传播

在现如今这个信息大爆炸的时代，消费者每天都接收着成千上万的信息，但是他们更相信那些能够感受到真实产品的广告宣传，这些宣传通常是通过一段故事或者一段场景来引出对产品的介绍的。因此，企业在营销宣传中，要加强对产品体验元素的挖掘。例如，以19世纪英国著名作家罗伯特·史蒂文生（Robert Stevenson）的小说《金银岛》为背景的金银岛大饭店，其设计充满原始意境的海上村落的风格，海岛、村落、轮船、炮火、枪声和凶悍的海盗构成了一幅幅独特的场景，使置身其中的房客觉得每花一分钱都是值得的。房地产体验营销中便可借鉴这些做法，这些做法从售楼处、样板房、工地现场、看房车等细节中，充分构架体验场景，传递体验信息。

4. 进行精心的体验场景设置

销售现场的情景设置是非常关键的，因为它可能直接影响消费者的最终购买决定。要注重对销售现场气氛的控制、现场的道具设置、样板房的装修等。如楼盘在项目推出之前，提前装修概念样板房，为客户精心营造室内空间情境，让客户在心仪户型中感受真实生活。

5. 组织体验式活动

目前的促销手段可谓花样百出，然而其中真正能够影响消费者心理的还是那些与产品相关联的、消费者可以动手参与的活动。企业开展体验营销，可以通过策划大型的消费者参与的活动，说服消费者购买项目。如某楼盘推出配合产品整体建筑风格的"欧陆风情嘉年华"系列活动，拉丁舞、西班牙斗牛舞、苏格兰风情乐队等在现场轮番上演，欧陆名酒展示、鸡尾酒品尝会等活动使来宾们亲身体验欧陆生活，从而增进对项目的了解。另外，开发商还安排了"欢乐小天使"儿童互动游戏，为整个活动增添了一份童趣。

第三节 体验营销形象包装

一、建立项目的 CIS 系统

CIS 是 Corporate Identity System 的缩写,意思是企业形象识别系统。CIS 的主要含义是:将企业文化与经营理念统一设计,利用整体表达体系(尤其是企业的形象)最终促进企业产品和服务的销售。对内,企业可通过 CIS 设计对其办公系统、生产系统、管理系统以及营销、包装、广告等宣传形象形成规范设计和统一管理,由此调动企业每个职员的积极性和归属感、认同感,使各职能部门能各行其职、有效合作;对外,通过一体化的符号形式来形成企业的独特形象,便于公众辨别、认同企业形象,促进企业产品或服务的推广。

CIS 系统包括三大部分,即理念识别系统(MIS)、行为识别系统(BIS)、视觉识别系统(VIS)。

(1)MI(理念识别 Mind Identity) 项目最高的思想系统,即价值观,包括项目开发理念、规划设计理念、精品制造理念,从宏观贯彻到产品细节。

(2)BI(行为识别 Behavior Identity) 为项目定制的客户服务体系,不仅仅是传统的销售服务和客户服务,而是一个全面的客户服务体系,通过整合各种资源,全面针对客户需求,其中重点当然还是销售服务和客户服务。

(3)VI(视觉识别 Visual Identity) 项目视觉识别的一切事物。如统一设计的项目名称、标志、平面和电视广告、现场包装、销售资料、DM 及其他展示资料等。

标准 CIS 系统涉及的内容极为广泛,但对于房地产的楼盘项目而言,可以把握其精髓,择其所需而应用,其中视觉识别系统(VIS)是设计重点,配合理念识别系统(MIS)的基础部分,就构成了简化版的 CIS 系统。

二、CIS 设计方法与技巧

1. 形态分析法

形态分析法是把 CI 设计的客体当作一个系统,一个具有多种形态因素分布和组合的系统,设计创意就是将多种形态因素加以排列组合的过程。形态分析法就是首先找出各形态因素,然后用网络图解方法进行各种排列组合,再从中选择最佳方案。形态分析法的操作程序(见图 7-8)如下。

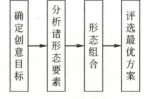

图 7-8 形态分析法的操作程序

(1)确定创意目标 一般 CI 项目所要达到的目的明确后,要让 CI 设计人员围绕这一目的了解该项目通过设计开发所要形成的功能。如该项目只有达到一种稳定可靠、色彩亮丽、富于朝气的状态,才能符合该项目存在的根本目的。

(2)分析诸形态要素 确定设计项目可分解的主要组成部分或基本要素,一般来说,应以 3~7 个部分或要素为宜,舍去与设计宗旨不相符的因素,以避免系统过于庞大,不易操作。

(3) 形态组合　根据设计宗旨，对全部要素进行排列组合，形成平面表格化的形态组合图。

(4) 评选最优方案　通过比较研究，选出符合设计宗旨的最优方案。

2. 观念法

(1) 竞争意识　竞争是创新的伴侣，没有竞争就很难有创新。企业经营同样如此，没有竞争对手，企业就会失去活力与生气，创新机制就难以形成。国际企业界的知名大企业和名牌产品往往都是成双成对出现的，它们既相互竞争又相互依存。因此，在企业形象的策划中，明智的企业应具备与狼共舞的意识，时刻注意以创新来向对手进攻，以创新来坚守自己的阵地，这样才能立于不败之地。

(2) 危机意识　危机意识是指广大企业员工要时刻感受到企业的问题和困难，特别是在成功的时候，更应该看到企业潜伏的危机。要经常向企业员工灌输和强化危机意识。危机常常使人崛起，崛起源于创新。危机意识铺垫了创造性思维的阶梯，逼迫人们要摆脱危机，只有踏上创新的道路。因此，危机意识会使企业转危为安。

(3) 特色意识　特色意识是指企业在经营中要以不同于他人的形象和手段展开竞争，处处体现自我的特色。发现和突出企业的特色，这本身就是一种创造。所以，特色意识本身就意味着一种创新。充分运用创造性思维，塑造企业形象的个性特征，是企业制胜的法宝。

(4) 人性意识　在企业形象策划与设计中，人性意识是指以人为核心，通过情感交流的方式使企业和顾客达到双向沟通的情感观念。它是当代经营战略中的攻心战术。

(5) 顾客至上的观念　产品质量再好，不受消费者欢迎也是枉然。因此，企业 CI 运作的基本着眼点应放在"让顾客满意"这个位置上。顾客至上观念的建立是对人类传统思维中的自我中心主义的革命。以自我为中心的传统思维惯性千百年来一直在左右着人们的意识和行为，就此来说，顾客至上观念打破了自我中心理念的一统江山，其本身就意味着一种思维观念的创新。

一个产品或企业能否为消费者所接受，质量仅是一个方面，不可忽视的是企业与消费者之间能否做到情感交流与沟通。因为消费者既然是人，他就需要情感上的满足，而不仅仅是产品使用价值上的满足。人性意识是对传统商品交换意识的创新，体现着企业对顾客作为人的存在价值的认同和尊重，反映了一个企业所达到的文化品位。从这个意义上讲，我们说人性意识是企业文化的高品位战略。

3. 迂回思考法

有时候我们会发现自己在被问题带入一种思维境界中的同时，又被问题的某种思维惯性障碍所阻隔，无法超越，因而陷入思维的困惑中无法自拔。这时，只要我们换个角度思考，就会收到一种意想不到的效果。这就是迂回思考法的基本含义。

迂回思考法包括的范围很广，换个角度可以产生新思维；从不同的层面来思考问题，也可以创新；反向思维可以带来意想不到的效果；打破传统思维习惯，可做出惊人的思维创举。换一种思考方法，就会得到一种新思想。思考问题不能一条道路走到黑，要学会不断调整自己的思维方法，甚至站在客体的位置上来思考。迂回意味着变换，变换意味着创新，只有走出既定的思维框架，我们才能到达创造性的彼岸。

4. 美感切入法

美是主体对客体某种品质的一种认同。美感的产生需要两个条件：一是客体存在着某种美的品质，这是美感产生的客观基础；二是感知这种美的存在必须具备相应的主体素质条件。所以，美是主观与客观的统一。在长期的社会实践中，人们逐渐形成了美的理念，并以这种理念来判断事物，区分美丑，如对称、均衡、节律、和谐等。对称是指事物分布的若干部分均具有均齐的类似感觉。均衡是指事物在同一平面内的均匀分布状态。节律是指事物构成或运动的有规律性反复。在现实生活中人们往往自觉或不自觉的凭借多年形成的美感来评价事物。

在企业形象策划中，如果设计人员能够自觉地把美的理念融入到 CI 设计思想中去，从美感这个切入点展开思维，就会产生思维创新，创造出与众不同的新方案来。这就要求 CI 设计人员必须深入生活实践，细心捕捉自然、社会、思维等领域一切美的信息，将其升华为理念层次的美，并以这种美感来指导 CI 设计。

美可以创造新思维，展示企业形象。形式的美，可以帮助雕塑企业的外部形象；道德理念之美，可以帮助塑造企业的理念与行为。总之，美是企业形象的灵魂，要塑造企业形象之美，就需要有美的形象设计师，选准美这个时代的切入点。

5. 求异法

从形式化角度看，创造性思维必然是传统思维方式"异化"的结果，没有思维方式的变异，就不会有思维结果的"异在"。因此，创造性思维的一个形式化特征表现为求异性。但并非所有的求异性思维都属于创造性思维，即思维形式上的"异"还必须具备客观上的可行性，必须和思维结果的客观可行性结合起来，方符合创造性思维的一般规定性，最后才能称为创造性思维。

在企业形象策划中，特别是对企业理念的设计，许多企业都面临着千篇一律的问题，缺乏可识别性，如"团结"、"奋进"、"求实"、"开拓"、"顾客至上"、"顾客就是上帝"等，早已落入俗套，没有差异性和个性可言。求异思维方法就在于打破传统思维的"路径依赖"，选择一条与众不同的新思路，构思出别具一格的企业新形象。

6. 问题归纳启示法

"提出问题比解决问题更重要"，"提出问题等于解决了问题的一半"，这些人们所公认的说法都强调了提出问题的重要性。在如何提出问题上，人们对此做了认真的研究，并把问题的种类进行了归纳，总计为"6W2H"问题法（见图 7-9）。

这是一种条理性清晰、逻辑性极强的思维方法。这种方法运用十分广泛，从提出问题到解决问题都能在企业形象策划与设计中得到广泛运用。无论我们碰到什么难题，都可以通过问题法来理顺思路，找到问题的症结，发现解决问题的通路。比如，一种产品在什么时间最好销？摆在什么地方最好？选择什么样的销售人员最佳？主要面向什么样的消费群体？什么样的价格能为消费者所接受？怎样做才能使消费者满意？产生问题

图 7-9　6W2H 问题法

的原因究竟是什么？

7. 联想法

联想是指人的思维由甲事物推移到乙事物，甲事物和乙事物在思维上属于因果联系，即由原因甲而想到结果乙。它属于遐想法的一种具体应用性思维形式，可以产生延伸效应。在企业形象设计中，联想法应用得比较广泛。如 CI 专家设计人员可以通过对自然界某种自然美的认识，而将其经过提炼、抽象和升华，达到一种理性的美，然后再把它转化为一种设计理念，最终体现在企业形象的设计上，转化为企业形象之美。这种美的转化意味着思维的一种创造。就此来说，联想也是一种创造性思维方法。

三、楼盘包装

楼盘是体验营销的最重要的载体。楼盘包装就是将楼盘内涵具象化的表现过程。就项目而言，楼盘包装是广告的有益补充，可以强化和深化广告效果，有利于提升楼盘档次品味，表现楼盘内涵，引起消费者共鸣，从而促进销售；就开发商而言，楼盘包装是公司实力的展示，"得体"的形象包装有利于美化公司形象，树立公司品牌。

楼盘包装主要包括硬件包装和软件包装两方面，硬件包装即案场包装，是指楼盘范围内的一切广告宣传及销售设施和工具，具体如工地内外的现场包装、售楼处、样板间、示范园林景观等；软件包装包括销售人员的礼仪、谈吐、舆论环境的塑造等。

（一）案场包装

传统的案场包装主要有工地内外的现场包装、售楼处包装和样板间包装三部分，随着体验式营销的逐渐渗透，示范园林景观也被引入案场包装的范畴，成为楼盘包装和房地产营销体验的重要组成部分。

1. 工地现场

工地是购房者最为关注的地方，工程进度、建筑风格、外立面色彩、工地围挡等给消费者最直观的感受。工地形象可以根据工程进度、营销节奏等进行不同的包装，而且作为项目的自有媒体，工地是宣传最经济、有效的场所，工地形象直接影响消费者对项目品牌和发展商的评价，对项目销售氛围的营销也有重要作用。项目开盘时，巨大的楼体矗立，各个盛装打扮，再加上精心准备的红毯、彩球等，便会营造出热烈、喜庆的氛围。将工地现场根据建筑施工的进程和环境特色进行包装，强调项目的特色，结合营销节奏，使项目有一个整体良好的、合适的视觉形象。

工地现场包装的内容主要有以下几种。

（1）工地标牌　也就是通常所说的指示牌、提示牌，精心设计的工地标牌与工程形象直接相关。它具有项目公示、指示方向、表明位置、温馨提示等作用，项目公示牌和温馨提示语（牌）是工地上最常见的，公示牌将项目占地面积、规划建筑面积、容积率、绿化率、建筑密度、项目效果图、平面图等基本信息公之于众；和风细雨般的温馨提示语有公益提醒的作用，"软性的呵护"让购房者更觉贴心。

（2）围挡　工地围挡是楼盘宣传的巨幅海报，一般由一组画面组成，以项目整体形象定位、项目主卖点、开发商、建筑商等为题，用切题文字加上夺目的画面进行展示。围挡画面要系统、协调，根据营销节奏更换画面内容，保持楼盘形象的新鲜感，及时传达项目信息。造型同样不能忽视。例如某楼盘的围挡由一组几何体构成，形象生动，令人过目不忘（见图 7-10）。

图 7-10　海尔绿城全运村工地千米围挡

（3）楼体包装　高耸、矗立的楼体是楼盘形象的最好代言，是楼盘形象推广的最好资源，巨大的广告牌、条幅，可传播范围较其他工地现场包装更广，冲击力更强。楼体包装经常会在建筑封顶、项目开盘（业）、交付使用、公开招商招租时见到。除此之外，施工时严整、有序的保护措施，也是对外传达工地形象的重要方式。

（4）项目周边　为了形成更大的宣传气场，工地现场包装一般会延伸到项目周边一定范围，用道旗、空飘、彩虹门、霓虹灯等广告道具将工地装扮一番，结合销售活动、销售节点营造气氛。尤其项目开盘、商业开业时，道旗、条幅更以项目为中心延伸至周边几条街，隆重一些，甚至树木装饰也可纳入现场包装考虑中。

工地现场包装需严格按照 VI 设计内容制作完成。根据建筑施工的进程和环境特色进行工地现场包装，有利于强调项目自身特色，形成整体、有序的良好的视觉形象。

2. 售楼处

售楼处（也称营销中心）是房地产体验营销活动的第一线，是房地产这一特殊商品进行买卖交易的主要场所，是销售的前沿阵地（见图 7-11）。

图 7-11　某楼盘售楼处效果

由于房地产有预售的相关要求，即房地产项目不会全部建成再进行销售，而是在工程进度达到一定要求后（拿到商品房预售许可证后）就开始销售，消费者并不能看到房子和项目的最终效果，因此对售楼处的评价往往直接影响到他们对项目和开发商实力、专业性等的认可程度。

(1) 售楼处的选址　售楼处一般都会设在楼盘内或是项目附近，当然也有设在闹市、商场等人流或目标客户群相对集中的地方。售楼处选址需要考虑对诸如区位优势、人流客流、自然景观、建筑个性等各种资源利用和整合，以鲜明显眼的形式出现在人们的视线里。

售楼处设在楼盘内比较常见，一是将楼盘厅堂作为售楼处，另一种是将项目会所作为售楼处。设在楼盘厅堂内，办公、停车空间都更为宽敞，同时可以降低预算，节约成本，但相应地，工地现场包装一定要到位。会所是以所在物业业主为主要服务对象的综合性高级康体娱乐服务设施，将会所作为售楼处，可以弱化售楼处的售卖功能，增强消费者的体验；但是会所的综合性较强，如果项目本身没有规划建设会所，这种形式的售楼处将要增加一笔不少的预算。

项目附近的售楼处，一般都靠近主要通道，可以脱离嘈杂的施工环境，避免朝向、通风采光等条件的影响。这种形式的售楼处需要考虑的是售楼处周边的人流、车流，注意车辆停放是否方便。

将售楼处设在闹市、商城的项目一般是由于项目离市中心比较偏远，或是异地项目，闹市、商场人流量大，气氛热烈，可以吸引更多关注。客户在售楼处看过说明及介绍资料后，可以乘坐看房车直接到现场了解项目周边环境和楼盘状况。中国香港的楼盘大多采用这种形式的售楼处，主要是因为香港人不喜欢大老远跑去安全系数较低的施工现场看房。对异地项目，只有真正对项目感兴趣的人才会"不远万里"去看房。

(2) 售楼处的功能分区　根据工程部及装修设计的平面布置安排，售楼处总体要求宽敞、明亮，与项目形象定位、客户定位相符。

一般来说，售楼处功能分区为接待区、洽谈区、模型展示区、音像区（兼作休息区）、办公区、休闲体验区等，各个分区要按照功能特性合理布置，符合习惯性的接待流线，满足日常营销工作需求。音像区可以播放悠扬的音乐，也可以播放项目3D建筑漫游或宣传片，是对项目形象的视听展示，因而，一般的做法会把音像区设在靠近模型展示区的地方；办公区需要安静的工作环境，通常被放在远离接待区、音像区的位置。

(3) 售楼处的包装　售楼处的包装主要包括售楼处外观包装与售楼处内的配置。售楼处外观主要要求售楼处的建筑风格、档次、外观颜色、造型与整个楼盘的协调一致性；售楼处内大致有形象墙、接待台、洽谈桌、电子音像设备、模型、灯箱、展板、销售物料、办公物料及其他物品。

售楼处包装的组成要素看似简单，但如何在众多的竞争者中脱颖而出？在包装过程中，可以从市场、定位、销售出发，遵循以下几点。

① 营销第一。售楼处是房子的买卖场所，是居住梦想的交易大厅，是房地产营销过程的载体，这就决定了售楼处包括里面的设置都具有很强的目的性——那就是营销，开发商投资百万、千万，就是希望售楼处能充分传达项目的精神内涵，吸引顾客前来，从而促进销售。

② 全面整合。售楼处包装要以项目定位为中心，整合一切有利资源，充分发挥CI的

领袖作用，形成统一的形象，强化客户的第一印象，创造利于销售的环境。

③ 个性、创新。与其他产品一样，售楼处也应该跳出大众主流，创造出独特的风格标准，才能与其他竞品区别开来，体现出项目独有的核心价值。

进入售楼处内，各种配置应有尽有。要清楚，它们并不是纯粹的摆设和装饰，而是有着特殊作用的。

① 形象墙。形象墙分为两种，一种是项目形象墙，另一种是销售人员的员工文化墙。

客户进门后，第一眼看到的通常就是项目形象墙。形象墙是售楼处的形象标志，用各种材质、辅助色作为背景，突出项目LOGO和案名。

员工文化墙是展示销售人员风采的地方，是营销团队文化建设的展示，员工文化墙一般不会占据主要位置。

② 接待台。接待台一般在形象墙前面，是销售人员日常就座的地方，重大活动或客户众多的时候接待台同时也担任咨询台、服务台的角色。接待台一般会设有一个资料台（架），方便销售人员在讲解时为客户递送图片资料。

③ 洽谈桌椅。洽谈区是购房者在听取销售人员关于项目基本情况的讲解后，就选房、购房事宜进行深入洽谈的地方。中国传统礼仪，在座席上不同的位置有不同的讲究，因而洽谈区的桌椅一般都会采用圆桌，使客主无大小尊卑之别；洽谈桌不能太高，一来增加客户就座时的舒适度，同时也在无形中降低了客户的抗拒性。

④ 模型及透视图。模型与透视图能增加买家对本项目的立体纵观认识，令购买者置身其中，领略各楼层的朝向和景物，清楚明了选购单位所在位置，给人真实的感觉，令购买者信心倍增。

⑤ 电子音像设备。音像设备主要用来播放项目基本情况、建筑漫游、发展商、合作商背景、项目所在地未来发展状况等宣传内容，通过视听展示使购房者对项目情况及周边发展有更全面、更深入的了解和认识。另外，悠扬的音乐也会渲染售楼处或优雅、或热闹的气氛。

⑥ 灯箱、展板等宣传展示。灯箱、展板等以图文方式向购房者全面地、直观地展示项目形象、项目效果图、项目配套、项目文化品位、项目物业管理等方面的内容。现在，也有不少的项目采用触摸式展示屏展示项目平面图、户型图等信息，购房者可以根据自己需求选择不同的楼层、户型。

⑦ 办公用具。主要包括办公区域的桌、椅等，虽然通常办公区都是相对封闭的、与其他区域隔离开来的，但是保持良好的办公秩序与文件规整也是建立售楼处良好形象的一部分。

⑧ 休闲体验用品。进行主题开发的项目通常会在售楼处设计相应的休闲体验区，以电影院为卖点的会在售楼处设一小型影院，以图书馆为卖点的会在售楼处摆放书架、图书，以旅游景点为卖点的会进行特色展示、民族表演，以园林景观为卖点的更有可能将假山、流水引入售楼处，尤其是以会所作为售楼处的高端项目，酒吧吧台、室内高尔夫、保龄球等也常能见到。

⑨ 其他物品。如销售人员标牌、接待处、签协议处、交款处等标牌，让购房者明确功能，突出运作的专业性。

另外，还需配备饮水机、烟灰缸、垃圾桶等物品满足日常接待所需，物美价廉的小礼品也可以传递信息、制造销售热点。

（4）网络售楼处　近年来，互联网发展迅猛，房地产经营企业顺势而行，基于领先的网络技术，结合房地产应用，推出网上售楼处。网上售楼处具有展示、互动、交流三大功能、沙盘、样板间、户型、销售等销售工具让浏览者获得与实体售楼处一致、甚至更直观、便捷的楼盘体验，让购房者足不出户实现看房、选房、咨询、下订单。

3. 样板间

我们往往会听到消费者反映：××楼盘的样板间做得真好，一进去就不想出来了，真想在那儿买套（房子）。由此可见，成功的样板间包装，可以强烈刺激购房者的购买欲望，充分展示户型的各种功能，给予购房者直观明确、具体的认识，甚至可以直接产生购买的动机。

（1）样板间的概念　样板间是以展示销售为目的，对商品房进行的包装。样板间是楼盘的脸面，也是购房者装修效果的参照；样板间是房地产市场发展的产物，是住宅文化的表现，是营销过程中的重要因素。

样板间可以充分展示房间格局，掩饰毛坯房所显现的被购房者质疑的地方，而且样板间明显的消费刺激作用，使得开发商越来越重视样板间装修的档次与品位；对购房者来说，样板间在风格、用材等方面为他们提供了实例样板；对装饰公司而言，样板间全面展示了他们的设计和施工，是他们最好的宣传作品。

样板间是随着房地产市场的发展而发展的，最初，房地产市场处于卖方市场，开盘即售罄的情况比比皆是，开发商不用费多大的心思，房子就一抢而空，样板间在这时也只是锦上添花的一个营销动作而已。直到房地产发展到一定阶段，房地产市场逐渐成熟，地产开发从最初的粗放型向规划型转变，消费者的购房行为越来越理性，简单的言辞说教已经不能打动他们，而且装饰公司的竞争越来越激烈，样板间的设计和装修就变成开发商或代理公司辅助销售的工具，变成装饰公司展示设计和施工的阵地。从这方面来讲，如今，样板间的设计和装修，成为了真正意义上的文化思维理念。

（2）样板间的设计原则　样板间的设计和档次要与项目形象定位、客户定位相符，否则，只会加大与客户的距离，达不到辅助销售、促进销售的目的。

样板间的装饰风格也是多种多样的，在运用过程中，通常会将几种风格混搭，这样会更接近购房者对未来居住空间的想像，极端的风格追求会让购房者止步于欣赏，却不能激发购买的欲望；在色彩运用上，要注意室内的光影、空间，通过协调、统一的色彩营造出视觉的整体感，明亮的色彩在视觉上拉大空间，更容易营销出温馨的效果，而暗色给人感觉比较沉稳。

在样板间的设计和装修过程中，室内设计师往往花更多的精力在装饰品的选择上。陈设的装饰品会让样板间更加饱满、增加了乐趣，不会让购房者感觉生硬、空洞，正确选择和摆设装饰品可以说是成功样板间的点睛之笔。

市场上有时也会出现户外样板间，在售楼处之外、建筑之外重新搭建样板间供看房者参观，户外样板间一方面可以远离工地嘈杂的影响，又可以弥补样板间朝向、通风、采光等缺陷。

（3）装修样板间的注意事项

① 虽然就本质而言，样板间就是为销售而进行的实物展示，但在具体的装修过程中，样板间的装修要最大程度的弱化售卖功能，营造一个真实的居家环境，营造品位独特的空间。

在销售过程中，居家的、有品位的样板间比抽象的、生硬的销售说辞、产品信息更能赢得认同。样板间往往因为精心的设计与精细的施工，得到看房者的喜爱和称赞，增强了客户的体验,促进了其购买动机。

② 样板间的设计与装修要投目标客户之所好。别墅的样板间用在普通高层项目,只会让并不富足的目标客户望而却步;传统的中式风格也不是快节奏的时尚一族所能接受的,虽然并不绝对。

③ 样板间的装修要注意细节的打造,墙面颜色的均匀与否、装饰品摆放是否合适、窗帘的花色等,越是细节的东西往往越能体现风格,越能打动消费者。

④ 样板间要根据项目主打产品进行选择和开放,考虑成本和预算,数量也不宜太多。特别注意不要把优劣对比强烈的样板间放到一起。例如某项目将南北相对的两套公寓作为样板间供购房者参观,发展商原本仅是为了便于购房者参观,结果南向的公寓基本售罄,北向的却无人问津。主要就是因为经过装修,南北向两套样板间在采光、朝向方面产生了强烈的对比,踏进南向的样板间明亮、温暖,再进北向的样板间就会感觉更加阴暗、清冷。

(4) 看房通道　看房路线应该根据大多看房者的习惯进行合理安排,通道要美观、舒适、整洁明亮,便于到达,也可以布置一些灯光、展板、标志等,把看房通道变成宣传通道。由于样板间往往设在工地,尤其要注意安全。

4. 园林景观示范区

房地产进入理性消费时代,购房者在决定购买之前会全面考察楼盘项目的产品素质,园林绿化便是其中越来越重要的一项,尤其在别墅等高端项目中。

园林景观示范区是销售前期为了展示项目绿化、园林设计而提前呈现的景观示范区域。园林景观示范区集中了项目整体园林设计的所有优点,将景观的文化性、艺术性一一体现。

(1) 园林景观的风格　园林景观主要有以下4种风格。

① 中国自然山水园。中国园林充分体现着天人合一的理念,体现着人们顺应自然,以求生存与发展的思想。在造园技法上是模拟自然而高于自然,即"虽由人作,宛自天开"。它以人工或半人工的自然山水为骨架,以植物材料为肌肤,在有限的空间里创造无限的风光。

② 意大利台地式别墅园。台地园的造园模式是在高耸的欧洲杉林的背景下,自上而下,借势建园,房屋建在顶部,向下形成多层台地;中轴对称,设置多级瀑布、叠水、壁泉、水池;两侧对称布置整形的树木、植篱及花卉,以及大理石神像、花钵、动物等雕塑。

③ 法国宫廷式花园。法国园林的形式从整体上讲是平面化的几何图形,以宫殿建筑为主体,向外辐射为中轴对称,并按轴线布置喷泉、雕塑。树木采用行列式栽植,大多整形修剪为圆锥体、四面体、矩形等,形成中心区的大花园。茂密的林地中同样以笔直的道路通向四处,以方便到较远的地方骑马、射猎、泛舟、野游。著名的凡尔赛宫可谓经典之作。

④ 英国自然风致式园林。英格兰和苏格兰民族崇尚自然,远处片片疏林草地,近观成片野花,曲折的小径环绕在丘陵间,木屋陋舍点缀其中,没有更多的人工雕琢之气。伦敦园为典型之作。

(2) 园林景观示范区的设计要点　园林景观示范区设计要同时兼顾文化性、艺术性,还应与项目定位一致,彰显项目的独特气质,营造舒适、自由的绿色享受。

① 示范区要以高起点、高标准的设计来创造高品位的居家生活环境。入口景观是园林景观体验的第一站,直接影响消费者对项目景观的第一印象。入口景观要体现项目的主

题文化与理念，设计要因项目而异，青年社区的入口要时尚、夺目，别墅项目要么奢华，要么私密，欧式庄园则要配有欧式的大门等。

② 强调与客户之间的互动，有水系设计的要注意可亲水，有树林的要注意可漫步，可参与性的东西才能给客户以更深的印象。

因此设计观景路线时，在符合人们生活流线的基础上，要让顾客能全面欣赏、全面体验园林景观示范区的所有景色、建筑小品，如果路线过长，就要在适合的地方设置座椅、伞椅等，以便消费者休息、体验。

③ 园林景观示范区是项目景观设计的样板，好的设计更能吸引消费、刺激购买，因而示范区设计更要注意园林景观的观赏性。

主题园区是园林景观示范区的重点，汇聚了所有彰显项目气质、体现园林风格的要素，喷泉、雕塑，植物配置等。中式园林有假山、流水；意式园林有台地、叠水；法式园林有几何图形的花园、喷泉、雕塑等。

此外，园林景观示范区的设计还要注意现有资源的运用。其实在土地开发之初，就有很多可利用的自然资源，成长多年的大树、自然坡地等，利用现有的资源，生态的做法，可降低园林塑造的成本。

5. 灯箱、道旗、霓虹灯、高炮等外场包装

房地产广告灯箱分室内和户外两种，室内主要安装在售楼处以及地铁站、飞机场候机楼等，户外主要安装在人流量大的街道、楼顶等。灯箱广告要选择透光性强、喷绘后色彩饱和度高且不易褪色的广告画面材料，画面设计尽量使用透光时色彩非常鲜明的颜色表现主题内容。

城市夜生活越来越丰富，城市夜景更加繁华、多彩，很多房地产经营企业也注意到霓虹灯这一广告媒介。霓虹灯广告设计画面要简洁、大气，注意选用在夜晚穿透力强的灯光颜色。

高炮广告的画面设计多以富于吸引力的文字为主，主要是因为高炮广告多在高速路口、主要交通干道，位置较高，简洁的文字内容直白，受众易于接收广告信息（见图 7-12、图 7-13）。

图 7-12　海尔绿城全运村高炮（户外广告）画面

图 7-13　海尔绿城全运村道旗画面

（二）软件包装

树立楼盘的良好形象，软件包装也是必不可少的。

1. 销售人员的礼仪

销售人员个人形象蕴涵着公司的企业文化，代表所售楼盘的形象，良好的礼仪修养能够拉近销售人员与购房者的距离，降低客户的心理抗性，让客户产生信任，进而促使客户产生购买行为。因此，营销过程中一般都会要求销售人员有良好的仪容和着装，面带笑容，态度亲切诚恳，有进退有序的规范的礼仪；使用礼貌用语，懂得沟通技巧，让客户满意的同时获取想要的信息。

项目物业类型不同，对销售人员的着装与礼仪也不尽相同，较为基础的有以下几点。

（1）仪容仪表　要保持清洁，妆容适当，衣着大方、得体，保持良好的精神面貌，具体到香水味道是否刺激、化妆是否夸张、口气是否清新、制服是否笔挺、皮鞋是否光亮等都要注意。

（2）言谈举止　销售人员的言谈举止都要得当，要做到彬彬有礼、笑口常开，迅速接听电话（一般铃响不多于两次），见到客人、上级、同事要主动打招呼，注意称呼，多使用礼貌用语，态度谦和。

（3）姿势仪态　姿势仪态即销售人员在接待过程中的肢体语言，肢体语言可以反映一个人的态度和精神风貌，销售人员必须注意姿势仪态，不在售楼处奔跑，不在公众区域化妆，不随意打断他人讲话，接取名片要用双手等。

为了形成统一有序、亲和向上的形象，开发商或代理公司经常会把对姿态礼仪的要求写进制度，售楼人员只要遵照执行便可。

【案例分析】

《××项目售楼人员礼仪手册》

××项目售楼人员礼仪手册

一、仪容仪表

1. 销售人员头发保持清洁，不宜留怪异发型。
2. 女性工作销售人员化妆适当，不宜浓妆艳抹；男性不可蓄须。
3. 保持口气清新，不在工作时嚼口香糖或槟榔。
4. 指甲应修剪整齐，女性不可涂颜色怪异指甲油。
5. 工作时应着工装，佩戴工作证（卡）。
6. 保持个人卫生，使用味道清淡的香水。

二、工作礼仪

1. 见到客户要面带笑容。
2. 铃声两声前接起电话，常使用礼貌字眼，听到对方挂断电话才挂断。
3. 主动打招呼、行握手礼。女士应先伸手，男士应等女士伸手后才能握手，不可主动伸手要求女士和你握手。
4. 名片需用双手接取读出对方公司名称及姓名，给客户名片时也要双手递出。
5. 在引导当中，随时指点、提醒客人，转角时应稍停再迈步。推门时，先推入再进入，扶门等待客人进入后才可松手；拉门时，先拉门请客人先进，再随后跟进。
6. 不可在公众区域补妆、吃东西，不大声喧笑、吵闹。
7. 与他人交谈时应耐心聆听，切勿打断别人谈话。

《××项目售楼人员礼仪手册》基本上涵盖了项目售楼人员的行为规范,从仪表仪态、言谈举止及姿势仪态方面对销售人员提出要求,但总体过于简单、模糊,不够全面。"不留怪异发型",何谓"怪异发型"?每个人的审美都是不同的,没有具体的标准。对于发型的要求,各项目也各有不同,通常来说,女性以短发为宜,蓬松短发以黑色或素色发夹整理,长发者盘髻;男性以服帖短发为宜,长度保持前不遮目,两边不及于耳后。

2. 销售说辞

在正式销售前,销售人员都会得到统一的销售说辞,对销售说辞内容的掌握与运用是销售人员专业性的体现。统一的说辞会减少客户的疑虑,增强客户对销售人员的信任,减少销售过程中的冲突。

销售说辞贯穿整个接待与服务流程,从电话接听到客户上门,从沙盘、模型、户型、样板间、园林示范区讲解到客户签约,几乎每个节点都有标准的接待动作和销售说辞。

销售说辞应简练、生动,为客户全面讲解项目占地、总建筑面积、地址、区位、物业类型、建筑风格、面积区间、户型、配套、交房标准等相关信息,突出项目卖点,弱化客户对于项目劣势的抗性,从而促进成交。

销售人员使用销售说辞时还应注意以下几点。

① 销售人员对于项目信息的传达应客观、真实。

② 项目劣势往往是客观存在的,销售说辞不应完全回避,应采取避重就轻的方法,弱化劣势对客户的影响。

③ 重点应突出,购房者决定购买的原因往往因为项目一两个合乎其心意的卖点,销售人员应该通过交流掌握客户的兴趣点,有偏重地进行讲解。例如购房者看重项目的区位,销售人员就应该突出项目周边齐全的配套、交通的便利;如果购房者看重项目的教育配套,销售人员就应该着重强调项目内部或周边有哪些学校。

④ 客户情况不一,销售说辞不能教条,销售人员应学会灵活运用。

3. 重点人物、重点事件的影响

经常会看到报纸上大篇幅的介绍××项目邀请××明星代言,××项目冠名××活动,像这样利用重点人物、重点事件的炒作带动销售的行为,容易形成舆论热点,有利于强化项目品牌形象,引起消费者的关注,其实也属于项目软件包装的范畴。

四、楼盘包装设计要点

房地产营销过程中,楼盘形象包装要达到预想的效果,必须要把握以下几点。

1. 坚持项目定位的导向性

项目定位包括市场定位和目标客户群定位,是项目营销的原点,项目定位决定了项目形象包装的风格特点,基于项目定位的形象包装有利于项目市场形象的树立,激发消费者对项目的想象。项目要打造城市豪宅的标杆,做市场的领导者,那么楼盘形象要表现出尊贵感,有足够的王者之气,而SOHO公寓则要表现得更为现代时尚,符合年轻人的口味,真要做出非常奢华的包装会给予消费者过高的价格预期,出现"高不成低不就"的现象,影响项目销售。坚持项目定位的导向性，就是要求所有的包装动作都应以项目定位为出发点和回归点。

2. CIS 的应用贯彻始终

楼盘包装是系统的、全方位的概念，从开发商的信誉、规划设计公司的设计水平、建筑用材、交通配套、文化特色等各个要素要协调统一，开发理念、项目行为、视觉展示等CI系统的要素要贯彻始终。尤其是视觉展示自始至终的统一，才能使楼盘处于一个有效的识别体系中，进而强化楼盘形象，树立公司品牌，实现潜移默化的影响。当然，也遇到一些中途换名、换形象的楼盘，是因为滞销或一些其他客观因素不得不改，成功的楼盘包装，给予消费者的一定是饱满的、统一的形象。

3. 注重客观真实性

楼盘包装彰显、具体化消费者对楼盘的想像，成功的例子比比皆是，但是夸大优点、"制造"优点的也确实存在。过度夸大的包装不但不能促进销售，还有可能给消费者造成不好的印象，甚至引起反感，给楼盘销售带来不利影响。

现阶段，市场的竞争、行业的竞争使得购房者将更多地注意力放在项目建筑、户型、景观、配套上，形象包装的重要性有所弱化，所以，要避免楼盘的过度包装。

4. 强调创新性

楼盘包装与商品包装一样，毫无新意、千篇一律的包装只会淹没在房地产市场的大潮中，最终形成浪费。楼盘包装本身就是一个创作的过程，在符合目标客户审美的前提下，寻找消费者对楼盘概念的潜在要求和发展趋势，进行新意的包装。

通过以上阐述，可以看出楼盘包装直接关系楼盘在消费者心目中的形象，良好的形象可以促进销售，刺激消费，尽管消费者的购买行为越来越理性，但楼盘包装仍是体验营销过程中基础的、重要的部分。

第四节 房地产营销物料准备

房地产"产品"体量大，营销活动具有前置性，在楼盘尚未建成时便开始销售，为了树立项目形象、在产品尚未完全展现时促成成交，在前期必须准备相应的物料以辅助销售，这也成为目标客户体验项目的一个主要途径。

一、楼书

楼书是开发商或代理商向消费者介绍楼盘特性的专业售楼资料，是房地产广告的重要形式。楼书内容全面、翔实，制作精良，楼书设计应与项目的定位相一致。

1. 楼书的内容

楼书一般分为形象展示和功能说明两部分内容。

（1）形象展示　包括楼盘的建筑风格、地理位置、园林景观、配套与环境、样板间、物业管理、生活方式展示等信息，具体内容有建筑效果图、园林景观效果图、区位图、总体规划图、楼体形象、会所、样板间效果图、物业管理介绍、典型生活方式等。值得一提的是，随着房地产市场的逐渐成熟，人们生活水平的不断提高，消费者对物业管理日益重视,楼书设计时会利用越来越多的篇幅介绍社区的物业管理背景、物业管理内容、物业管理特色等内容。

(2)功能说明　功能部分是项目的"产品说明书",为客户全面展示楼盘概况、开发商、交通、规划设计说明、户型资料、各层功能分区、交房标准等内容。楼书功能部分会详细介绍项目户型,户型是影响消费者购买决策的重要因素之一,户型介绍的方式也是灵活多样,向消费者悉数展现户型的优点。

2. 电子楼书

随着互联网等信息技术、电子技术的发展,我们经常能在售楼处、网络上看到电子楼书,电子楼书可以利用平面或立体展示、声音阐释将楼盘信息形象地展示给客户,客户也可以根据自己的实际需求选择需要了解的内容,相较纸质楼书,电子楼书展示方式、传播方式更灵活,与客户的互动也更多。

3. 楼书设计与制作中的注意事项

(1)要注意楼书内容的真实性　楼书虽然比其他广告宣传资料更具有欣赏性,但楼书首先是项目广告传播的一种方式,是在真实性的基础上对楼盘项目进行艺术展示的形式。

(2)楼书要尽可能全面、翔实　楼书设计要站在客户角度,将消费者想要知道的信息进行全面阐释。

(3)楼书要注意与项目定位的一致性　楼书是沟通项目与消费者的重要的桥梁,与项目定位不一致的阐释只会混淆视听,让消费者不知所云。

(4)楼书制作时要注意便携性　市场上楼书大多都是越来越精美、开本也越来越大,只是站在房地产经营企业的角度,极尽所能的"炫耀",但是不便于携带,不利于传播。

二、折页

折页是楼书的简要版本和补充。通常的设计方法是用外页表现形象包装的内容,里页配以项目介绍、户型展示及其他内容。折页较楼书制作费用更低,可大量发放,传播范围广泛,内容全面,文字简洁(见图7-14)。

图7-14　海尔绿城全运村××公寓四折页

三、海报、单张

海报、单张的设计制作通常以主推产品、促销信息为题材。海报与单张更具有时效性、针对性,宣传范围更广,易于传播,是辅助营销的好道具。

海报、单张的内容相对更直白,画面要更能夺人眼球,项目地址、售楼电话、项目交通位置图等内容要完整、明确(见图 7-15)。

图 7-15　海尔绿城全运村介绍产品特色的海报、单张

单张一般用于大量派送,展销会上、街头派送、报纸夹页、邮局直投。

四、户型图

户型图通过色彩、符号、文字说明、数字标记的手段,对单一户型以印刷品的形式展示给客户。户型图要形象、直白,标记符合日常规范,便于读取。

五、客户通讯

客户通讯是项目与客户沟通的自编期刊,内容主要有项目的近期信息,以及客户的投稿,一般按双月或季度邮寄给客户或作为销售物料使用。

六、模型

房地产模型就是将房产小区按一定的比例用模型做出来,方便参观和购买本房产小区的用户更直观地看到小区全貌。

从具体运用出发,模型主要分为区域位置沙盘模型、项目沙盘模型、户型模型三种类型。

区域位置沙盘模型就是将楼盘所在区域的重要配套、主要交通、地块用途等用立体模型的方式标示出来;项目沙盘模型可以反映楼盘的全貌,用于表现项目的具体位置、项目景观、配套和小区的布局以及中心庭院等,项目模型的常规比例为 1:150(见图 7-16);户型模型主要用来展示户型的平面和立体结构,方便客户对户型的实际布局和户内空间大小尺寸进行了解，户型模型常规比例为 1∶25。

图 7-16　××项目沙盘模型

需要注意的是，模型的设计、检验应该从两方面入手：一方面是工艺标准，用材和工艺适合、拼合无可见误差、无工艺缺陷、墙体和摆设品的比例合适；另一方面是设计标准，色彩品味、家具设计款式符合户型的本身定位、表达的细节充分且不单调。

七、展板

展板是展销会宣传和售楼处展示的重要部分，通常我们见到的有 X 展板、易拉宝等。

展板可以系统地介绍本项目的基本情况及销售情况，其最重要的内容之一是了解项目优点，并设计统一的艺术形式加以布置，使个性形象突出，内容丰富、简明，缩短买家了解项目的时间，甚至可以使其做出迅速的购买决定（见图 7-17）。

图 7-17　海尔绿城全运村销售中心展板

展板内容主要涵盖项目各户型透视图、主要交通及建筑物相片、地理规划图、住宅单位平面图、住宅单位室内布置、发展商背景及别墅、洋房的真实效果图、价目表及付款方法等。

八、名片、手提袋、工牌等其他道具

名片的标准尺寸是 90mm×54mm，主要内容有项目名称、项目 LOGO、姓名、职位和联系方式，大多采用项目的辅助色为主要色彩；

手提袋本身作为流动媒体宣传，可装售楼书等宣传资料。

名片、工牌、纸杯及其他物品的设计、制作要注意 VI 系统的应用，形成统一的宣传形象。

以上物料在准备过程中特别需要注意的问题是：①楼书、折页、海报、单张、展板等内容要注意真实性，不能过度夸大；②海报、单张、展板、室外灯箱广告等往往会用来做促销宣传，要注意时效性，而且要维持项目前后统一的整体形象，即 VI 系统中的 LOGO、基本色、辅助色、辅助图形等基本要素的运用贯彻始终；③楼书、折页、海报、单张、户型图、模型、展板、灯箱广告及其他物品作为辅助销售的工具，要使用一定的艺术修饰，弱化消费者对产品缺陷的关注，但这不代表可以做虚假广告。

第八章 房地产客户开发与管理

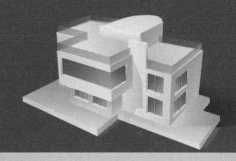

第一节 客户管理概述

一、客户关系管理的概念

(一)客户关系管理的概念

目前,房地产竞争已经从营销竞争、产品竞争转入了服务竞争阶段。企业在实现商业流程的自动化和优化的同时,越来越意识到关注客户,就是关注企业的成长。因此,越来越多的企业认识到了客户关系管理的重要性,开始通过实施客户关系管理来赢得更多的客户并且提高客户的忠诚度。客户关系管理理论应运而生。

客户关系管理(Customer Relationship Management,CRM),关于它的定义有不同说法。

有的学者认为:客户关系管理是一种旨在改变企业与客户关系的新型管理机制,实施于企业的市场营销、服务与技术支持等与客户有关的领域。它绝不仅仅是单纯的管理软件和技术,而是融入企业经营理念、生产管理和市场营销、客户服务等内容的以客户为中心的一种极为有效的管理方法。

有的作者对CRM的定义是:客户关系管理是一个过程,它是管理个体顾客的详细信息和所有顾客的"接触点",目的是追求顾客忠诚度最大化。

虽然表述不同,侧重点不同,但本质是相同的。

在目前充满竞争的市场上,如何抓住客户、留住客户,维持客户的忠诚度,保持市场竞争力,是所有房企关心的问题。能赢得和留住客户的唯一途径就是更加关注客户的需求。

从字义上看,客户关系管理就是企业管理与客户之间的关系,是企业选择和管理有价值客户及其关系的一种商业策略。CRM认为客户不仅是企业供应链的终端,也是企业一切经营活动的起点和归宿,实施有效的客户关系管理,可以建立企业与客户良好的信任关系,帮助企业维持老客户,吸引和开发新客户,创造更大的效益和竞争优势。

不同于传统的大众营销策略,客户关系管理把每个客户当作个体去理解,通过剖析每个客户的特点,提供个性化的产品,和顾客进行双向的沟通,及时了解客户的反馈。CRM采用富于创新的"一对一营销策略"可以帮助企业发现并留住客户,随着时间的推移,它将成为企业创造事业成功的真正伙伴。CRM这一突破性理念是通过重视每个员工在业务上开拓，培养和维持多变而又富于产出性的客户关系来提高客户忠诚度，使企业赢得竞争优势和长足利润。CRM 是企业为提高核心竞争力，达到竞争制胜、快速成长的目的，树立以客户为中心的发展战略，并在此基础上开展的包括判断、选择、争取、发展和保持客户所需实施的全部商业过程。因此，客户关系管理源于以"客户为中心"的新型商业模式，是一种旨在改善企业与客户之间关系的新型管理机制。

（二）客户关系管理与客户关系管理系统

客户关系管理系统简称 CRM 系统，是一项综合的 IT 技术，也是一种新的运作模式，通过数据挖掘、数据仓库、CALLcenter、基于浏览器的个性化服务系统等技术手段，对客户进行管理，是以客户为核心的企业营销的技术实现。

客户关系管理系统的核心是客户数据的管理。我们可以把客户数据库看作是一个数据中心，利用它，企业可以记录在整个市场与销售的过程中和客户发生的各种活动，跟踪各类活动的状态，建立各类数据的统计模型用于后期的分析和决策支持。为达到上述目的，一套 CRM 系统大都具备市场管理、销售管理、销售支持与服务和竞争对象记录与分析的功能。它的根本目的是通过不断改善客户关系、互动方式、资源调配、业务流程和自动化程度等，降低运营成本、提高企业销售收入、客户满意度和员工生产力。

所以，客户关系管理系统是客户关系管理的技术实现，是客户关系管理的重要组成部分。

二、客户关系管理的功能

CRM 通过向企业的销售、市场和客户服务的专业人士提供全面、个性化的客户资料，并强化跟踪服务、信息分析的能力，使他们能够协同建立和维护一系列与客户和生意伙伴之间卓有成效的"一对一关系"，从而使企业得以提供更快捷和周到的优质服务、提高客户满意度、吸引和保持更多的客户，从而增加营业额；并通过信息共享和优化商业流程有效地降低企业经营成本。在房地产市场竞争日趋激烈，竞争逐步升级的情况下，客户管理对房地产企业是相当重要的，具有强大的功能，主要体现在以下几个方面。

（一）提供优质服务，锁定终身客户

客户发展过程如图 8-1 所示。

能够培养终身客户、重复购买产品将对企业宣传成本及品牌形象具有重大意义，尤其是房地产行业。众所周知，房产是有限生命产品，钢混结构房产一般寿命最多为 50 年。房地产消费的生命周期更短。原万科总裁王石曾说："深圳的客户大约每隔六年半就会换一次房。"六年半的周期未必在全国通用，但是房地产的梯级消费却是普遍存在的。随着市场的发展，梯级消费将愈加明显，年轻人刚就业时一般选择租房或购买小户型公寓，到娶妻生子的三居室，再到事业有成时象征身份的别墅，一直到退休后入住的老年住宅。不同阶段有不同需求，这正是房地产客户关系管理需要关心的，也是客户关系管理的利润来源，客户关系管

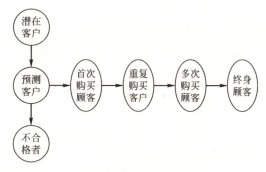

图 8-1 客户发展过程

理需要锁定终身客户。

基于终身客户的理念，房地产开发企业会努力提供优质的服务。例如，在房地产销售中协助客户办理签约、按揭、产权办理，协助业主与物业管理接洽，提供装修咨询等事务。

（二）提升企业品牌，增加客户推荐

房地产商品是后验性产品，价值量大，动辄几十万、上百万元人民币，消费者在购买房产时相对谨慎，咨询亲戚、朋友、同事是常有的事。通过 CRM，已有客户如果感到满意，他们不仅会重复购买，而且往往愿意把开发企业或产品介绍给亲戚朋友。如果客户已将一个房地产开发企业视为自己的朋友，他总会在各种场合谈到这位好朋友，他就是企业品牌传播的一个终端，有关企业的各种信息会在几年、几十年里源源不断地从这个终端传播出去。房地产商品的客户推荐，通常比做广告更有效，更容易打动潜在消费者，促成交易。

（三）节约营销成本，提高营销效率

传统的营销活动以广告、展销会等硬性宣传为主，随着房地产市场的发展与科技的进步，房屋供应量不断增加，产品多样化，客户的选择余地增大了，传统的"地毯式轰炸"已不能很好地吸引客户。引入 CRM，可以通过不同途径（如电话、展销会、网上留言、客户俱乐部等）来搜集信息，包括客户的需求、偏好、年龄、职业和收入情况等，通过对这些信息进行分析，筛选出一批潜在客户进行进一步的联系，从而进入售前阶段。个性化的营销既克服了大众营销的高成本弊病，又通过针对性的服务，提高了营销的成功率。

（四）研究客户特征，帮助企业开发产品

实施 CRM，企业收集到的大量客户信息，包括对产品偏好、园林、景观的要求、心理预期等信息，能帮助企业调整开发策略；客户的梯级消费也会促使企业产品不断升级和服务多样化。

在全面市场化的竞争下，只有全面了解客户需求，了解市场现状，并根据客户和市场的变化及时调整开发策略，迎合客户需求和喜好，设计客户喜欢的产品，才能在市场竞争中占领先地位；否则必然面临滞销的局面。

第二节 客户分类与管理

目前大多数房地产开发企业树立了为客户服务的理念，有些成立了专门的客户服务机构和客户会，会员达到一定规模。例如，北京的万通、深圳万科建立了客户关系中心，万科的万客会会员达到 3.5 万人，客户服务的内容也不断丰富和深化，从简单的提供楼盘咨询到围绕企业文化开展艺术、邻里亲情等活动。

客户关系管理的核心是"以客户为中心"，视客户为企业的一项资产，以优质的服务吸引和留住客户。所以，首先要对客户进行分类管理。

一、客户分类

客户是企业生存和发展的动力源泉，是企业的重要资源。企业应对客户进行科学有效的管理，以追求收益的最大化。

通过对客户资料的统计分析，可以从中找到有许多个方面相同或相似的客户群体，而

且从不同角度出发，客户群有许多种分类。例如，客户群分类可按客户的地理位置、单位类型、消费规模、产品类型、产品价格等进行。这些不同的客户群体对企业的重要程度和价值是不同的，客户分类管理关键在于区分不同价值的客户，以便有效地分配销售、市场和服务资源，巩固企业同关键客户的关系。

标准的不同，客户的分类也有不同。按照客户大小，可分为大客户和一般客户；按照客户成交状态可分为成交客户和潜在客户。

"ABC 分类方法"是按照客户价值对客户群进行分类。该理论源于意大利经济学家及社会学家维尔弗雷多·帕累托（Vilfredo Pareto）创立的"80/20 原则"，阐述的中心思想是 80％的结果来自于 20％的原因，即企业的销售额（或别的重要指标）80％是来自 20％的重要客户，而其余 80％的大部分客户的销售额只占企业 20％的销售额。

按照客户价值可以把客户群分为关键客户（A 类客户）、主要客户（B 类客户）、普通客户（C 类客户）三个类别（见图 8-2）。对不同类别的客户，应采取不同的管理方法，并建立科学动态的分类管理机制。拥有客户就意味着企业拥有了在市场中生存的空间，而想办法保留住客户是企业获得可持续发展的动力源泉。这要求企业在广泛关注所有竞争环境的同时，必须加大关注客户的力度。当前企业的核心任务是，一方面提升企业核心竞争力适应客户需求的变化，以提高市场竞争力；另一方面以先进的管理思想为指导，采取科学的技术手段，

图 8-2　客户分类金字塔

处理好企业与客户之间的关系来提高和维持较高的客户占有率。

在清楚地了解了客户层级的分布之后，即可依据客户价值来策划配套客户关怀的项目，针对不同客户群的需求特征、消费行为、期望值、信誉度等制定不同的营销策略，配置不同的市场销售、服务和管理资源，对关键客户定期拜访与问候，确保关键客户的满意程度，借以刺激有潜力的客户升级，使企业在维持成本不变的情况下，创造出更多的价值和效益。

1. 关键客户（A 类客户）

关键客户是金字塔中最上层的金牌客户，是在过去特定时间内消费额最多的前 5％客户。这类客户是企业的优质核心客户群，由于他们信誉度好，对企业的贡献最大，能给企业带来长期稳定的收入，值得企业花费大量时间和精力来提高该类客户的满意度。

对这类客户的管理应做到如下几点：①指派专门的营销人员（或客户代表）经常联络，定期走访，为他们提供最快捷、周到的服务，享受最大的实惠，企业领导也应定期去拜访他们；②密切注意该类客户的所处行业趋势、企业人事变动等其他异常动向；③优先处理该类客户的抱怨和投诉。

2. 主要客户（B 类客户）

主要客户是指客户金字塔中，在特定时间内消费额最多的前 20％客户中，扣除关键客户后的客户。这类客户一般来说是企业的大客户，但不属于优质客户。由于他们对企业经济指标完成的好坏构成直接影响，不容忽视，企业应倾注相当的时间和精力关注这类客户的生产经营状况，并有针对性地提供服务。

对这类客户的管理应注意以下两点：一是指派专门的营销人员（或客户代表）经

常联络，定期走访，为他们提供服务的同时要给予更多的关注，营销主管也应定期去拜访他们；二是密切注意该类客户的相关动态、资金支付能力、人事变动、重组等异常动向。

3. 普通客户（C类客户）

普通客户是指除了上述两种客户外，剩下的80%客户。此类客户对企业完成经济指标贡献甚微，消费额占企业总消费额的20%左右。由于他们数量众多，具有"点滴汇集成大海"的增长潜力，企业应控制在这方面的服务投入按照"方便、及时"的原则，为他们提供大众化的基础性服务，或将精力重点放在发掘有潜力的"明日之星"上，使其升级为B类客户甚至A类客户。企业营销人员应保持与这些客户的联系。

A、B、C三类客户占企业客户的比例应根据具体情况而定，客户分类不是一个简单的算术公式，也不是一个模板就可以解决的。因此企业应建立科学的客户管理体系，对客户资料进行科学的统计分析，并制定一套综合性的客户资信评价标准，结合"二八原则"对客户进行分类，再从客户成长性、客户核心竞争力或其资金实力等方面确定潜在的关键客户。即使确定了类别的客户，也会随着内外部条件的改变而发生变化，因此，<u>企业应建立科学动态的客户管理体系</u>。

在对客户进行系统分类后，就需要有的放矢地为客户提供各种服务，从而提高客户满意度，形成口碑效应，达到重复购买的目的，并培养终身客户。

二、客户需求管理

人类的需求是多种多样的。具体地说，不同的人有不同的需求，同一个人在不同的情况下有不同的需求，同一个人在同一情况下也可能存在着不同需求之间的变化。而且，人的需求还会受其生活环境、文化水平、宗教信仰以及所在地区和国家的文化、风俗、习惯等的影响。因此，掌握人们有哪些需求，分析这些需求有什么特点，开发潜在的需求市场，对营销人员来讲是非常重要的工作。

人们的认识、情感、意志的活动过程总是发生在具体的人身上，而每个人在处理事物过程中会表现出不同的个性特征。如能力的差别、气质的不同、性格的差异等，使消费者形成不同的购买动机和行为，对消费者个性心理特征的研究有助于把握消费行为的差异性。

影响房地产客户购买的因素主要有文化因素、社会因素、个人因素、心理因素四大方面（见图8-3）；每一个大因素又可分为不同的子因素。例如年龄、职业、经济情况、动

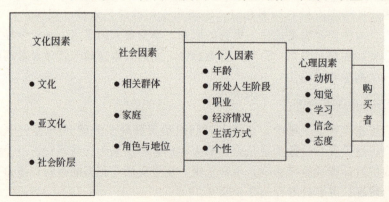

图8-3　影响客户购买的因素

机、学习、态度等都是在营销过程中影响客户购买的因素。

通过成交客户购买因素的分析，了解客户需求能够为未来房地产产品的设计、企业战略发展方向的制定提供市场支持。

但客户的需求有一个逐步发现、培养的过程。要打破旧的模式而释放出来，让经济价值流向自身而非竞争者。因为人们购买的是对问题的解决，他们购买的是对愿望与需求的满足，而不仅是产品或服务本身。心理学家告诉我们，需求的满足的确是消费者行为的中心（见图8-4）。每个人都有需求。一种需求被发现后，这种需求就会激发人们试图满足这种需求的动机。需求动机让人们奔向市场，去寻找能满足他们特定需求的产品或服务。

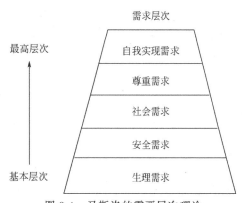

图 8-4　马斯洛的需要层次理论

马斯洛认为，人的这五种需求是从低级向高级发展的相互联系的一个体系。处在金字塔底部的生理需求是最低级的需要，它和安全需求一起构成了人类的基本需要。塔顶的自我实现需求是最高级的需求。越是低级的需求，其对个体的重要性越强，获得满足的力量也越大。只有低一级的需求得到了基本满足，才会产生并追求高一级的需求。因为自我实现的需求一般都要求其他四种需求都已得到满足，所以社会上大部分的人终其一生都可能不会产生最高级的自我实现需求。但马斯洛又指出，需求的层级发展并不是不可逾越的，有时候，会越过较低级的需求层级而直接达到高一级的需求层级。

马斯洛需求层次论的提出对于分析消费者的购买动机、购买行为和促进商品销售提供了一个有效的方法。房地产企业可根据消费者不同的需要层次，将房地产市场划分为若干个不同层次的子市场，根据不同层次的消费者生产出不同档次的产品来满足不同消费者的需要。马斯洛需求层次理论在房地产营销中的运用如表8-1所列。

表 8-1　马斯洛需求层次理论在房地产营销中的运用

马斯洛需求层次	房产需求	营销主诉求	营销策略
生理需求	屋能住人	经济、低价	价格战
安全需求	安全的房子	户型、园林	产品战
社会需求	健康的房子	产品体系、营销体系	体系战
尊重需求	舒适的家	优质全程服务	服务战
自我实现需求	传承的住宅	个性化服务	服务战

显然，房地产开发满足的客户需求层次越低，面临的竞争越激烈，单产利润率越低。随着房地产开发水平的逐步提升以及房地产市场的激烈竞争，越来越多房地产开发企业开始重视这点。尤其是以万科等为代表的大开发商，在不断研究产品精细化和产品体系化的基础上，更加重视客户管理，研究客户需求，提供个性化的服务。

要想留住客户必须为客户提供迅捷、满意的服务，这就要求房地产开发企业掌握专业知识，熟悉市场和了解客户需求。研究分析成交客户资料成为获取成功的有效途径。通过对成交客户资料的研究，分析客户的行为特点，确定客户的服务级别，为特殊的客户提供个性化服务,才能从激烈的竞争中找到"蓝海"。

三、投诉管理

如何面对和解决客户投诉是影响客户满意度和忠诚度的重要一环,也是客户管理的重要一环。

(一)正确认识投诉的作用

面对投诉客户,总不是一件令人愉快的事情。因此很多开发商不愿意面对投诉,甚至逃避投诉。对于投诉,片面地放大投诉的负面作用,认为投诉对项目形象、企业形象都有负面影响。同时,许多企业在处理客户投诉问题仍停留在比较初级的方式,没有规范的处理投诉流程。处理投诉人员专业素质也得不到保证,时常出现粗暴处理和投诉客户纠纷等现象。其结果是很大程度恶化了企业与客户关系,影响项目销售和企业形象。

由表8-2可以看出当客户提出投诉,问题得到迅速解决能够给客户留下企业客户服务好,值得信任的印象,再次与该企业打交道,产生二次购买的概率是82%;而客户对服务不满意,但是没有投诉的情况,再次与企业打交道的比率只有9%。由此可见,在客户的消费观念中,不怕企业有这样那样的问题,怕的是投诉得不到相应的反映和服务。

表8-2 不满意客户与企业再次打交道的百分比

客户投诉情况	再次与企业打交道的百分比/%	客户投诉情况	再次与企业打交道的百分比/%
不满意,但没有投诉	9	提出投诉,问题获得解决	54
提出投诉,不管结果如何	19	提出投诉,问题得到迅速解决	82

其实,投诉的正面作用较之于负面作用更大,很多成功企业都是从投诉中总结经验、取得成功的。客户的投诉是房地产企业成功的台阶,进步的机会。如果听不到投诉的声音,企业很难感知自己在运作中的问题。从这个意义上讲,客户的投诉是市场送给企业最好的礼物,投诉客户是企业最宝贵的资源之一。

1. 客户投诉指明了企业前进的方向

客户投诉指出了开发商运作中的问题,有些问题是开发商很难通过自身机制发现的。没有投诉是房地产企业走下坡路的开始,因为听不到投诉,企业将会迷失方向。每一个客户的投诉,都为房地产企业提供了一个改善运作的平台。站在这个平台上,企业可以拉开与其他企业的差距。

2. 投诉客户可以成为开发商的忠诚客户

客户投诉既可以成为客户流失的缺口,又可以成为提高客户忠诚度的契机。对投诉的正确处理可以将因失误或错误导致的客户失望转化为新的机会,让客户感受到企业做的不是"一锤子"买卖,而是有长远、可靠保障的。企业在处理客户投诉时,良好的处理态度、及时的行动是非常重要的,能够获得客户的信任和良好口碑宣传。

例如,房地产龙头企业万科就认为:"投诉有可能会暂时令部分想买房的人犹豫,但最终它会改进我们的工作,从而使我们赢得更多的客户。"万科产品体系的成功打造就是建立在每年收到3万多条客户投诉基础上的。

(二)客户投诉心理

只有了解了投诉客户的心理与需求才能有效解决客户投诉,否则一味地按照自己的想法去处理投诉问题,很难解决,有时还会激化矛盾。

虽然客户投诉的内容各有不同,但客户投诉中的心理需求大致相同,一般可以分为以下几种。

1. 得到尊重

投诉客户一般希望开发商能够认真听取自己的诉求,希望得到尊重,关心他们提出的问题。来投诉的客户,总是习惯性的认为自己是受害者,问题的产生是房地产企业的责任,企业必须解决。如果尊重的需求得不到满足,将会使业主的情绪激化,并产生报复的心理。

2. 立即解决问题

不管企业的工作安排如何,投诉客户总是希望自己的问题能够得到马上解决。在房地产企业看来是小事,在他们眼里却是大事、急事。如果房地产企业不能对投诉问题做出快速反应,矛盾会激化。

3. 要求得到赔偿

问题发生后,投诉业主大多有一种要求赔偿的需求。在投诉业主看来,在投诉问题上他们是受害者。这些问题或多或少给投诉业主的正常生活带来了影响,造成了一定的损失;同时也给他们带来了烦恼、失望等精神损失。

4. 惩罚过失者

投诉客户对侵犯了他们权益的人非常反感,特别是给他们造成实际伤害的人。如果能够认定问题产生的责任人,投诉客户会毫不犹豫地要求惩罚他们,并要求责任人向他们亲自道歉。

5. 保证不再发生

同样的问题反复发生是谁也不能原谅的。对于投诉客户,这意味着失去了信誉,是不能容忍的。一般客户会要求开发商保证不再发生同类事件。

(三)解决投诉客户的流程

处理客户投诉一般要经过六大阶段:营造建设性的谈话氛围;认真听取客户诉求;引起共鸣,平息不满;降低不合理的期望值;提出可选择的解决方案;制订执行计划(见图8-5)。

1. 营造建设性的谈话氛围

与投诉客户的沟通,是从猜测观察阶段开始的。这个阶段的主要目的是双方建立信任关系。信任关系往往是双方形成的第一印象决定的,它可以持续很久。因此,给客户留下良好的第一印象是至关重要的。

但是,第一印象主要不是从语言交谈中产生的,而更多是由非言语性语言决定的。包括目光交流、面部表情、姿势手势、着

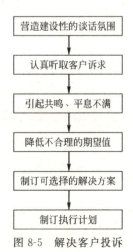

图 8-5 解决客户投诉一般流程

装、语音语调等。所以在解决投诉时，客服人员应该注意以下细节：①着装正式、得体、干净、整洁，既表示尊重客户，又能显示出客服人员是一个认真并值得信赖的人；②在交谈中，与客户保持适当的目光接触；③姿势不要太随便，避免垂头弯腰，更不能矫揉造作，在交谈中忌讳频繁做出各种手势；④面部适时地露出微笑，如果你能做到，客户会将你视为友善开朗的人，更愿意与你交谈；⑤有意识地模仿客户的语速、音量和选择的词语，可以缩小与客户之间的距离；⑥通过与客户闲聊一些题外话，形成融洽的气氛；⑦在交谈中，密切注意客户的身体语言，如果客户做了一个重大的姿势变化，往往意味着你要转变话题了。

通过建设性氛围的创立，客服人员可以和投诉客户建立好感和初步信任，尽量找出与投诉客户的共同点。

2. 认真听取客户诉求

不满是一个心理过程，要允许投诉客户发泄。处在不满中的客户往往失去理性判断和逻辑能力，这个时候做出任何解释客户也不会接受，还会给今后的谈话增加障碍。为了更全面地掌握情况，建议客服人员不断地用一些开放性的问题，引导客户讲清各种细节。这个时候，客户还抱有较高的期望值，会提出更高的要求，对这些要求不必过于认真。在客户发怒的时候，客服人员更应该注意控制自己的情绪。客户诉求是有效解决投诉的重要基础，所以，在听取过程中需要注意以下细节。

（1）有意识地听取信息　有意识地选择与主要问题有关的内容，以及相伴随的非言语性语言，并予以关注。

（2）清晰地解释信息　解释信息是指按照客户诉求的真实意义去理解客户。在听取客户诉求时，不仅要听取他们表达的语言，还要过滤掉与主要内容无关的信息，同时要关注客户的非言语性语言。

（3）理智地评估信息　评估信息就是对客户诉求的内容作出理性的判断。评估信息的最大障碍就是感情因素。要站在中立的立场评估信息，这也是对客服人员的一种挑战。

（4）及时地回应信息　客服人员应该通过语言或非言语性语言不断做出反馈，告知他已经听到了客户所说的话，否则客户会怀疑员工是否在用心地听。

3. 引起共鸣，平息不满

从客户的角度理解客户投诉，但是不要过多表示同情。因为同情往往给客户造成错觉，好像客服人员已经完全站在了客户的立场上，直接承认企业的过错，更加深化了其受害者的形象。客服人员可以通过致歉和讲解公司对待投诉的政策，以期逐步平息客户的不满。从客户的角度理解客户，消除客户的不满，逐步使客户恢复理智。

4. 降低不合理的期望值

投诉客户往往抱有不切实际的期望值，不将他们的期望值降下来，就无法建立双方谈判的平台。降低期望值，是客户投诉处理中最困难的环节，不能一蹴而就，有的时候需要多次反复。改变沟通地点、情景、角度和话题是必要的，直截了当地拒绝客户的条件往往等于不给面子，反而容易形成僵持。

5. 制定可选择的解决方案

从提出解决方案，到与客户达成共识，其实是一个谈判过程，这是沟通的关键一步，需要一些重要的技巧。

（1）准备多个方案　客户找到房地产企业，一般都是有备而来。他们希望解决自己的问题，又不可避免地带着较高的期望值。因此客服人员要准备多个解决方案。第一个方案在提出时，往往会被具有较高期望值的客户否定。如果没有备选方案，谈判就会陷入僵局。当第二、第三个方案相继拿出时，通过比较，客户的期望值已经降低，谈判就有了基础。另外，多个方案的推出也使客户有了选择，使其认为受到了尊重。

（2）简单明确地表达　在这个阶段，员工需要充分发挥表达的技巧。选择简单明确的词汇，尽量避免用过多的术语与行话；尽可能使用类比和比喻说明不同的想法；用较慢的速度强调关键语；不要轻易使用"但是"这类词，因为它会否定前面所说过的话；常说"我们"，不要说"我""你"，加强客户参与感；不要轻易批评内部的其他部门；通过面部表情表现真诚与友善；注意充分运用身体语言传达正面信息等。

（3）不要过多地争辩道理　如果与客户发生不同看法，员工可能需要做一些解释，但是在道理上展开无休止的争论毫无益处。

（4）疑难问题分步解决　有一些客户投诉的疑难问题，很难一次性解决，不解决又可能引起矛盾激化，这时只能采取分步解决的方法。先就容易解决的问题与客户达成共识，过一段时间，再商讨其他问题的解决方法。这样可以增强客户解决问题的信心，同时又暂时缓解了客户的困难。

（5）必要时引入第三方调解　当双方对一些问题产生重大分歧时，不妨向客户建议引入第三方进行调解，例如政府有关部门、消费者协会甚至法院。建议引入第三方是一种信心的表现，也为打开僵局，开辟了新的途径。

6. 制订执行计划

解决方案提出后是不能轻易改变的，否则投诉客户会认为开发商是在"挤牙膏"。与客户达成了解决问题的共识后，在进入操作前，还需要与客户讨论具体的操作细节。这个阶段的主要目的是与客户共同制定执行计划，保证解决方案得以落实。具体的执行计划是一个解决问题的操作时间表，其中包括五个关键因素：时间、措施、标准、执行人和客户的认同。

执行计划的时间要考虑客户需要和实际可能两个方面。如果仅仅为了满足客户需要而制订了一个冒进的计划，其结果很可能是实现不了，引起客户的二次投诉，并对让客户对企业产生不信任感。

制订解决问题的措施时，一定要关注细节，在征得客户同意后，措施要一条一条地写出来，避免纠纷的发生。这是对客户的负责，也是对企业负责任的做法。

每一项措施的执行标准应该有明确的说明，以便日后衡量。标准也要在文字上落实。

没有人负责的措施仍然是一纸空文。在行动计划表上，要落实由什么人来执行这些措施。责任人也是将来责任的承担者。

客户要在行动计划表上签字，表示认同。

四、沟通管理

客户关系管理要针对客户的特点，寻找合适的几种或多种方式，才能恰到好处，促成交易。需要强调的是，过于频繁的沟通可能使客户对信息变得麻木，甚至造成反感。

在信息时代，与客户沟通的方式多种多样，既可以是访问、联谊等面对面形式，也可以是电话、网站、Email、杂志、手机短信等方式。

1. 运用杂志，构筑客户沟通平台

房地产市场的日渐成熟，住宅产品不再是简单的技术产品，它更需要艺术和文化的关注。企业杂志的创办和发展日益受到企业的重视，在不少企业，内刊建设已经成为企业品牌形象和文化建设的"代言人"。房地产企业通过杂志（内刊）向客户传递项目运行信息，如工程进度、合作单位等，同时也可以传递企业文化，让客户了解企业灵魂、认可企业品牌，促进产品销售。另外，企业杂志的传递过程也是客户与销售人员沟通的契机。

虽然各房地产企业内刊的风格和主旨不同，有的倾向于做意见领袖；有的倾向于做项目展示；有的倾向于居住文化探讨；有的偏文艺；有的重专业……但越来越多企业认识到并开始重视杂志在客户沟通中的重要性。

2. 定期的客户拜访，给客户带来温馨

一般楼盘从蓄客到签约至少需要 3 个月的时间，有的楼盘甚至更长。在这段时间里，与客户建立适当的联系和沟通是必要的。否则，客户无法获知最新项目信息，感觉不到企业的诚信和尊重，将使客户对项目和企业期望大打折扣。但是频繁的沟通会让客户有种被逼感，并可能产生客户对项目质量的怀疑。

所以，利用重点节日的定期客户拜访可以取得较好的效果。销售人员可以带着小礼品对登记客户进行拜访，并为客户带去项目最新信息。当然拜访前要做好准备工作，不能让客户感觉冒昧之感。

3. 短信、彩信的有效运用

手机已经成为最广泛使用的终端信息处理器，通过短信平台向客户群定期发送最新的楼盘或其他一些相关信息，使客户群能及时了解到楼盘的最新动态，也可通过发送一些诸如天气预报、生活小贴士之类的信息，让客户感受到一种人性关怀。目前，彩信业务的拓展，使房地产宣传向彩信、"手机报"等渠道发展。通过彩信平台发送配图的项目信息资料、广告推广等信息，能够让受众比短信有更好的视觉感。

4. 充分发挥客户会作用

在消费者导向的营销时代，企业一般采用三种建立顾客价值的营销方式。第一种是通过减少财务利益来加强与顾客的关系，比如赠送奖品、提供各种优惠。这些措施容易被竞争对手模仿，因此，常常很难保持产品与手法的差异性。第二种方法是制定个性化营销策略，通过了解各种客户个人需求和爱好，将公司的服务差异化，和消费者建立良好的关系，这是通常所说的品牌建设。第三种方法是增加结构性联系，通过和消费者建立互动的客户关系管理。客户会就是这种理念的产物。

客户会主要有两大目的：一为项目营销；二为塑造品牌。总体而言，客户会在维系老客户、开发新客户、推广品牌和文化、帮助企业改进产品和服务、对抗竞争者等方面已经发挥了重要作用，初步形成消费者、商家、发展商三者共赢的局面。早在 1998 年，万科地产就借鉴中国香港新鸿基地产"新地会"的概念，率先在国内成立了"万客会"，随后中海地产、合生创展、华润置地等知名地产商都成立了自己的客户会。迄今为止，万科的"万客会"、中海的"海都会"、金地的"家天下"、招商的"招商会"、华侨城的"侨城

会"、合生创展的"合生会"、华润置地的"置地会"、复地的"复地会"、景瑞的"景瑞会"、万达的"万达会"等都是运作得比较好的客户服务组织。

客户会是目前房地产企业运用比较多的客户沟通渠道。从表面来看客户会提供的服务大多是免费的，对企业是亏本生意。其实，企业通过客户会的平台得到的是和消费者建立起来的良好关系以及大量的消费者最直接资料，这是金钱难以买到的。通过此平台能够把项目信息很好地传达；同时企业通过客户会的平台可以和客户建立深入的沟通，了解客户的生活习性、文化特征，能够有效提升客户的重复购买率。例如，最近相关法规规定，房地产商在没有拿到预售许可证前不能打广告，万科在上海"假日风景"的销售通过万客会这一平台，让2000多名有意向买房的上海人了解到"假日风景"的设计规划，其中400余人填写了购房意向登记表，而这一切是在没有花一分广告费的情况下进行的。

5. 投诉论坛、质量监督委员会等其他客户沟通渠道的建立

房地产企业除了以上常规的客户沟通渠道和手段，有的客户服务比较深入的企业，还结合企业自身资源和实际情况开创了独特的客户沟通渠道。例如，万科的"投诉万科"论坛和绿城的"质量监督"委员会。

万科的"投诉万科"论坛建于2000年。它是在万科网站上专门开辟的完全对外开放的"投诉万科"论坛，任何人可以自由浏览、访问，并提出对万科的批评和要求。万科安排专人对论坛的意见进行收集整理，提交给相关部门领导审核，并通过顾客建议作出设计、产品修改。目前，万科每年收到投诉30000条，并且每年大约有5000条建议在后期产品设计中受到重视，得到改善。可以说万科产品线的建立，以及良好的口碑也是建立在投诉基础上的。

五、客户营销管理

(一) 会员服务

为满足会员的需求而提供的活动。主要有：①通过各种媒介为会员提供各种产品和服务信息；②为会员提供产品服务的优惠待遇，如价格打折、积分统计等；③通过各种媒介获取会员的反馈意见和建议；为会员举办社交集会性质的活动，如聚餐、旅游等内容。

会员制营销有三个理论前提，一是留住一个老客户的成本要大大低于赢得一个新客户的成本；二是对商家来讲，老客户比新客户更加易于开展营销活动，老客户相对来讲比新客户更加成熟，更加了解商家的产品与服务；三是企业80%的利润来源于其20%的客户。这三个理论前提的核心内容都在探讨客户忠诚度，即谁赢得客户忠诚度，谁就能在未来的市场竞争中获胜。

房地产会员服务即是指企业通过组建一定的组织形式，以客户自愿参加的形式，并提供适合需要的服务，培养企业的忠诚客户，以此获得经营利益的营销方式。目前房地产业已从拼产品、拼设计、拼广告、拼策划进入"争夺客户资源"的时代。

房地产会员服务主要包括给新客户附加服务，比如有奖销售、限时优惠，吸收新客户加入客户会享受各种会员服务等；考虑到业主缺少经验或者工作繁忙，给他们提供一些装修和购置家具等方面的建议，会提高业主的满意度；如果是外籍客户，在交易的同时，为他们提供一些生活细节上的帮助，比如介绍他们购物、餐饮娱乐的场所、交电话费的方式、旅游信息等。

在很长一段时间内，开发商仅仅重视前期对客户的吸引，一旦销售结束就把业主甩给了物管公司。事实上，真正的品牌营销现在才开始。正如我们平常零售业中提到的"售前、售中、售后"环节，大多数房地产开发商在这时失去了与客户的沟通和交流，失去了对物业的维护与管理，引发诸多矛盾，也就无从谈起品牌忠诚度的培养和新老客户接力棒的交替。会员制营销正好通过日常组织各种活动来维系、倾听业主的心声，从而赢得了业主持续的关注，业主也以这种品牌意识为荣，企业发展取得原动力也就水到渠成。

会员服务是企业品牌建设的重要武器。以企业搭台、文化唱戏、会员为端头传播企业价值观，打造企业的"名片"。客户就是企业品牌传播最好的媒介，让客户在对企业认知、认识、认同过程中建立起信任，会员制的组建就成为企业与客户沟通最好的平台。

会员服务有利于培养客户忠诚度，减少后期拓展成本。目前，利用现有的客户资源组建会员制成为培养消费者忠诚度的一种手段。尤其是品牌开发商在一个城市有开发多个项目，可以通过成立客户会的形式，通过加强会员服务的形式，建立和客户的长期沟通，增强信任感，获得认可，形成多次购买。

会员制营销实现了一个"圈层"的集合，可以起到资源集聚的效能，更好地实现资源合理配置。会员制让特定的消费群体走到一起来，这部分群体在消费意识、经济条件等方面有诸多相通之处，对许多会员来说，通过会员俱乐部这样的平台，扩大了交际圈，谋求更多合作发展的机会，维护共同的利益，从而形成了一个特殊的圈层。随着开发商的南征北战，会员已经跨越了地域界限，其形成的圈层力量越来越大，在某种情况下更是一种利益联盟。如何通过管理与组织让其健康地发展是更好实现资源配置的一种渠道。

（二）圈层营销

圈层营销从字面意义来看，就是在项目营销过程中，把目标客户当作一个圈层，通过针对他们的一些信息传递、体验互动，进行所谓精准化营销。而在操作手法上，最普遍的就是做品质鉴赏酒会、高尔夫球比赛、网球比赛活动等。

圈层营销最先兴起于奢侈品营销，并且作为很多奢侈品牌永续经营中的自然营销法则。他们一般进行新品发布或者艺术鉴赏活动时，往往会邀请一些社会名流与富豪阶层参与。其目的很明确，一是品牌信息的有效传递和客户面的扩展；二是借助口碑使得品牌认知度更趋于一致；三是作为一种客户维系手段促进客户长期多次购买。这些功能在地产营销上也同理可证，所以在房地产营销中，圈层营销也更多的与奢华、时尚的项目价值要素挂钩，而不是与青年风潮、产品性价比挂钩。例如，深圳的"星河丹堤"，通过产品属性定位"CEO官邸"来给这个"圈层"一个概念定义，CEO们在互相的敬仰中举杯共饮，在这场圈层运动中成就了"星河丹堤"的畅销之势。运用圈层营销需要掌握以下三个原则。

第一，"圈层"可分为内圈层与外圈层，而要通过"圈层营销"实现地产项目的营销成长，必须内外联动。"圈层营销"的目标客群在内圈层，价值构造也是围绕内圈层来进行的，但是精神层面的附加值形成很大部分是在外圈层完成的。外圈层尽管并非目标客群，但是他们的口碑相传会提升内圈层目标客户的心理价值，提升客户的购买动机。所以，在营销中，对于外圈层有什么样的营销安排应该也有一定的考虑。例如某项目，并非景观之地，但在"荒地造城"的过程中却逐渐成为了一处城市风景，经常有很多青年人会选择到这里拍"婚纱照"。对于客户来说，这不能不说是一种荣耀。

第二，圈层营销应该延伸到产品价值构造阶段，就是在项目规划设计阶段，就应该协助完成价值构造，能够为目标圈层提供最适合其需求的产品。圈层研究应该与项目定位工作是同步，甚至提前展开的，是否有新的社会性的圈层在这个城市中正在形成？他们和旧有的其他圈层有什么不一样的价值取向？什么产品是他们需要的？都可以反映在产品设计上。

第三，圈层营销的方法应该更趋于整合，而不是单一的PARTY之类活动。圈层营销的方法只有更趋向于整合，手段与资源更丰富，周期更长久，真正从引导客户需求的角度去发现契机，才能形成"圈层"的自我扩容、逐步升级和再复制能力，从而为未来积累更多的忠诚客户。可以联合银行、4S店等异业联盟一起做，一同为中国财富阶级更合理配置资产贡献力量，而不只是看到每次活动的直接、短期效益，为了活动而活动。

在传播渠道的运用方面，一般来说可以根据财富阶级的阅读习惯采取利用大众传播建立高度，运用影响力深度的小众传播，制造"小众影响"的策略。小众传播主要有：球会车会；高尔夫球与宝马车友；银行贵宾卡；外资银行基金服务等。也可利用现场空间进行体验营销，如体验会馆中销售人员从原来的一对一转变为多对一的尊崇服务；活动营销是不可或缺的氛围营造，类似当代中国艺术品展、经济高峰论坛、企业家联谊会、品牌汽车试驾会、奢侈品发布会等。

在媒体选择上以专业刊物和兴趣类刊物为主，降低大众类媒体的投放，区域媒体和全国性媒体相结合，最大限度增强信息的实效传达，并实现销售和品牌的双赢。有效运用广告牌、专业纸媒、企业内刊、报媒专栏、客户通讯、网络等媒体渠道。

【案例分析】

××项目客户关系营销分析

××项目是济南东部新城某郊区大盘，在开发前期，出外环，周边几乎没有城市配套，然而，在这样一个开始很容易被人们忽视的地方，在2008~2009年期间，该项目通过客户会、短信、关联活动等营销手段，捷报频传，不仅带动了片区房价直接上涨25%，也使片区内其他楼盘借势在楼市寒冬时价格直涨1000元/平方米。

首先项目为了解决陌生区域问题，发布了"媒体楼书"，济南东部的建设已经进行得如火如荼，各个体育场馆建设已经初具规模，各个工地都在紧张施工，大量的写字楼拔地而起，众多的大型企业已经纷纷东迁。东部巨大的发展前景既成事实。在此情况下，项目组策划了"沸腾的东部"为主题的媒体楼书，版面首页设计为新闻行版面，紧抓读者的心。整版以横版为主突出主题。每个版面都有鲜明的主题，大标题吸引人，抓眼球，小标题有个性，图片突出，符合现代人阅读习惯。

然后，借势大事件，组织大量暖场活动，提升项目人气。因为是郊区盘，虽然通过媒体楼书等推广形式，客户已经知道项目，也认可城市发展的方向，但是由于项目地势偏远，每日来访量很少。项目组通过每周的暖场活动，提升来电、来访量。每周在售楼处至少组织一次乒乓球比赛、羽毛球比赛等小型的活动，把登记客户聚在一起，在活动过程中不断传递项目信息。在展示成熟的情况下，结合体验营销，让客户真实感受到项目品质，增加客户信心。

根据项目价格、户型特征，把项目销售主打婚房客户，并针对客户特征展开一系列针对性营销活动。举办浪漫女人节爱情盛典活动。2010年3月8日，项目以婚房为女人节主题，组织盛大的爱情盛典活动，将一对对情侣邀请至营销中心，邀请偶像主持人现场倾情互动，玫瑰花、情侣游戏、情侣衫、钻戒、婚纱……将现场装扮成浪漫的海洋。以上活动均收到了很好的效果。

（三）提供关联服务

关联服务主要是开发商根据自身资源，尽可能地为客户提供贴心的服务。恰到好处的关联服务可以巩固企业的品牌。例如一个开发与管理商住两用物业的房地产企业，在流感传染季节，一位顾客托大厦管理人员去药房买一盒感冒药。这位管理人员经请示主管经理后，不但代买了感冒药，而且买来了预防感冒的空气净化剂，免费在顾客租赁的办公室内喷洒，使这位顾客既及时服用上感冒药，又免去了将感冒传染给同事的担忧。这些小细节体现了企业对客户的关怀，比喊口号、做广告更深入人心，对塑造企业品牌非常有利。

例如在2003年，面对突如其来的SARS，很多房地产公司分别针对客户制订了全方位SARS应急方案，通过告示栏、宣传资料、网上多种渠道对业主进行广泛的SARS预防普及教育，并且对所管理的物业定期进行彻底地消毒和严密的门禁管理。为保护广大客户的身体健康，确保公司销售认购工作的顺利进行，还在销售现场针对SARS采取了大量的防护措施。加强对售楼中心的现场消毒、清洗接待桌、加强通风等，其至细致到屋顶、死角、模型，此外还摆放了多种花卉绿植，打消了看房人对购房环境的顾虑。

就是这些人性化的服务，让客户感受到了开发商的诚意，能够为客户和企业建立良好和稳定的信任关系提供基础。

综上所述，与客户建立长久的合作关系，房地产开发企业要积累与客户交往的信息，挑选出最有价值的客户，为他们提供特殊的关照服务。例如，在交流中采用客户偏爱的沟通方式，给予购房特惠、投资咨询、交易快捷通道等，争取客户的信任，与他们建立长期的合作关系。

第三节　客户管理系统的技术应用

一、客户管理（CRM）系统概念

CRM系统就是通过对客户详细资料的深入分析，来提高客户满意程度，从而提高企业竞争力的一种手段。它通过将人力资源、业务流程与专业技术进行有效地整合，最终为企业涉及客户或消费者的各个领域提供完美的集成，使得企业可以更低成本、更高效率地满足客户的需求，并与客户建立起基于学习型关系基础上的一对一营销模式，从而让企业可以最大程度地提高客户满意度及忠诚度，挽回失去的客户，保留现有的客户，不断发展新的客户，发掘并牢牢地把握住能给企业带来最大价值的客户群。

CRM系统的核心内容主要是通过不断的改善与管理企业销售、营销、客户服务和支持等与客户关系有关的业务流程并提高各个环节的自动化程度，从而缩短销售周期、降低销售成本、扩大销售量、增加收入与盈利、抢占更多市场份额、寻求新的市场机会和销售渠道，最终从根本上提升企业的核心竞争力，使得企业在当前激烈的竞争环境中立于不败之地。CRM系统将先进的思想与最佳的实践具体化，通过使用当前多种先进的技术手段最终帮助企业来实现以上目标。

二、CRM系统组成部分

CRM系统主要由营销管理（Marketing）、销售管理（Sales）、服务与技术支持管理

(Service & Support) 三部分组成。

1. 营销管理

营销管理帮助营销专家彻底地分析客户和市场信息，策划营销活动和行动步骤，更加有效地拓展市场。

其系统功能主要包括实现全面的营销管理自动化；通过预建的相关行业客户的数据，提高决策的成功率；通过对自己和竞争对手的数据进行分析，策划有效的营销活动；支持整个企业范围的通信和资料共享；评估和跟踪多种营销策略及其执行情况。

2. 销售管理

销售管理模块管理商业机会、账户信息及销售渠道等方面。它支持多种销售方式，确保销售队伍总能把握最新的销售信息。

其系统功能有：机会、账户及合同管理；动态销售队伍及区域管理；绩效跟踪的"漏斗状"管理；可以进行产品的配置、报价、打折及销售订单的生成；支持所有的流行销售策略；完全的国际语言及货币支持；最新的信息刷新；通过百科全书实现交互式及极具竞争力的智能销售；商务分析功能；采用市场引导的"销售自动化"解决方案；现场推销、电话销售、渠道销售和基于 Internet 的网上销售；企业集成功能可以实现其他系统的整合。

3. 服务以及技术支持

（1）服务管理　服务管理可以使客户服务代表有效地提高服务质量，增强服务能力，从而更加容易捕捉和跟踪服务中出现的问题，迅速准确地根据客户需求分解调研、销售扩展、销售提升各个步骤中的问题，延长客户的生命周期。服务专家通过分解客户服务的需求，并向客户建议其他的产品和服务，来增强和完善每一个专门的客户解决方案。

其系统功能是通过访问知识库实现对客户问题的快速判断和解决；支持通用的电话、Email、Web、传真和 IVR 排队；广泛支持合同和资产管理；依据数据驱动的工作流设定、授权和加入新的资源；客户服务历史。

（2）现场服务管理　现场服务提供了一个移动的销售和服务解决方案，允许企业有效地管理他们领域内各个方面。现场服务组织依赖系统来管理可预防维护计划，中断/安排服务事件，返回物料许可（RMA），高级区域互换，确保客户问题第一次在线访问就得到解决所需的工具、零件、技能相关的信息等。

其系统功能特点是：全面的现场支持服务应用软件；支持现场服务的具体操作和后勤管理；现场服务工程师移动办公解决方案；与客户服务管理和呼叫中心完全集成。

（3）呼叫中心　呼叫中心作为 CRM 的重要应用之一，它通过将销售与服务集成为一个单独的应用，使一般的业务代表能够向客户提供实时的销售和服务支持。通常业务代表处理账户、产品、历史订单、当前机会、服务记录、服务级别许可。业务代表能够动态地推荐产品和服务，或者他们可以遵循自动化的工作流来解决服务咨询，进而向客户提供其他产品和服务。

呼叫中心提供当今最全面的计算机电话集成技术（CTI）。通过对已拨号码识别服务（DNIS）、自动号码识别（ANI）、交互式语音应答系统（IVR）的全面支持，通过采用系统预制的 CTI 技术，基于对业务代表的技能级别和可用性、客户特征及选择最有效的通道等因素的权衡，将呼叫与合适的业务代表接通。随着呼叫的到来，业务代表可以获得客户的资料。在需要的情况下业务代表还可以将客户资料随同呼叫转给专家处理。

其系统功能特点是：集成的电话销售、行销和客户服务解决方案；通过智能的询问引导动态转接到业务代表桌面；强大的计算机/电话综合转换；依据数据驱动的工作流设定、授权和加入新的资源。

（4）电子商务　电子商务在现代营销中的作用越来越重要，每一个CRM软件供应商都不会忽略电子商务。此模块可帮助企业把业务扩展到互联网上。

电子商务模块主要包括以下几种。

电子商店：它使企业能建立和维护基于互联网的店面，从而在网络上销售产品和服务。

电子营销：与电子商店相联合，电子营销允许企业能够创建个性化的促销和产品建议，并通过Web向客户发出。

电子支付：使得企业能配置自己的支付处理方法。

电子货币与支付：利用这个模块，客户可在网上浏览和支付账单。

电子支持：允许顾客提出和浏览服务请求、查询常见常问的问题（FAQ）、检查订单状态。电子支持模块与呼叫中心联系在一起，并具有电话回拨功能。

三、CRM系统的主要功能

CRM系统软件的基本功能包括客户管理、联系人管理、时间管理、潜在客户管理、销售管理、电话销售、营销管理、电话营销、客户服务等，有的软件还包括了呼叫中心、合作伙伴关系管理、知识管理、商业智能、电子商务等。

1. 客户管理

主要功能有：客户基本信息，与此客户相关的基本活动和活动历史，联系人的选择，订单的输入和跟踪，建议书和销售合同的生成。

2. 联系人管理

主要作用包括：联系人概况的记录、存储和检索；跟踪同客户的联系，如时间、类型、简单的描述、任务等，并可以把相关的文件作为附件；客户的内部机构的设置概况。

3. 时间管理

主要功能有：日历；设计约会、活动计划，有冲突时，系统会提示；进行事件安排，如To-dos、约会、会议、电话、电子邮件、传真。备忘录；进行团队事件安排，查看团队中其他人的安排，以免发生冲突；把事件的安排通知相关的人。任务表；预告/提示；记事本；电子邮件；传真。

4. 潜在客户管理

主要功能包括：业务线索的记录、升级和分配；销售机会的升级和分配；潜在客户的跟踪。

5. 销售管理

主要功能包括：组织和浏览销售信息，如客户、业务描述、联系人、时间、销售阶段、业务额、可能结束时间等;产生各销售业务的阶段报告,并给出业务所处阶段、还需的时间、成功的可能性、历史销售状况评价等信息;对销售业务给出战术、策略上的支持;对地域(省、市、邮编、地区、行业、相关客户、联系人等)进行维护;把销售员归入某一地域并授权;地域的重新设置;根据利润、领域、优先级、时间、状态等标准,用户可定制关于将要进行的活动、业务、客户、联系人、约会等方面的报告;提供类似BBS的功能,用户可把销售秘诀贴在系统上,还可以进行某一方面销售技能的查询,销售费用管理,销售佣金管理。

6. 电话营销和电话销售

主要功能包括:电话本;生成电话列表,并把它们与客户、联系人和业务建立关联;把电话号码分配到销售员;记录电话细节,并安排回电;电话营销内容草稿;电话录音,同时给出书写器,用户可做记录;电话统计和报告;自动拨号。

7. 营销管理

主要功能包括:产品和价格配置器;在进行营销活动(如广告、邮件、研讨会、网站、展览会等)时,能获得预先定制的信息支持;把营销活动与业务、客户、联系人建立关联;显示任务完成进度;提供类似公告板的功能,可张贴、查找、更新营销资料,从而实现营销文件、分析报告等的共享;跟踪特定事件;安排新事件,如研讨会、会议等,并加入合同、客户和销售代表等信息;信函书写、批量邮件,并与合同、客户、联系人、业务等建立关联;邮件合并;生成标签和信封。

8. 客户服务

主要功能包括:服务项目的快速录入;服务项目的安排、调度和重新分配;事件的升级;搜索和跟踪与某一业务相关的事件;生成事件报告;服务协议和合同;订单管理和跟踪;问题及其解决方法的数据库。

9. 呼叫中心

主要功能包括:呼入呼出电话处理;互联网回呼;呼叫中心运行管理;软电话;电话转移;路由选择;报表统计分析;管理分析工具;通过传真、电话、电子邮件、打印机等自动进行资料发送;呼入呼出调度管理。

10. 合作伙伴关系管理

主要功能包括:对公司数据库信息设置存取权限,合作伙伴通过标准的Web浏览器以密码登录的方式对客户信息、公司数据库、与渠道活动相关的文档进行存取和更新;合作伙伴可以方便地存取与销售渠道有关的销售机会信息;合作伙伴通过浏览器使用销售管理工具和销售机会管理工具,如销售方法、销售流程等,并使用预定义的和自定义的报告;产品和价格配置器。

11. 知识管理

主要功能包括:在站点上显示个性化信息;把一些文件作为附件粘贴到联系人、客户、事件概况上;文档管理;对竞争对手的Web站点进行监测,如果发现变化的话,会向用户报告;根据用户定义的关键词对Web站点的变化进行监视。

12. 商业智能

主要功能包括：预定义查询和报告；用户定制查询和报告；可看到查询和报告的 SQL 代码；以报告或图表形式查看潜在客户和业务可能带来的收入；通过预定义的图表工具进行潜在客户和业务的传递途径分析；将数据转移到第三方的预测和计划工具；柱状图和饼图工具；系统运行状态显示器；能力预警。

13. 电子商务

主要功能包括：个性化界面、服务；网站内容管理；店面；订单和业务处理；销售空间拓展；客户自助服务；网站运行情况的分析和报告。

四、CRM 系统作用

（一）CRM 系统作用

CRM 与 ERP、SCM 并称提高企业竞争力的三大法宝。而 CRM 系统又是 ERP、SCM、电子商务等系统与外部客户打交道的平台，它在企业系统与客户之间树立一道智能的过滤网，同时又提供一个统一高效的平台，因此我们说 CRM 又是众多企业系统中提高核心竞争力的法宝。CRM 在企业里所起的作用主要体现在以下几个方面。

1. 改善服务

CRM 系统向客户提供主动的客户关怀，根据销售和服务历史提供个性化的服务，在知识库的支持下向客户提供更专业化的服务，严密的客户纠纷跟踪，这些都成为企业改善服务的有力保证。

2. 提高效率

由于 CRM 系统建立了客户与企业打交道的统一平台，客户与企业一点接触就可以完成多项业务，因此办事效率大大提高。另一方面，Front Office 自动化程度的提高，使得很多重复性的工作（如批量发传真、邮件）都有计算机系统完成，工作的效率和质量都是人工无法比拟的。

3. 降低成本

CRM 系统的运用使得团队销售的效率和准确率大大提高，服务质量的提高也使得服务时间和工作量大大降低，这些都无形中降低了企业的运作成本。

4. 扩大销售

销售成功率增加和客户满意度提高，使得销售的扩大成为必然。

（二）CRM 系统在房地产营销管理中的作用

房地产企业需要了解的客户信息，很难通过单一部门、单一方式完整获得，这些信息只有在各部门与客户在不同的业务阶段，接触服务的过程中逐步获取和丰富完善。CRM 系统建立了一套信息采集和共享的平台，实现了企业内各部门、各环节共同维护客户信息、共同享受成果的信息良性循环，例如售前记录的信息有助于售后开展个性化服务，售后了解的客户兴趣爱好有助于销售部门二次销售过程实现个性化营销。

CRM 系统的建立对于信息的维护也十分重要，CRM 系统可以有效地防范客户信息的失真。很多房地产企业营销部门都很重视成交客户信息，通过 EXCEL 表等方式已经存储了大量客户资料，但是在使用这些信息的时候，会发现很多情况下客户联系方式等信息已经变了，不能保证信息都是有效的。此前发出的信息、传真邮寄的会刊可能会被退回，大量营销费用将会被消耗在这些方面，但是从企业的角度看，这些变化销售部门很难掌握，但一线的客服人员、物业公司在服务的过程中是保持着和客户的长期接触的，他们会有客户最新最有效的客户通讯信息，只是企业内的客户信息没有联动和共享。CRM 系统可以有效地帮助我们改善这一局面。

由于 CRM 系统采集了大量的成交客户和未成交客户信息，可以帮助我们分析和了解客户需求，指导我们下一步的营销活动，和新项目的产品定位和设计。例如，北京首创集团下属的"阳光上东"项目地处北京市东北角的总建筑面积近 80 万平方米的大盘项目，而且推出"上东区"这样一个富人区概念，集中推出豪宅大盘。为降低风险，项目也是采用分期开发的策略，一期项目作为试探市场之作，推出了多种户型和产品组合，吸引了多种类型需求的客户。该项目目前已经成功地实施了 CRM 营销系统，通过 CRM 实现对市场需求的分析，为调整营销策略和二期设计开发提供了大量的数据分析和决策支持。

CRM 系统也帮助企业建立一套以客户为中心的业务协作平台，将与客户相关的各部门、各人员不再是像过去一样单兵作战，客户也不是陷入在互相推诿当中，通常客户服务纠纷就是发生在：一方面是遇到问题找不到人，推诿的过程中客户带着情绪来解决问题，问题自然难以解决，另一方面由于企业内部沟通的原因，对外口径不统一，客户得到对同一问题的不同答复或承诺，客户会选择对自己有力的说法，给企业扣上欺诈的帽子，给企业品牌带来恶劣影响。通过 CRM 软件系统实现了统一的业务协作平台和机制，实现全员销售和全员客服的目标。

CRM 系统保证企业提高了实现个性化服务能力，以及延续性服务和预测性服务的能力。例如，北京某项目出现了关于暖气问题的集体投诉，如果有了 CRM 系统，根据服务预警，就可以避免大规模集体投诉的事件发生，在客户发生损失前提供主动性的预测服务，有效提高客户满意度。每个满意的客户都会成为企业的义务推销员，辅之以有效的激励机制，使增加二次购买概率的同时产生了更多的推荐销售机会。

CRM 系统可以有效地提高企业的销售能力，除了实现全员销售，使每个员工、每个客户都成为推销员的同时，通过销售现场的团队管理，使每个业务员成为负责任的销售，通过未成交客户资源的管理，产生更多的交叉销售，通过机会管理，实现精确营销，有效缩短销售周期。

第四节　客户渠道开发策略

一、行销客户渠道开发

（一）行销的定义

行销是通过研究、策划、推广、交易及实体配销技术等一系列整体策略，确实掌握消费者需要，把握环境变动所带来机会的动态型企业经营活动。它包括：事前——了解四周环境，调查市场需求，分析、预测，规划产品，定出合理价格，选择适当的销售网，编出广告预算、促销政策等；事中——人力推销，研究推销技巧（接近、交谈、表演、拿订单、顾客管理等）；事后——服务、信用、评估与控制等。

行销是以客户为中心，以获取最大的利润为目的。行销包含了企业管理学、社会学、心理学、行为科学、请函学问，同时生成体系，从实务开始，在理论上生根，最后演变成科学，进入艺术的境界。

在房地产行业，营销方式包括坐销、行销两种主要形式。传统的在售楼中心坐等就是坐销，主动出击寻找客户资源就是行销，通过口碑传播和推荐购买寻找客户资源就是传销。行销多是在市场、项目销售进入瓶颈阶段后的必要手段，但行之有效的行销首先是客户群的涉猎问题。

（二）行销特点

1. 行销的优势

① 行销的针对性强　特别是在区域范围内，可以直接有效地和目标客户群体接触，点对点销售，效果较好。

② 行销的机动性强　相对于传统的坐销而言，行销具有良好的机动性，可以不受售楼处位置的限制，主动地去挖掘客户。

③ 行销的广告费用较低　一般而言，传统的坐销要靠铺天盖地的广告来吸引客户，费用较高，行销对广告的要求相对较低。

④ 行销可以充分发挥人的优势，对锻炼销售员可以起到很好的作用。

2. 行销的劣势

① 项目形象和发展商形象得不到体现，只是为了销售而销售。

② 行销容易引起客户的反感。

③ 行销对销售员的素质要求较高。

（三）行销渠道

行销最重要的是需要先了解清楚当地的人文情况及项目的认知度，行销的方法多种多样，因地区而异，各类方法所达到的效果是不一样的。一般而言主要有以下几种。

1. 专员直销

聘请有"关系"人士针对项目有需求的企事业单位进行攻关，往往会起到事半功倍的效果。

2. 电话直销

根据项目定位，从商业电话簿或名片上找到客户电话，用电话方式咨询其有无需求，但命中率较低。

3. "扫展会"

根据项目的定位到恰当的展会去派发项目资料，有利于项目销售。

4. "扫楼"

是比较有效的一种办法，进入大厦派发项目资料及名片给客户。可增加项目知名度，累计项目潜在客户。

5. 关系介绍

除了主动寻找客户外，很多销售人员在刚开展业务时已经在发展行业内的人脉网络，认识一些有利于未来业务发展的朋友，他们会介绍很多客户给我们认识，这些是市场上宝贵的信息。

6. 来电查询

有部分客户会主动致电查询资料，亦有部分客户因手上有我们以前曾派发的名片而致电查询资料。

7. 老客户

和已成交或没有成交的客户保持良好关系，可扩大人脉，介绍客户。

（四）行销要点

（1）换位思考，依据客户的观点来说明他们想要的、需要的、了解的，替客户想一想，了解他们的需要，了解他们的购买能力。

（2）收集个人情报资料，有助于了解和交流。

（3）建立情谊。人们通常会请朋友帮忙。客户通常对陌生人产生不信任感，因此要与他们交朋友。累计无形资产，即使卖完房子也要保持朋友的关系。

（4）建立竞争对手无法攻破的交情护盾，老客户非常重要，维系老客户，拓展新客户，老客户介绍新客户，这些客户又会带来更多的客户。

（5）建立共同的话题。发掘、试探客户，寻找共同点，了解其兴趣与爱好，寻找共同话题。一般男性的兴趣主要集中在运动、得意的事和成就感的分享。向客户请教不懂的问题也是拉近和客户距离的好方法之一。

（6）取信于人，守信、准时，力所能及地帮助客户，增加行销人员讲话的可信度。

（7）对商品了若指掌。要把房子的好处一一传递给客户，让客户了解买这个房子的好处是什么。

二、分销渠道

（一）分销渠道的定义

分销渠道，又称销售渠道，是指产品从生产者那里转移到消费者手中所经的通道。这种转移需要中间环节，如批发商、代理商（中介）、零售商等。

（二）房地产分销模式

1. 房地产直接销售

直接销售是指房地产开发商直接销售产品。房地产开发商利用有关信息与客户联系，自己承担全部流通职能，直接将房地产产品销售给顾客。也可利用网络工具，如电子邮件、公告板等收集消费者对产品的意见，有利于企业提高工作效率和树立良好企业形象。一般大型房地产公司、市场为卖方市场、楼盘素质特别优良情况下较常采用直接销售的模式。

2. 房地产间接销售

为了克服直销的缺点，房地产中介应运而生。房地产中间商处在房地产生产者和消费者（即发展商和顾客）之间，参与房地产商品流通业务，促进买卖行为发生和实现的企业或个人。房地产中间商对于间接营销渠道的建立，对于营销渠道的扩展优化起着相当重要的作用。房地产中间商主要有房地产包销商、房地产代理商、房地产经纪人、房地产策划公司等。

3. 第二营销渠道

第二营销渠道由于物业及物业包装而产生的市场信任度从而达到营销目标的营销渠道。不同于以广告起步所引发客户的常规营销渠道，非广告引发的购买力，虽然效应不够直接，但却非常深入。这种由于物业本身引发的市场冲击力，由于客户滚动派生的购房源，成交率非常高。一旦第二营销渠道建立，物业在市场的状态就极为稳定。

无论中介代理分销还是开发商分销，基本模式大同小异。首先，要与分销商签订分销协议，其条款大致包括：①项目概况，包括明确分销项目的位置、开发商及开发面积等；②确定分销期限；③明确甲方应承担的责任和义务，包括为乙方提供售房资料、负责客户接待及办理售房手续、为乙方提供确认单等；④明确乙方应承担的责任与义务，包括带领客户现场看房、提供客户详细资料、协助甲方催要房款、执行甲方出台的分销管理制度等；⑤分销佣金的结算约定，包括代理佣金的比例、结算标准、结算方式与日期等；⑥关于分销业绩的认定规定，在分销过程中往往会出现一些客户争抢、难辨分销主人，为此，为了明确分销商的利益，必须出台分销客户业绩确认单、明确客户登记规定；⑦其他约定。

条款的关键在于佣金的比例和给付佣金期限。开发商为了促销，不断提高佣金点调动分销商积极性；同时，分销商也是货比三家，谁的点高就卖谁的楼盘，追求利益最大化。

另外，分销商除了追求高点佣金外，还热衷于兑现快的开发商。目前，大多开发商均采取房款全款到账后一个月结一次账；有的开发商亦与分销商约定，房款全额到账一周即结清佣金。

（三）分销的特点

任何事物都是一分为二的，有利亦会有弊。

1. 分销的优点

（1）有利于房地产的加速销售、加快资金的回笼、繁荣房地产市场。因为实行分销打的是"群众战争"，渠道广泛，亲情、友情值得信赖，潜在的投入是看不见、摸不着的，售楼员的千句话有时不如分销商的一句话管用。

（2）有利于发挥销售专业特长。

（3）有利于房地产开发企业集中人力、财力、物力集中搞好房地产开发建设工作。

2. 分销的缺点

（1）分销商难以管理，完全属于利益驱动型营销。有的分销商为了利益夸大其词、误导客户；有的分销商为了避免客户流失，不择手段对客户采取"软禁"方式拢住客户；还有的个别分销商私自收取客户房款挪作他用；由于分销佣金的不断提高必然推动房价的上涨。

（2）房地产中间商（中介机构）虽然对市场调研和销售有着丰富的专业经验，但其对开发商的商品熟悉度和认知度还有欠深入，因此会增大开发和销售的协调工作和成本。

(四)分销的技术要点

(1) 要有专业的队伍进行管理。

(2) 要与分销商签订正规合同,并且要及时出台一些管理制度,以此约束分销商规范经销。

(3) 信誉分销、利益保障。对分销商的承诺一定要兑现,承诺的点数和兑现时间一定要实现,培养分销商对企业的信任感。只有分销商对企业产生信任,他们才会积极努力地去开拓市场、寻找客户。

(4) 为了规范宣传资料,要统一为分销商印制楼盘彩页。

(5) 要有专人认证分销商的业绩,及时出具业绩确认单。

(6) 要定期或不定期召开分销商会议,经常通报楼盘情况,及时公布有关政策。

在实施分销过程中,往往会出现一些令人不满意的现象,如开发商的售楼形势好就对分销商不理睬、不尊重,或所应允的承诺也不兑现了,则非常打击分销商的积极性和信任感。由此可见,开发商的诚信是分销成与败的关键,规范运作、科学管理才能使房地产的营销工作健康有序地进行。

(五)房地产分销渠道的选择需要考虑的因素

1. 产品识别

房地产属于低识别度产品。这类产品没有解释是很难被了解的,通常需要专业化的服务,特别是要有经过训练的专业人士参与销售过程。这类产品需要直销,或者有附加值的商业伙伴,它们很少通过大规模市场分销渠道销售。

2. 服务要求

产品服务性越强,渠道越短,而服务性弱的产品则需要长的渠道。房地产属于服务性强的产品,需要提供专业性的服务,因此适合采用短渠道结构。

3. 客户购买风险

房地产属于高风险产品,需要直接销售队伍、有附加值的伙伴或是小规模的分销商群体,需要一个有知识的经过培训的人介入销售过程解释这种风险,帮助客户明白如何克服风险事件。

4. 产品的生命周期

产品处于生命周期的不同阶段对房地产渠道选择有本质的影响,在导入期,房地产销售量较小,增长缓慢。产品在引进期需要很高的客户教育,一个直接销售队伍或有附加值的商业伙伴是必需的。在成长阶段,随着市场增长迅速,开发商需要扩大规模,渠道结构也会随之调整,这时分销商进入,并且数量可能会逐渐增加,从独家代理转为多家代理制,竞争开始变得激烈,渠道呈网状结构,各种渠道开始相互冲击。在成熟期,利润开始下降,在高成本渠道中的产品支持能力受到了影响。市场竞争很激烈,只有最有效率的、最有规模的分销商才能生存下来,分销商的数量也不会很多。在此阶段的关键措施是精简渠道成员和集中精力支持有能力的伙伴。另一个措施是继续在多样化的渠道中销售产品。在衰退期,利润和销售量都在下降,产品对渠道成员的吸引力日益下降。如果没有得到持续地渠道支持,产品很容易退出市场。

三、水平营销（异业联盟）渠道开发

（一）定义

异业联盟（Horizontal Alliances）是近几年新出现的一种商业模式，其英文名称的原意为"水平结合"，也就是水平营销。顾名思义，水平营销指产业间并非上下游垂直，而是双方具有共同行销互惠目的的水平式合作关系。凭借彼此的品牌形象与名气，来吸引更多面向族群的客源，借此来创造出双赢的市场利益。

水平营销被科特勒（Kotler）称之为"跳出盒子的思考"，它不同于纵向营销的逻辑思维，本质上是一种基于直觉的创造。这种思维的基本步骤是，首先选择一个焦点，然后进行横向置换以产生刺激，最后建立一种联结。科特勒认为水平营销是一个过程，虽然它属于一种跳跃性的思维，但也是有法可依的。应用创造性研究的结果，他指出了水平营销的6种横向置换的创新技巧，并分别应用到市场层面、产品层面和营销组合层面上。这6种技巧分别是替代、反转、组合、夸张、去除、换序。

所以，异业联盟主要是指，包括公司企业等不同行业不同档次的商业主体在竞争压力愈来愈强的市场经营中，为形成必要的规模效应及商业信息网络、增强企业的经济活力及收益，通过联盟的方式组成的利益共同体。

（二）异业联盟的主要形式

联盟合作的形式多样，现行最普遍的形式是某一组织发起组成联盟，联盟内各商家给予联盟会员一定的消费折扣优惠或礼品赠送，发起组织以某种形式给予联盟商家一定的宣传以做回馈，从而实现利益共享，联合共赢。

在房地产行业，主要是通过开发商客户会的形式实现。客户会实施模式均为俱乐部的形式发展会员，在各行业内发展联盟商家，并印制自己的杂志以达到广泛的宣传功效。例如珠海华发地产，它在珠海范围内以行业为单位，每个行业选取若干实力较强、美誉度较高的商家，组成华发会的联盟商家，合作形式为联盟商家给予持华发会会员卡的人士一定的消费优惠，而华发则以在自己的网站及自己的杂志《优生活》上刊登联盟商家的LOGO及定期的商家专访介绍为报酬。

相比于传统营销简单层次上的需求迎合，异业联盟更关注人的立体需求，发现消费者口头要求背后的需求。一旦发现了消费者深层需求，联盟商家就会通过自己强大的资源组合能力组合一揽子需求解决方案，完整呈现在消费者面前，让消费者享受"一站式"消费体验。

所以，异业联盟本质上是一种与"资本运作"类似的"资源运作"模式。它的目的是将自己的资源当作"资本"，用自己的"资源"去置换自己想到的异业资源，而不是用资本去收购异业资源。它诉求的是在异业的置换和共享中，以一种全新的视角打破企业原有的资源格局，深挖企业资源的潜在价值，让企业自我资源价值的利用达到最大化。所以，如果异业的双方或多方均以"资源运作"的视角来寻找异业之间的联合，那么双方合作的契机必然是基于双方战略背后的深层需求。实际上，异业联盟是一种多方共赢的竞争手段。

（三）异业联盟的特点

（1）可以让客户资源从1变成10，甚至更多，这也是资源整合、资源营销的核心。

(2) 减少广告费用的投入,而把另一部分广告费用转嫁给消费者,为消费者省钱,符合"富客"的要求。

(3) 培养顾客的忠诚度。现代企业的竞争不再是顾客满意度的竞争,而是顾客忠诚度的竞争。顾客得到了好处就会再次消费,甚至介绍他们的朋友消费,让企业进入良性循环。

(4) "企业要想生存和发展,稳定积累是前提"。随着"联盟卡"发行量的增加,客户资源不断扩大,所有联盟的行业、企业共同拥有了一个稳定的消费群体。

(5) 企业结盟以后,企业的竞争实力将大大增强。顾客忠诚度决定企业的存亡,稳定积累是企业生存和发展的前提条件。对消费者来说,消费者永远都希望物超所值,希望花同样多钱(或少付一点钱)而得到更多一点的东西。而异业联盟就是为顾客省钱,就是让顾客得到更多的物超所值的东西,得到更多的尊荣服务和待遇,顾客肯定喜欢。

(四)异业联盟在房地产中的运用

异业联盟是一种多方共赢的竞争手段。人们在消费上很多时候会出现时空的高度重叠性。随着房地产市场的发展日趋成熟,并与房地产消费的其他行业如家电、家具、床上用品、室内装修、汽车、银行保险等40多个关联行业,逐步形成令人瞩目的房地产产业链,充满了巨大潜在商机。房地产产业链中的各种行业有共同的特征,就是它们在这个细分市场上的目标客户是一致的,并且这些目标客户群在这一时间段内的消费高度集中且容易缺乏理性,因而这些不同领域的商家就可以在一定程度上共享客源及市场,甚至形成一条龙的消费,这就为异业联盟奠定了良好的基础。

异业联盟的方式将受到更多发展商,尤其是实力雄厚的发展商的青睐。而异业联盟的方式,也可望在将来的发展中突破现时的简单单品牌优惠合作,向更深化的方向发展,寻求联合促销、主题系列活动等深度合作营销模式。

(五)房地产异业联盟中应注意的问题

1. 目标市场要一致

房地产产业链巨大,每一产业企业众多,不能为了联盟而联盟,而应"适位捆绑"。在考虑异业合作时,应充分考虑共有的目标市场具有的承受能力,然后再考虑提供合适的产品和服务,并且进一步考虑合适的整合方法。

2. 产品定位、特征要一致

目标市场择取的一致并不能保证产品和服务组合的效果最优。所以在房地产选择异业联盟过程中需要考虑联盟商家的产品定位、服务等和本企业的一致性、契合性。

3. 品牌要具有对称性

品牌的"门当户对"是异业联盟的一个显性合作原则,如一个市场领导品牌不可能和一个市场初入者联盟。

4. 战略目标和价值观要匹配

异业联盟是最好选择和自己战略目标、价值观匹配的企业,因为有彼此认同的价值观,并且有了共有的战略目标,是双方更好合作的基础。战略目标和价值观直接决定着异业联盟的愿景。

5. 合作执行力要强

有好的合作愿景以及好的合作方式,没有好的执行力或可行性,异业联盟会有中途夭折的可能。

6. 合作是基于各方的长期互助

异业联盟不同于诸如广告业的业务合作,它是基于各方的长期互助,而不是短期利益往来。因为异业联盟的合作是纵深化的,不仅仅限于促销,涉及战略规划、营销策略、市场调研、产品开发、内部管理、企业文化等方面。这些方面的沟通已经不仅仅限于利益,而是基于长期互助、共同发展的。

四、团购客户渠道开发

(一)团购的定义

房地产团购是指一定数量的置业者自发组团或者在团购组织的安排下,由选出的代表并协同法律工作者,与开发商多次协商,最终在某一时间段内以低于散户市场成交价格签订有诸多附加条款《合同》的一种智慧性消费过程。

团购的覆盖面极广,每一样产品几乎都可以进行团购,但众多团购人士认为,其中最适宜团购的商品主要有房产、汽车、电子数码产品和装饰材料四大类。因为这些产业的共同特征就是行业存在暴利现象,买卖双方信息严重不对称,价格不透明,交易过程复杂,手续烦琐,售后服务复杂等。从开始的置业者自发组织一起去与开发商家谈价到后来公司形式的团购,无论是哪种形式最终的目的都是一样的,就是在质量保证的基础上谋取价格的优势。

(二)团购的特点

1. 团购的优点

(1) 从销售角度看,团购能使销售量增加,开发商获利,消费者也会得到实惠。经济、省事是其最大的特点。

(2) 可以节省购房资金。团体购房因为能联合较多的购房者以集体的形式出现并与开发商进行谈判,从而可以拿到一个低于市面售价的价格。一般来说,开发商至少给1%的优惠。

(3) 可以在团购过程中了解社区文化和邻居。通过团购过程中的团体搜房、集体和物业的交流,使很多购房人在买房过程中有比较多的时间和机会了解小区未来的邻居,及相应的社区文化。

2. 团购的缺点

(1) 购房挑选的余地小 一般来说团购不适应所有的楼盘,应该是中档价位、中层客户开发商信誉良好、实力雄厚的企业。购房者也应该多是工作忙、选房怕麻烦、收入不是很多的工薪族。

(2) 很多项目拒绝团签。

(3) 团购的困难还在于住房产品的个性化与差异性,以及不可替代的产品唯一性。

房子之所以更难以组织团购,其原因在于住房产品的个性化与差异性,以及不可替代的产品唯一性。某一楼型、户型的非一致性，朝向、格局、位置、楼层、环境等信息都难以在团购的过程中传递与满足，会相应增加交易的难度。

（三）团购客户开发

1. 分析客户需求，明确产品定位，为团购客户开发铺平道路

团购同样遵循市场运作的基本规律，一个团购群体有其区别于其他团体不同的特点。一个企业在做团购营销之前，应该准确分析其不同群体的不同特点，不同客户的不同需求，有针对性地采取不同的策略，配合适宜于团购营销的正确产品定位，才能为成功团购营销奠定基础。

首先，产品定位要适合团购目标群体的需求，形象要能体现尊贵大方、时尚潮流、美观实用等内在的心理需求，一般来讲，高档产品比低档产品更适合做团购营销。其次，必须保证产品质量，团购通常是消费者和开发商之间的直接对话，假冒伪劣的结果会直接导致房地产企业经办人的尴尬或索赔而彻底丧失客户。在产品价格上，要遵循优质低价原则，产品价格要低于或等同于市场售价；价格过高，起不到团购省钱的目的；价格过低，会影响正常的渠道销售。

2. 集中优势力量，瞄准大中型企业及行政事业单位以重点营销

计划经济体制下的集体企业、国有企业、行政事业单位等中国式单位体制的传承，单位福利品发放的习惯，改革开放后民营企业的迅速崛起，构成了以集体企业、国有企业、民营企业、行政事业单位为主体的市场经济下、有中国特色的现代团购群体。因此，企业只要集中优势力量，采取正确的营销策略，就能在团购市场上获得巨大的利益。

大中型企业及行政事业单位团购客户营销方法如下。

（1）团购客户信息收集　这类目标团购客户一般都比较显化，如政府、学校、部队、电信、银行、交通、电力等大型企事业单位。也可以利用当地的黄页、网站、电话、相关刊物进行查询；最好把一个地区的目标客户资料收集完整，再进行分类，针对不同的群体采取不同的营销重略。

（2）团购客户需求分析　每个单位的人群都有其区别于其他群体的不同特点，在进行团购营销前一定要细致分析其人群特点、工作性质、消费心理、爱好习惯等。再根据自己所销售产品的特点，对目标群体进行准确定位。如教育机构，其人群一般知识水平高，爱精打细算，重产品的科技含量，重品牌，要求高质低价等。企业应根据不同群体的特点、不同群体的消费需求以及自身产品的特点有针对性地营销。

（3）团购人际关系营销　团购的权利一般是掌握在领导的手里，除了产品形象、质量、包装、价格外，重要人物的人际关系营销也是至关重要的。在确定你的重点目标群体以后，首先要对这些单位的组织机构进行详细了解；对行政后勤部门或相关领导应特别关注，详细了解他们的处事特点甚至爱好习惯；团购营销人再根据不同领导人的不同特点进行有针对性的关系营销。"要做生意，先交朋友""在商不言商"等理论可以作为团购关系营销的借鉴。

（4）广告宣传动作要大　团购受众一般都比较注重品牌，不是名牌至少也要在日常广告中看到。所以在重点团购营销期间，要配合广告媒体造势，以增加客户的可信度，让人产生是购买名牌的感觉。

(5) 团购具体工作开展　团购营销成功后,要注重后期的配送、售后服务等工作。

3. 掌握团购流程

团购客户开发流程如图8-6所示。

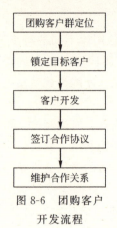

图8-6　团购客户开发流程

首先要根据项目特性、项目周边企事业单位情况,锁定客户群的范围,研究客户单位的组织架构方式;详细了解目标团购客户后勤和行政领导的信息,包括他们的性格、兴趣爱好、生活习惯以及家庭情况等制定团购定位,因为对于大中型企事业单位而言,团购的决策权掌握在单位的领导手中,因此团购客户成功的重点在客户领导的认可,从而争取到客户。

通过客户初步了解和定位锁定目标客户。在这过程中,可以采用通过中间人介绍、电话拜访或当面拜访的方式,逐步拉近目标客户主管领导的关系,锁定团购决策人,并制定相应的客户开发策略。

团购客户开发和一般客户开发最大的不同,切忌急于求成,而应切实让客户领导认识到团购的必要性。同时,团购客户更多的是信赖品牌,所以,项目入市前期的形象广告宣传也很重要。

除了周边企事业单位外,团购客户开发还可以通过组织同乡会、沙龙、俱乐部、产品形象大使等多种组织建立各种社会资源,实现各类团购活动。

团购客户成功后,为确保双方合作关系的持续性,稳定发展需签订合作协议,确保双方合作的利益。

一次购买成功并不是交易的结束,越来越多的企业倾向于希望能够通过客户开发使客户形成二次购买、多次购买。所以团购结束后,维护双方合作关系也很重要。可以仍然要寄送内部刊物(内部刊物上刊载团购单位优秀事迹),经常请客户参加联谊活动、领导走访,长久赞助等方式,还可采取产品研发技术交流会、定期会晤,双方企业职工联谊会、体育比赛等,争取双方合作更愉快、更长久。

【案例分析】

北京怀柔某郊区大盘通过团购客户开发,实现团购98套,累计认购336套,认购额4亿元;并实现高出竞品项目1500元/m^2的价格,高出区域市场40%的销售速度摘得2010年区域房地产市场销售冠军。

2010年5月,项目正式进驻怀柔。初次进入怀柔市场且在项目无现场售楼处、无展示的情况下,仅凭80余平方米临时售楼处的有限展示条件积累客户近千组。同时,项目组深挖客户资源,从来访客户中发掘团购大单并持续跟进,积极促成客户专项推介会的顺利举办,以真挚、热情、专业的服务,打动了客户基层购房员工,挤掉竞争项目,确立团购意向。

团购意向确定后,为保证团购快速尘埃落定,项目组在部门领导带领下集思广益,并与开发商、团购单位方面进行多轮沟通,仔细疏导团购过程中各个环节,协调解决销售过程中存在的付款、公积金办理、异地客户购买等问题,最终于10月13日签署第一大单,签约套数98套,签约金额1.2亿元(人民币)。

【案例分析】 银丰花园:讲"豪宅故事",做圈层营销

一、项目核心问题梳理

问题1：本项目在竞争中如何超越，获得市场空间，实现项目高价值目标？

项目虽然具备打造高端住宅的基本素质，但面临着周边项目的激烈竞争，要想实现项目高价值的目标，必须超越竞争对手，获得市场空间。

问题2：如何弥补营销展示的不足，获取目标客户群？

项目营销展示系统严重不足，无法实现体验式营销，如何获得高端客户群，并取得客户的青睐给项目营销提出了更高的要求。

二、解决思路

1. 项目属性定位

通过对项目的综合分析，银丰花园最大的优势是资源，包括舜城区域的自然资源、舜耕路的人文资源以及银丰山庄积累的口碑资源。而这些资源在济南或区域中都具有一个相同的特点——"稀缺性"，因此本项目属性定位为：

2. 构建豪宅体系，树立项目高端形象

"物以稀为贵"，稀缺性决定了豪宅的价值。因此豪宅营销首先要构建豪宅体系，所有产品烙上"稀缺"的符号。

银丰花园具备打造高端住宅的基本质素，必须突破周边项目的平价竞争，树立高端形象，与高端客户群体的价值观产生共鸣，实现高价值的目标。

挖掘、注入项目稀缺资源，利用客户的理性认知和积极情感相结合，通过导入一定的新观念和概念使客户对项目有一个深刻的印象，增强项目的竞争力。

• 特色概念——济南首席拥有私家山体和山体景观大道的社区

项目西侧紧邻龟山，银丰地产将项目西侧的龟山进行了公园化改造，使龟山成为业主的"私家山"，同时开通了连接项目与舜耕路的山体景观大道，使项目与舜耕路完美对接。

• 形象概念——半山豪宅

舜耕天下，半山豪宅，树立了高端项目的形象。

• 服务概念——济南首席拥有管家式物业服务的社区、济南首席拥有电瓶车接送社区

借助银丰物业的品牌优势，推出济南物业服务中的多项第一。

• 产品概念——畔山大宅、中央湖景大宅

对产品重新定义，提升产品附加值。

放大细节，推出豪宅产品的100个细节。为弥补营销展示带来的不足，让客户对产品有一个充分的了解，在项目开盘前整合项目产品的多项细节推出《豪宅产品的100个细节》。使客户对豪宅产品有一个良好的印象和了解，增强客户的购买信心。

3. 讲"豪宅故事"，与高端客户群体产生共鸣

▶ 从"繁华间，山月里"到"舜耕天下，半山豪宅"

项目前期基于开盘时间和项目优质资源的判定，推广语定为"繁华间，山月里"，给客户表达的更多是一种文化感，向客户传递更多的是一种"情调"。这一推广语起到了一定的市场效应，但冲击力及项目优质资源表现不够明显。因此在推广一段时间后，根据客户反馈，结合项目资源将推广语更改为"舜耕天下，半山豪宅"。这个推广语将项目区域、

资源、产品完美结合在一起，市场冲击力和项目独特性价值得到完美实现。

4. 锁定高端客户群，做圈层营销

豪宅营销光靠稀缺的产品价值是远远不够的，一定要赋予购买者情感价值和身份符号。在心理上为买家提供一个显性的、充满证言的标签，营造"唯我独享"的满足感。豪宅一定要有社会价值，还要有高附加值，要在高端人群中形成一种"气场"，强化客户的体验。

身份感——私家豪华会所、顶级物管服务……

尊贵感——豪华挑空大堂、私家林荫大道……

▶ 以银丰山庄和银丰大厦为圆心，进行圈层营销

银丰花园在项目亮相之初就开始了圈层营销，充分利用银丰地产开发的前两个项目——银丰山庄和银丰大厦的资源。项目将临时售楼中心设在银丰大厦一层，一方面银丰大厦有两家省级机关入住，可以借助人气；另一方面，银丰山庄在产品品质、景观各方面做得都非常好，客户可以参观银丰山庄。如果客户对银丰山庄认可，而在推广中又提出了银丰花园是银丰山庄的升级版，对客户触动更大，有效地弥补了营销展示的不足。

从项目亮相到项目二期开盘，针对银丰山庄和银丰大厦的老业主共举行了 5 次营销活动，既增加了开发商口碑又促进了新项目的销售。

▶ 点桩手法，有效扩大目标客户群体

在获取了一部分客户对项目的认可后，利用点桩手法，将客户群体逐一扩大。通过赠送客户物业管理费、节日礼品等增加口碑宣传，扩大高端客户群。

通过圈层营销成功的锁定并扩大了高端客户群体，银丰业主形成了特点鲜明的客户特征，客户群体以市中区的公务员、私营业主及金融业等高端客户为主。

5. 高价策略，彰显圈层地位

为实现项目高价值，采用差额销售的营销方式，项目累计售卡数量约为推出房源的1.5 倍。两次推售均在供需方面形成短暂不平衡，增加了客户对房源的渴求，降低了客户对价格的敏感度，为实现项目高价格推售奠定了基础。

第九章 房地产销售执行

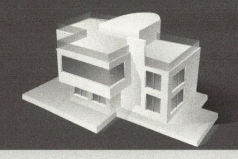

第一节 房地产销售团队建设

随着经济全球一体化和网络信息化时代的到来,房地产市场的营销环境、营销产品和营销方式都发生了质的变化,市场上产品竞争转入到品牌竞争,传统营销手段已失去了往日的功效,面对变化了的市场环境,在打造房地产企业核心竞争力的环节中销售团队建设与管理愈来愈重要。

一、团队价值认识

房地产销售团队是指由专业从事房地产销售的人员组成,有共同的销售目标,在统一领导和管理下,达成协作意识,通过共同努力取得绩效最大化的团队。一个高绩效的销售团队必须具备以下条件:一是明确统一的目标;二是确保人力资源配置最大化;三是把握对动态目标过程的有效控制,即及时调整和改进房地产企业目标;四是构筑人才成长培养基地以保证销售团队发展的可持续性。

(一)统一目标

目标对于团队而言就像指引航道的灯塔,给团队明确前进的方向。高效的销售团队对要达到的目标要有清晰的理解,并进一步把握其目标所包含的重大意义和价值。销售团队的目标是一个统一的目标,这也就意味着团队必须拧成一股绳,把团队中的每个成员凝聚在一起,目标才能顺利地达成。

如何让销售团队更具凝聚力,使每位成员愿意为团队做出承诺?只有明确知道如何安排工作以及共同工作才能更好地实现统一目标,才能打造高效的销售团队。因此,根据团队不同的特点、需求,设置不同的团队目标,以激励并凝聚团队力量。为凝聚团队力量而设定的目标主要有以下几种。

1. 荣誉目标

"金牌销售团队""业务精英团队""冠军团队"等都是以荣誉目标为导向,激励团队成员为此而努力。因为,每个人都有对于荣誉的渴求。在某些时候,荣誉的驱动力甚至比金钱更大,荣誉是对人的认可,是能力与价值的体现。所以设定荣誉目标是房地产销售团队经常采用的方式之一。

2. 经济目标

对于销售团队来说，经济目标是最为现实、也是见效最快捷的目标。所谓经济目标就是以金钱奖励为导向的激励方式，如功绩加薪、佣金、红利以及其他形式的经济鼓励。此目标可以是项目整体的目标，如年度销售额目标，也可以与团队个人目标结合起来，即将项目总销售额按团队成员平均分配，其分配额度就可以作为销售成员的目标，以激发团队整体斗志。

3. 事业发展目标

事业发展目标是指从事业发展的角度形成的目标。如分配到更大的客户和销售辖区、在组织内获得提升或到专业院校深造等形式的个人发展机会。在这里，团队成员可以接受到专业的培训与锻炼，快速成长为行业精英，并有持续发展的机会与平台。该目标的设定对建设销售人才成长基地具有重要意义。

对于团队来讲，目标是给团队成员一个明确的行动方向，促使团队保持积极的心态。目标导向下的团队会更有动力和干劲。对于房地产销售团队来讲，目标的设定，通常是和团队成员的需求结合起来，团队成员会为了实现目标而全力以赴，进而找到工作的意义和价值。为了实现目标，团队成员就需要在工作中集中精力，重视工作中的每个环节，在工作中取得较高的成效。团队目标在实现过程中会协作与竞争。有竞争，就需要每个人都保持向上的心态，不断完善自己的能力，认识到自己的缺点、短板，加以改善，不断进步。同时，随着目标的逐渐实现，团队成员所获得的成就感、满足感，反过来也能促进心态的积极保持。久而久之，团队里就形成了一种积极向上的上进氛围，更进一步助益各种激励措施的实施。

（二）人力资源配置最大化

人力资源是房地销售发展战略的重要资源之一，房地产销售人力资源的有效配置对房地产企业的经营管理、经济效益、持续发展起着决定性的作用。同样，在房地产销售执行环节对人力资源管理提出了更高要求。在当今的竞争环境中，如何有效配置和使用人力资源，做到各尽其能、各尽其才，以适应未来人力资源管理的发展趋势，并最终实现房地产企业利润的最大化，成为人力资源管理的关键。

人力资源配置就是要形成良性结构，达到合理使用、发挥人的极限能力，以取得最大的经济效益和自身较高的使用效率。也就是将合适的人放在合适的岗位，发挥其最大潜能，从而使房地产销售以最少的人力资源投入获得最大的收益。

好的人才机制是达到人力资源配置效益最大化的前提条件。

所谓好的人才机制是指房地产销售相关体制能够充分发挥人力的优点，最大限度地制约其不足或弱点，使人以积极的状态出现在销售各项工作中，从而使销售项目获得最大的效益。一个好的人才机制，首先要有公开、公平、公正的文化氛围；其次，是要有理性、量化、科学的人力资源管理方法；三是优胜劣汰的竞争理念。竞争出效率、出效益、出成果。在纷繁复杂的房地产市场环境中，好的人才机制，能够吸纳、造就销售所需要的大量优秀人才，能够不断提高团队作战的能力，能够使成员的优点得到最大的发挥，从而实现资源配置效益最大化。

人力资源配置效益最大化需遵循一些基本原则。

(1) 合理使用原则　它反映人力资源配置的效率问题。也就是将合适的人放到合适的岗位上，既要避免"大材小用"，又要避免"小材大用"。如轮岗制，通过轮岗，可以发现员工最适宜的岗位和最适合岗位要求的员工，以实现人力资源的合理配置。只有人才类型与岗位要求匹配才能实现人才自身价值最大化。

(2) 竞争、淘汰原则　竞争是销售团队发展的主要动力，其具体形式可以为竞岗、竞升、动态转换、指标考核淘汰、业绩考核淘汰等。只有竞争淘汰才可能发挥人的极限能力，只有不断竞争才能将团队成员的才气和潜能发挥到最佳状态。

(3) 效率原则　所谓效率原则，是指人力资源的经济效益，即人力资源投入与产出的比率。效率是销售环节人力资源优化配置所要达到的目标，追求人力资源配置效率，就是要提高人力资源的利用率。一方面，要求尽可能地降低人力资源的投入即降低人力资源的成本，以最低的成本取得最大的效益；另一方面，要提高人力资源的产出，使人力资源最大化地实现自身价值。

另外，引进专业人才、盘活内部人才是人力资源配置效益最大化的重要措施。因此，在房地产销售执行环节的人力资源配置中，摸清现有人员状况，有选择地引进销售团队急需人才，为其发展所用。在引进知识和专业技术人才为房地产企业增效的同时还应立足于现有人力资源，挖掘现有人才的聪颖睿智，扩展其才能，激励其进一步为销售出谋献智的积极性，这也是降低销售成本，提高经济效益的有效途径。

(三) 及时调整和改进房地产企业目标

房地产企业追求的经济目标总体方向一般是销售额和利润的稳定增长，应将重点放在维持销量、市场份额和价格水平等方面。这些目标可以细分为以下几类：①获利能力，包括净利润、销售利润、经营贡献率、投资回报率等；②成本水平，包括经营成本、销售费用、管理费用、费用分摊等；③市场占有情况，包括销售量、销售额、销售进度完成率、市场占有率、物业种类、应收账款周转率、员工的促销量等；④财务状况，包括营运资金周转率、流动比率、资产负债率、资产保值增值率等；⑤创新能力，包括开发新产品、提供新服务、应用新技术、新材料等；⑥社会责任履行情况，包括社会捐赠、支持社会福利等。实际操作中，房地产企业可以针对企业情况的不同，设定企业经营目标的指标体系，使企业经营目标有可依赖的、科学的、系统的基础依据，也只有这样才能实现企业的健康发展。另外，企业的经营指标体系不是一成不变的，而是执行过程中不断加以修正和完善，并且不断进行对比和评价。

房地产销售工作是一场硬仗，其阶段性非常强，而且其各阶段各销售环节也都不是完全独立的，环节与环节之间有着密切的相互关联。在销售的每一个环节完成后都需要做一个总结，即阶段性的总结，其之所以必要，是因为在销售实施过程中会出现一些问题，任何一个项目的销售团队的组织都是在不断发展变化着的市场经济环境中运行的，并受这些环境因素的影响和制约，而阶段性总结起了调节各环节之间承上启下的重要作用。阶段性总结反馈主要是从市场状况、竞争者状况等方面来把握，作为企业目标是否需调整的依据。此外，企业自身的需要也会导致企业目标的调整。

(四) 人才成长的基地

一个完善的销售团队，是房地产销售人才、营销策划人才成长的基地。在销售团队中，可以最直接、最快速、最全面、最真实地了解到客户的需求、客户的心理、市场的动态、行业的趋势，这些对于房地产营销人才而言是非常重要、非常宝贵的财富，是人才成长的基础，只有了解这些信息，才能真正做好房地产的营销。而对于销售人才来讲，销售团队的实践与磨炼、协作与竞争，可以让销售人员快速成长，快速提升，实现个人的事业目标。

确切地讲，在房地产销售执行环节，销售员在积极推售并带给消费者有价值的产品，同时，也是自己成长的过程。首先，在此环节中团队成员想要胜出，就必须学会如何热情投入工作，并勤勤恳恳做好它。其次，做好工作是充满奇迹般魔力的，意味着一个人在生活中成功时所得到的一切。它可使普通人变得聪明，使聪明者变得才华横溢；也会使才华横溢的人变得坚韧不拔，而积极的工作态度会创造出非凡的成就。第三，对成功的渴求使得人们去热爱本职工作，营销人员也是如此，他们有强烈的职业道德感和勇争成功的迫切需要，这也是他们个性中的一部分。于是，他们心甘情愿付出艰苦的努力，热切地希望取得成功，再接再厉地使自己快速获得成长。第四，房地产销售环节铸就了销售人员积极乐观的工作态度。因为他们相信，对公司、产品、顾客和自己抱有积极肯定地态度是成功的基本条件。而恰恰性情乐观和工作勤奋是建造成功大厦的方砖。第五，在此环节中，销售人员通过阅读和观察，获得广泛的业务知识，丰富了自己的大脑，终身受用。另外，从管理的角度来看，销售团队也是培养管理人才的最佳土壤，销售经理、项目经理、策划经理，都应该是扎根于销售团队，从销售团队中成长、成才。

（五）保证团队的可持续发展

良好的销售团队，可以为员工提供系统的发展机会。那么，如何使团队中的每一个人都保持着向上发展的空间与平台。一是建立轮岗制度，二是建立严密的考核制度。

1. 建立轮岗制度

轮岗制度，使员工在不同岗位的经历可以培养不同方面的能力，培养较全面了解公司业务的人才，形成充裕的人才储备轮岗可以避免"山头主义"，形成竞争上岗的良好格局，从制度上保证每一个员工全力以赴，用心做事。总之，轮岗制度可以使员工找到员工和岗位的最佳结合点，并能培养员工综合业务能力，同时促进销售团队组织创新与企业内部沟通，从而促进管理制度化，形成竞争上岗的良好局面。

2. 建立严密的考核制度

建立考核机制，可以有效评价房地产销售人员的工作业绩，及时改进和提升工作品质，激励成绩突出的员工，鞭策落后员工，全面提高企业经营管理水平和经济效益。通过全方位考核，找不足、找差距，可以有的放矢地促进销售人员全面素质及能力的提高，从而建立一支高标准的销售队伍。

团队并不是一次性就组建完成的，相对来讲，后期的调整与完善更为重要，如此才能让团队处于健康的发展状态之中。另外，通过竞争与淘汰、让团队保持适当的流动性，也是保持团队活力可持续发展的重要手段。

二、房地产销售团队的建设

（一）销售团队建设目标设定

在组建销售团队之前，首先要给团队设定目标：团队定位目标、团队销售目标、团队形象目标。

1. 团队定位

要建设一个什么样的销售团队？这个销售团队要塑造出什么样的特点？一般来讲，销售团队定位可以从多个角度。

（1）作为企业形象的代言人　作为房地产开发企业的销售员，将直接代表企业面对客户，其形象也代表着公司形象，服饰的整洁、笑容的甜美、建议的中肯，都会留给客户一个好的印象，增加客户对公司的信心，拉近双方的距离。

（2）作为开发商与客户的中介　在与客户接触中，把发展商的背景与实力、楼盘的功能、价格政策、促销优惠、服务内容等信息传递给客户，达到促进销售的目的。

（3）作为顾客的置业顾问　销售人员必须充分了解购房所涉及的各类专业知识，如地段的考察、同类楼盘的比较、户型格局的评价、建筑结构的识别、区位价值的判断、住宅品质的检测、价值的推算、付款按揭的计算等，并利用相关的专业知识为客户提供咨询的便利与服务，从而引导客户购买。

（4）收集及反馈市场等各方面信息的媒介　除了传递企业信息外，还要负起客户意见向企业反映的责任，并对房地产市场做大量的收集、归纳、分析和总结工作，及时反馈给企业，为企业提供决策依据，并能对市场及时做出相应的修正和处理。

2. 团队销售目标设定

团队的销售目标，主要结合项目的销售要求，结合企业或者代理合同的相关条款，并考虑到市场供需的状况，综合评判，确定出合理的、可行的销售目标。一般来讲，团队的销售目标，应该高于既定目标的预期，这是销售团队专业性的体现，也是为了保证目标的实现而采取的更加有效的措施。

销售目标的设定主要分两种情况。

一是按不同进程的销售率来设定销售目标，通常转化为销售面积或销售额。例如，某项目要求今年销售率要达到60%，那么就可以根据项目的销售进度、可销售时间进行目标分解，即作为团队目标，可以直接为所要求达到的销售率，也可以为根据销售均价折换后的销售金额。

二是按不同阶段的资金需求来设定销售目标，然后分解为团队的销售目标。例如2010年的某项目资金需求为5亿元，那么需要通过销售来解决资金需求，从而将团队目标设定在这个基础上，并根据不同的时间阶段，围绕5个亿的总目标设定不同的阶段销售目标金额。

3. 团队形象目标的设定

团队形象目标的设定应结合项目定位，根据项目的不同特点，设定不同的目标。高档项目，就需要有高素质、高品位的销售团队，中低档项目，就应该给客户一个亲和、亲近的团队形象。

（二）销售团队文化建设

销售团队文化建设涉及的范畴很广，通常可从以下几个方面进行建设。

1. 团队的价值观

团队的价值观，可以是一种销售的决心，例如"永远争做第一"；可以是企业文化的延展,例如"使命必达";可以是一种处世态度,例如"包容谦让";也可以是一种开发理念,例如"我们销售的是生活方式"等。有了团队的价值观,才会形成向心力与凝聚力,才是有精神信仰的团队,这样的团队,即使人员更迭,但始终都能在价值观的指导下,形成一脉相承的风格,使销售力得以始终的保持。

2. 奉献精神

团队中,个人利益永远低于团队利益。为实现团队目标,在需要奉献的时候必须要奉献,不能计较个人得失。这种奉献的精神,从团队组建开始就应该开始树立,这是团队文化建设的重要方面。

3. 团队意识

所谓团队意识,是指团队的协助与合作意识,团队中的任何一员遇到困难,团队其他成员都要伸出援手。这种团队意识,在日常培训、工作中,必须时刻提醒、时刻保持,没有团队意识的成员在工作中很难获得长远的成功。团队意识还包括以下内容。

(1) 竞争意识 团队虽然要讲究协作,但并不意味着团队内部没有任何竞争。没有竞争,就没有上进的动力,就没有强大的战斗力。团队中的每个成员,都应该有争做优秀的意识,不能满足于现状,并以积极的心态去面对竞争。如此,这个团队才会始终处于向上、发展、进步的状态中,每天都在提高,最终铸就一个强大的销售队伍。

(2) 顾问意识 销售人员又被称为"置业顾问",顾名思义,要为客户的置业行为充当顾问的角色。从某种意义上看,销售人员不仅是在卖房子,而是从顾客的角度出发,站在顾客需求的立场上,为其提供有价值、有参考、客观科学的置业建议。

(3) 服务意识 销售团队中的每位成员,都需要将服务意识贯穿始终。所谓"服务意识"是指给客户提供的服务,不仅包括礼貌的接待、得体的举止,更要有专业的知识,包括接待讲解、按揭备案等环节的解释指导、合同服务、交房服务等。服务意识的建立,除了对专业知识的掌握之外,还要始终树立"以顾客为上帝","一切为客户服务"的思想意识,始终把客户放在第一位。在日常销售工作中,不能因自身某些不良的主观因素影响顾客的购房情绪。

4. 诚信精神

由于房地产品的交房绝大多数情况下都有一定的滞后性,所以,在房地产销售过程中,客户在购买、问询的时候多数看不到实际产品,因此客户获得的信息基本上是从销售团队处获得。若销售人员信口开河,随便承诺,那么不仅在道德上欺骗了客户,误导了客户的意向,而且还给自己、给销售团队甚至给企业也造成了恶劣的影响。因此,诚信的精神是每个销售团队成员都必须要始终坚持的。

5. 学习精神

销售团队的学习,绝不是在培训结束之后就完结了,这种学习精神始终贯穿于销售各环节。由于房地产销售工作的特殊性,其所涵盖的知识范围非常的广泛,接触的客户类型多样,除了专业知识的不断学习、随时更新,更需要对时政、经济、政策、金融、消费心理等知识进行及时的学习和了解。只有不断学习,才能跟上行业的发展,才能在客户面前形成专业的形象,才能赢得客户信赖,才能拥有成交机会。

(三)销售团队人员组建

销售团队的组建,包括确定团队架构、人员数量、招聘选拔、团队调整等几个环节。

1. 确定团队组织架构(见图9-1)

图9-1 销售团队组织架构

一般来讲,一个销售团队需要配备以下岗位。

(1)销售总监 销售团队的总负责人。

(2)销售经理 受销售总监领导,负责销售团队的日常管理及销售团队所有工作的具体执行与落实。

(3)销售主管 受销售经理领导,负责置业顾问的日常管理,在某些体制下销售主管亦可参与销售。

(4)销售客服 受销售经理领导,负责客户的备案、按揭等服务性工作以及对销售团队的服务性工作。

(5)销售内业 受销售经理领导,负责日常销售数据的汇总、客户档案的管理保存等工作。

2. 确定团队成员

团队人员的数量,与项目的销售阶段、项目性质、销售周期直接相关。另外还会受到开发商喜好、客户类型等因素的影响。销售前期,开盘前3~4个月进场,销售团队人员的数量要根据项目性质及客户储备情况而定;在开盘期,主要根据储备客户的数量、推货的数量、开盘的形式,以及宣传推广的力度等综合确定所需销售团队人员数量;在持续销售期,则主要根据销售周期和上客量来安排销售人员。总之,销售人员必须根据项目性质、销售周期、开发商喜好、客户类型等对人员的要求进行安排和调整。

一般情况下,销售总监、销售经理由公司招聘或指派,一般各1人即可,销售内业与客服在一般项目上安排1~2人即可。而置业顾问的数量,可以用以下3种方式来确定。

(1)根据顾客上门量来计算 置业顾问人数=每周上门量/10。如每周到访量平均80组左右,那么置业顾问的人数就应该配备在8人左右。

(2)根据人均单产来计算 如以年度计算,设定人均单产2.5万元/月以上。那么,按每人每月最低完成2.5万元回款计算,多少人能完成公司的年度回款额就相应配备几个置业顾问。

(3)按合同约定计算 如果销售工作是由房地产代理商完成,则双方会根据合同的相关规定,会对置业顾问及其他销售人员的数量、要求,进行一定的约定,遵照合同规定进行配备。

3. 置业顾问的结构类型配备

在确定人数之后,还需要按照合理的结构来组建团队,不同类型人才搭配合理的团队，能发挥出 1+1＞2 的效果。

若距离认筹还有 4 个月以上的时间，这时组建团队，只需要配置团队人数的 40%～50%，在结构上主要选择稳健型、潜力型的置业顾问，以保持团队的稳定性和可发展性。

若距离认筹 2 个月左右的时间，或者中途接手的楼盘，那么比较合理的置业顾问应按照 30%确定型、40%稳健型、30%潜力型的结构组建。目的是为了在保证销售业绩的同时，保持团队的稳定和发展，相对来讲，一个稳定而保持潜力、能够良性发展的团队，比单纯出业绩的团队更重要。

4. 选拔招聘人员

销售人员招聘的一般程序如图 9-2 所示。

图 9-2　销售人员招聘程序

按照程序，一般要向人力资源部及销售总监提报人力需求，然后面试选拔，选择适合的人员，由人力资源部发出录取通知书。如果情况紧急的话，项目经理和总监也可以自行面试、确定。

5. 销售团队调整

团队组建基本完成后还有一项非常重要的工作即团队的调整。通过日常管理中对团队成员的了解，以及对团队组织结构运作健康程度的了解，并结合项目阶段性目标、团队或企业需求，对团队进行定期的调整。这个过程中，涉及一些人力资源管理的相关工具，包括人员性格测试、代表访谈、团队凝聚力、氛围、技能、竞争等方面的测试内容（见图 9-3）。

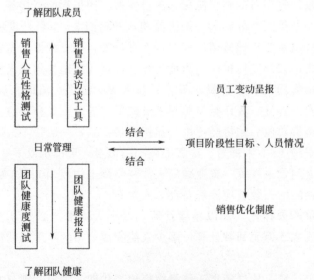

图 9-3　销售团队调整架构

三、团队建设中常遇到的问题

团队建设的好坏，影响着一个企业后继发展是否有实力，也是这个企业凝聚力和战斗力的充分体现。团队建设中，经常会因为各种各样的问题而导致矛盾或瓶颈的产生。出现问题并不可怕，只要积极面对、有效解决，就能将问题转化为促进团队进步与提升的有力动因。

综合来看，团队建设中常遇到的问题主要包括人际关系建设、管理方式、文化建设、周期障碍、分工配合等方面。

（一）人际关系建设问题

人际关系是每一个社会成员在社会中自始至终都会面临的问题，在讲究协作、注重配合的团队中尤其如此。一般来讲，销售团队中的人际关系问题主要表现在质疑、冲突、自利等方面。

1. 成员之间的质疑

团队中的质疑，包括平级同事之间、上级对下级、下级对上级领导的质疑。面对质疑，首先要保持良好的心态，以积极的心态面对质疑，并将其转化为积极有利的因素。

管理团队中，成员之间的相互质疑有助于深化对问题的理解，创造更为丰富的方案。因为有了质疑，可能让更多的问题、更多的想法、更多潜在的风险暴露出来，从而让问题更深化，分析更透彻，风险更降低。这样做出的决策、方案更经得住推敲。

当团队中出现质疑的时候，应该避免把围绕问题展开的建设性冲突误导到个人之间的冲突上去。对具体事情、具体工作的质疑，就事论事，属于工作范畴。若是针对人产生质疑，那就成了人际问题，只能使矛盾更加尖锐。因此，团队建设中应尽量避免针对个人的质疑，即质疑的目标只能为具体事项，以尽可能避免人际关系出现问题。

2. 成员之间的冲突

成员之间的冲突指的是两个或两个以上的成员在目标、利益、认识等方面互不相容或互相排斥，从而产生心理或行为上的矛盾，导致抵触、争执或攻击事件。可以说，只要有团队，冲突就不可避免。常见的解决团队冲突的方法有以下几种。

（1）分析根源，秉公处理　当冲突出现时，不能仅仅局限于表象，而应从根源解决冲突。即冲突源自什么，根源辨析不清，治标不治本，冲突始终会继续存在。另外，处理冲突时要遵循秉公处理的原则。只有始终坚持公平处理才能服众，才能让大家都乐于为团队利益服务。

（2）运用幽默等方式，形成轻松和谐的团队氛围　虽然冲突多种多样，但归根结底都与团队氛围、工作压力有关系，一个轻松、和谐的氛围，可以有效降低冲突发生的概率。通过幽默的玩笑、轻松的游戏、聚会，减轻团队成员的压力，有效地影响成员的情绪，使团队氛围积极而和谐。

（3）平衡权力结构　独裁式管理会引发大量的内部冲突，而软弱的领导者同样会引发这样或那样的问题。因此，需建立平衡的权力结构，即在总体目标上建立健全决策权、执行权、监督权，建立团队成员之间既相互制约又相互协调的权力结构和运行机制，有助于减少冲突、降低矛盾。

（二）人为管理与制度管理建设问题

在团队建设中，人为管理与制度管理建设是非常重要的问题。

若凡事都严格遵循制度，整个团队就缺少人情味，团队成员会因人性关怀不足，而使对团队的奉献程度大打折扣；若过于提倡人为管理，整个团队管理过于随意、没有原则性而致使团队呈现松散状态。

首先要清楚制度管理是根本和基础，也就是说团队管理仍要以制度管理为主。制度面前人人平等，只有严格遵照制度、执行制度，才能制造出公平、公正的团队氛围与环境。对于团队的制度，要让每个团队成员深入理解，并严格按照制度去要求、去约束，让成员养成遵守制度、执行制度规定的习惯。然后用适当的人为管理、情感关怀进行调剂。在制度管理的基础上，加入适当的人为因素，调剂情感，增进团队成员之间的感情交流，使成员都能凝聚在一起，为整个团队的目标而甘心付出。

（三）团队的文化建设问题

建设团队文化是为了实现企业的使命，统一团队成员的思想、观念、态度、行为和价值观的导向。

但文化建设也最容易出问题，以下几方面的问题是比较常见的。

（1）不能善始善终、持之以恒　文化建设不像培训业务技能，培训结束之后很快可以得到实践演练。而且文化建设非功利化，对成员的吸引较弱，所以团队组建后，随着时间的推移，大多数文化建设都会有头无尾，逐渐被淡忘。

（2）不能深入理解　团队文化往往是对一些工作方式、工作理念的抽象提炼，需要结合实际运用深入理解，才能掌握其真正内涵。多数情况下，团队不能深入理解团队文化内涵，使得团队文化建设变成教条式的灌输，不能发挥其本该发挥的作用。

（3）重建设而轻贯彻　团队的文化建设，从本质上看，应该是整个团队工作最核心的指导、最精华的智慧结晶，应该是一个全过程的实践，即将团队文化真正沉淀在工作过程、工作方式、工作理念中，建设只是其中一个环节，建设的目的是为了运用，为了让团队成员都能以团队文化为凝聚的核心，围绕团队文化而展开工作。而实践中，往往只有文化建设而不注重贯彻，使团队文化建设流于形式。

团队文化建设要从学习、创新、合作和执行四个方面出发。

（1）学习　团队的改善是从学习开始的，不能一味依赖时间来换取经验，因为所谓的经验仍然停留在较低的水平上。因此，必须强调团队学习，而且在团队内部形成一股学习风气。

（2）创新　销售团队的工作是需要讲求效率和业绩的，而效率的提升和业绩的改善与创新息息相关。

（3）合作　作为具有凝聚力的高效团队，是离不开成员之间的协作的。因此，组建的销售团队必须学会合作，改变思维方式，积极应对出现的问题。

（4）执行　一支具备战斗力的队伍，具有超强的执行能力。没有执行力就没有竞争力，因此要强调执行，让执行成为管理文化中最重要的内容。

（四）团队建设的周期问题

任何一个团队，在建设的过程中都会面临周期性的问题。一个团队一般都会经历几个阶段：组建期、成长期、成熟期、疲惫期、调整期。

组建期和成长期是团队的最佳时期，这个阶段，团队处于向上发展的过程中，各种因素都呈现出积极的一面。成熟期，团队运转顺畅，开始收获前期培养的效果，但各种矛盾、问题也开始逐渐显露。疲惫期，团队的各种问题开始集中显现，缺乏活力、缺少热情、心态疲惫等问题尤为突出。问题尖锐之后，调整就势在必行。所以，调整期是团队继续向前的重要阶段。

团队周期问题的关键点在于克服后期消极情绪，克服心理疲态，保持团队活力，通过更新换代，让团队处于健康状态。

（五）策划与销售的团队配合问题

房地产的销售团队中，销售与策划的配合度比一般行业更重要，其作用也更明显，两者可以说是密不可分、相互依存、相辅相成的关系，任何一方出现问题都会直接影响到销售工作的成功。

策划的主要任务之一就是找出目标客户，而销售团队的任务就是将项目信息传达给客户，将客户吸引来并将之落定，并处理后续的服务事宜。

策划更多是分析、研判、宣传，即通过对市场的分析导出项目的定位，对项目全程营销进行节点策划。而销售更多是与客户进行面对面的沟通、推介、谈判、服务，是与客户进行直接的交流。利用销售人员的专业技能，为客户的置业行为提供直接的、全程的服务。

在具体工作中，销售与策划更多呈现为合作状态。从合作的角度来看，策划团队对项目的定位、对目标客群的定位、对项目优势与卖点的提炼和延展，通过销售得以传递和实施，销售将客户特征和反馈传递给策划，从而使策划工作更贴合实际，更具有效果，而实效的策划，又给销售带来更符合项目定位的客户，两者之间相辅相成，互相促进提升。单纯依靠哪一方面，放大某一工种的功能，都是不合理、不科学的。

四、团队管理

根据项目的销售阶段，可以把团队管理分为两个阶段：销售前期的执行管理和销售中后期的执行管理。

（一）销售前期执行管理

1. 制定团队管理制度

首先是制定团队管理制度。制度是保证团队健康运转的重要工具，制度是一切现场工作的基础，便于团队统一行动。管理制度主要有展场、现场管理制度、后台管理制度、激励淘汰制度。其内容包括各岗位人员构成、作业纪律、岗位职责、行为指引、工作流程、薪酬体系、日常工作对接、奖罚等。制定出的制度必须公平、公正、合情、合理。

2. 人员分工

根据工作流程要求、人员的性格、特长等，合理选择销售主管、值班经理、组长等人选。

3. 人员培训

人员培训的水平、质量，直接决定着一个销售团队的作战能力。培训首先要做好计划，然后根据计划进行良好执行，并分阶段进行考核、及时反馈效果、修正内容及课程，在统一规范的基础上做出合理的、适合本项目的培训。

培训内容包括：片区市调（包含市场、竞争分析）、项目百问（工程、物管、财务、合同）、销售流程及统一话术、销售技巧培训（包含客户分析）、扩展知识面培训等。

4. 人员上岗考核

根据项目前期资料对到岗的销售人员进行上岗考核。

上岗考核除了对竞争市场、基础知识、产品信息的考核之外，重点是模拟演练和流程演练，必须做到流程熟悉、信息传递准确生动、表达自然亲切。

考核的形式、时间，可以根据项目情况灵活确定，笔试、口试、演习、对练等方式均可采用，考核也可以多次进行，综合评定。

5. 销售资料准备及文档建立

销售资料的准备和建档是前期管理中很重要的一项基础工作。它包括项目图纸、公司文件、员工管理、市场信息、销售文件等。

（1）项目图纸　总平面图（包括相关立面、剖面图）；标准层、非标准层平面图。

（2）公司文件　企业下达的各项规章制度、通知（销售代表签字）及其他等。

（3）员工管理　上岗考试卷、个人工作月总结与计划、个人激励；团队管理、奖惩记录等。

（4）市场信息　跑盘、竞争楼盘资料及统计分析等。

（5）销售文件　查账报告；结算表、周报、月总结与计划；价目表复印件（每月价格及变动说明）、付款方式；各种重要文件会议纪要、备忘、建议；项目百问及承诺书、房号管理等相关销售文件。

这些都需项目经理及时准备，以便销售人员在上岗之前准确掌握。此外，建档包括各种重要文件、图纸、法律文书、查账报告、结算表、销售汇报文件等，均应根据要求，分门别类做好档案，便于随时查阅使用。

6. 标准化说辞的制定

标准化说辞的制定，主要包括制定销售百问、销售说辞及接待流程。主要目的是为尽最大可能减少个体差异，降低超出项目实际情况的承诺发生的可能性，提高团队整体的作战能力。

销售百问包括项目整体简介、开发商及相关合作单位、片区规划发展、周边及项目物业管理、建筑规划及设计、景观规划及设计、户型规划及设计、材料与设备、交楼标准、物业管理、购房手续及相关收费、附件（卖点整合、风水、名词解释、周边二手房数据等其他统一说辞）等。

说辞包括电话说辞、模型说辞（本体、区域）、样板房讲解说辞、电瓶车讲解说辞、展场接待说辞、联动说辞、活动说辞、专项说辞等。

根据销售期侧重点、地点、销售物料、客户喜好等变化制定销售接待流程并根据需要及时调整。

7. 日常工作对接指引

这一环节主要包括对外和对内接待。对外的对接主要是与开发商或者其他协作单位的对接，对内的对接主要是销售团队、企业内部的对接。

对外对接内容主要有销控、签约、签约目标、月总结、计划、日报、周报、例会、开发商客户管理系统、结算、物料准备等。

对内对接内容主要包括销控、销售、签约目标、月总结、计划、日报、周报、排班、考勤、人力调拨、例会、晨会、夕会、月考评、结算、成交问卷、总结、物资申请、联动支援等。

（二）销售中后期的管理

销售中后期的管理，其内容更为复杂一些，大致可以总结为以下内容。

1. 目标沟通执行

根据市场竞争和项目背景，制订销售计划、团队发展目标，包括阶段性目标（年度、开盘、持续销售月、周）和个人目标，制订关键行动，合理监控（据销售时机情况，及时调整阶段目标），给予相应支持以及总结、奖罚措施执行等。

2. 销售力提升

① 参与、指导、跟踪销售过程，持续培训销售团队，引导团队成员不断成长、不断提升。

② 对销售秩序进行良好的维持，使整个团队和谐顺畅的运转。在出现疑难客户的时候，协助销售人员做好处理安抚工作。

③ 通过培养客户经营意识，以及示范和考核，使团队的能力、意识得到不断提升。

3. 制定销售疑难问题说辞

根据销售期目标完成情况，审视销售口径。与此同时，收集客户常见疑难问题以及团队讨论，制订统一沟通口径等，并对所指定口径定期进行适当地调整。

销售中后期的说辞，主要侧重于疑难问题的专题说辞。要做好这项工作，首先要及时审视销售口径的执行情况，发现问题，并养成经常收集客户常见疑难问题的习惯，经过团队讨论，制定出统一的说辞，成为对外沟通的统一口径，并进行定期的调整、完善和更新。

4. 会议管理

会议是落实制度、传达指令、沟通反馈的重要途径，更注重企业内部的沟通。会议管理体系，既可以是一些成果（如一些文档），也可以是一个过程，如富有成效的沟通和碰撞。结合国内外多家知名企业的做法，把"个人沟通技巧"引申到"组织沟通能力"的建设上来，从而提高整个企业的沟通效率。

5. 日常沟通激励

为了保持团队的竞争力、活力，必须实行各种方式的激励，调动大家的积极性，保持充足的工作热情。

奖励包括目标激励、物质激励以及分组之间的竞争、奖赏；处罚主要通过罚款、转岗、降职、劝退等方式进行。另外，还有管理短信、跨级礼物等激励方式，也可以通过团队活动来实施激励，保持团队的激情。

6. 阶段考核评价

阶段考核评价主要包括团队互评自检、定期考核、提升考核和月考核四个方面。

团队互评自检包含有日工作回顾、销售代表工作周报、一句话工程、工作行为互评，对每天、每周的工作进行回顾和总结，或者互相进行评价。定期考核是指针对项目基础知识进行定期考核，某方面的知识、说辞，进行回顾，温故知新。提升考核主要是针对项目销售的一些难点或高端产品，进行针对性提升考核，有针对性地提升销售人员的能力；月考评是针对现场各岗位，评选出形象、服务、讲解等方面的优秀人员，包括销售代表、销售助理、形象大使、客服专员、样板房讲解大使等。

7. 销售策略调整

在前期制定完销售策略之后，随着工程的进展、销售的执行，结合销售团队的反馈建议，及时对销售策略进行创新、调整，以适应项目发展、市场变化的需要。

8. 销售成本控制

成本控制工作是一项综合管理工作，是在项目销售执行过程中尽量使项目实际发生的成本控制在项目预算范围之内的一项项目管理工作。项目成本控制是项目销售管理的重中之重。主要包括两个方面：一是控制物料使用及团队激励费用，即从物料使用、激励费用等方面来控制团队的开支；二是关注人均单产，了解投入产出的测算，即及时调整现场的人员数量，减少不必要的成本。如执行淘汰制度，择优留用，保证团队成员尽可能发挥最大价值。

9. 总结沉淀分享

组织销售人员进行月、年度总结，即定期进行工作的回顾、总结，在总结中成长和提升，并制定下阶段的工作计划。同时，还可进行日常分享，即经常组织关于市场信息、竞争分析、扩展营销知识等方面的分享学习会。

另外，销售团队可以对项目成交客户、销售技能进行总结、分析，定期进行经验分享和技能沉淀；针对特殊阶段、特殊成交案例，对项目销售经典案例进行重点还原，用销售的语言进行案例细节沉淀，总结经验分享，共同提升。

第二节　案场管理

一、建立案场管理制度

案场，也称销售现场，是直接面向市场和客户的窗口，也是营销策划工作最终的执行场和落脚点，代表了房地产企业和项目的形象。因此，本着统一性、规范性原则，制定案场管理制度。

（一）基本工作守则

1. 热情、周到的服务

销售团队的职责包括推售项目和推广企业形象，是帮助企业与客户建立良好关系的重要基础和纽带。因此，在销售案场的每个人在工作时间都要树立良好的专业形象，处处体现热情、周到的专业服务理念和工作态度。经常保持微笑、态度诚恳、工作积极。

2. 守时

销售人员应按时上下班，不得迟到、早退、外出办理私事。尤其是置业顾问，提前到达案场，做好相应的准备工作，应该成为最基本的工作习惯。同时约见客户要准时、守时。

3. 仪容仪表

案场工作人员仪容仪表要求干净整洁、自然大方，并且按照统一要求着装，佩戴工牌或胸卡。

4. 职业素质

主要包括：①除公司指派外，不得在外经营与公司类似的相关业务，也不得兼任其他公司的职务；②不得假借职权营私舞弊，以图利本人或他人；③遵守保密规定，对公司的财务、业务或其他机密，均不得泄露；也不能透露公司客户资料；④同事间在工作上要主动协调，积极沟通，避免争执或意气用事。

【目标管理实施案例】

某房地产公司本年度开盘，实行目标管理办法如下。

1. 制定目标体系

根据公司的发展经营目标和今年的市场、周边竞争情况，首先项目组领导制订本项目的销售目标为 1.2 亿元人民币，项目单价定为 12000 元/m^2，面积主要为 70~130m^2，均价在 100 万元左右，所以 1.2 亿元的任务需要销售 100 套房子。其次，项目共有置业顾问 10 名，在总目标的基础上，各置业顾问的分目标为 1200 万元，约 12 套房子，目标体系形成。按照经验成交 12 套房子，需要现场积累客户 120 批，如果距离项目开盘还有 3 个月，因此要求每名置业顾问每天接待客户最好 1 批，现场每天客户来访量不少于 10 批。

2. 组织实施

一方面要依靠推广吸引客户来访，另一方面要提高置业顾问的谈客水平，以增加成交量。

3. 考核评价

根据目标对每日、每周的情况进行及时的监督、反馈和调整，保证项目目标的实现。开盘之后更要对置业顾问目标的完成情况进行考核和激励，总结经验进入下一轮的目标管理循环。

（二）销售队伍的培训

对房地产销售团队的培训是必要的，因为他们是销售的具体执行者，培训的目的正是为日后的销售活动做好充分的准备。房地产销售的培训可以按时间节点分，也可以按培训内容分等多种分类方式，按照时间节点进行的分类，共分为入职培训、重大事件的培训、销售提升的培训等。

1. 入职培训

入职培训是员工与企业互相了解的第一步。培训的主要目的有：一是要把公司最好的形象展示出来，培养员工的归属感和忠诚度；二是在短时间内快速了解员工，以便更好地用人之长；三是员工工作技能的快速提升，以便尽快适应工作岗位做出业绩。因此，入职培训内容要相对较全面系统，需经过严格的考核才能上岗。培训内容主要包括以下几个方面。

（1）企业文化培训　主要包括企业的发展历史、现状、企业文化、经营理念及优势。培训目的是让员工了解企业、认可企业进而热爱企业，同时让员工了解并认同公司的企业文化。

（2）角色定位培训　主要是结合公司现状讲解员工的岗位认知、需具备的能力、未来的发展方向等。让员工了解自己的岗位契合度以及改进的方向，同时指明员工的发展方向以激发其进取心。

（3）规章制度培训　俗话说"无规矩不成方圆"，规章制度是销售执行的保证，规章制度培训包括日常管理制度、行为规范等。

（4）市场情况、法律法规　包括最新的市场信息、国家的最新政策法规、竞争对手的信息以及市场调研的方法和注意事项。

（5）策划培训　主要包括策划方面的产品定位、目标客群、项目分析等相关技巧和方法。因为，作为一名销售人员也是一名策划的执行者，优秀的销售人员首先要能领会策划的思路和灵魂，以便更好地执行。

（6）销售流程、标准、技巧培训　包括销售的基本流程，即从客户进门直至把客户送出门的整个过程以及每一环节的基本标准、销售技巧和注意事项。目的主要是培养和提升员工的工作技能，本轮的培训直接关系到后期的日常工作，因此销售流程、标准、技巧培训是入职培训的重点内容。

2. 重大事件的针对性培训

（1）开盘　针对开盘流程、注意事项、分工、说辞等方面进行的培训。一般地，开盘现场人员比较杂乱，这样的培训有效地帮助销售人员提前做好应对的准备工作，如统一的说辞、明确的分工等。

（2）重大推广　主要是指项目在做重大的推广时，就推广内容对销售人员进行培训，包括推广节点、内容等。

（3）签约　主要是针对签约过程中的要求、技巧和注意事项进行相关的培训。

（4）尾盘　主要是针对员工心态、素质提升的培训。项目尾盘期，员工的心理已经发生了变化，尾盘培训的目的就是调节员工心态。

3. 销售提升的培训

销售提升的培训是结合销售节点，及时发现问题进行有针对性的培训。主要为销售技巧，例如如何捕捉客户心理、如何促进成交等。

（1）客户心理学　了解客户对楼盘的兴趣和爱好，帮助客户选择最能满足他们需要的楼盘；然后向客户介绍所推荐楼盘的优点，回答客户提出的疑问，帮助客户解决问题；最后说服客户下决心购买，并向客户介绍售后服务，让客户相信购买此楼盘是明智的选择。

（2）促进成交的技巧　一切销售的安排与努力皆在希望成交，不能成交，一切皆属枉然。至于成交的技巧众多，要视当场情况。"存乎一心"，随即而出，如一般常使用的直接请示成交时，售楼员必须特别注意说话的修辞，坦率诚恳的态度及从容和悦的表情，使顾客能产生共鸣，觉得签订单确是恰如其时。

本环节的培训要求全面精，必要时可让某方面表现突出的员工自己组织内容进行培训，提高员工的积极性。

（三）销售队伍的激励

1. 激励的方式

（1）思想政治工作　思想政治工作的目的就是为了让组织成员看到自己的利益与公司

利益是一致的，而当两者不一致时，则要求组织成员要以集体利益为主，顾全大局。思想政治工作一般不会单独使用，一般和奖励等其他激励方式结合使用效果更佳。

（2）奖励　奖励既包括物质的又包括精神的，物质奖励包括奖金、实物、提供生活条件等，精神奖励包括表扬、授予称号、提升级别、荣誉、目标、兴趣激励等。奖励是一种非常有效的激励方式，但运用奖励作为激励手段时要注意以下几点，第一，奖励的方式要多样化，并且要不断地创新，新颖的奖励比重复的相同的奖励更能吸引人们的注意，更能起到激励的作用；第二，多用不定期的奖励，定期奖励成了人们预料中的事会降低强化作用，不定期的非预料奖励效果会更好；第三，因人而异因时而定进行不同的奖励；第四，物质奖励与精神奖励要结合起来，也要与思想政治工作结合起来。

（3）惩罚　也被称为负激励，是指对某些消极的行为，使实施者受到经济上或名誉上的损失，或取消某些为人所喜爱的东西。具体包括批评、罚款、取消某种机会或称号。惩罚作为一种消极的激励方式一般是作为奖励的辅助来使用，以奖为主，奖罚结合效果会更佳。

（4）员工参与管理　处于平等的地位来商讨组织中的重大问题，可使下级和职工感到上级主管的信任，从而体验出自己的利益与组织的利益、组织的发展密切相关而产生强烈的责任感和成就感。多数人会因为能参加商讨与自己有关的行为而受到激励。但管理者还要注意，让员工参与管理并不意味着管理者可以放弃自己的职责，管理者必须在民主管理的基础上，努力完成自己的职责，使组织健康的发展。

2. 有效激励的原则

（1）目标结合的原则　在激励过程中激励与目标相结合是一个关键的环节，激励目标的设置必须与组织目标相结合，还应该满足职工个人的需求，否则达不到激励的效果，也达不到更快更好的完成组织目标的结果。

（2）物质激励与精神激励相结合的原则　人们的需求分为物质需求和精神需求，同时激励也应该有物质激励和精神激励两种方式。如果只有物质激励容易导致拜金主义，只有精神激励又有可能导致精神万能论，因此需要把两者很好地结合。但在现阶段工作还是人们谋生的手段之一，应该坚持物质利益第一的原则，把物质激励放在首位，随着经济的不断发展逐渐过渡到精神激励的层面。

（3）按需激励的原则　人们的需求是多种多样的，即使是同一个人在不同的阶段其需求也是不一样的，因此我们在进行激励时要结合不同的人的需求进行不同的激励才能达到事半功倍的效果。要知道，在激励上不存在一劳永逸的激励方法，领导者必须深入地进行调查，不断了解员工的需求层次和内容，有针对性地采取激励措施，才能取得成效。

（4）民主公正的原则　公正是激励的基本原则，公平公正的规章制度本身就是一种激励。因此我们在激励的过程中要采用按劳分配的原则，多劳多得，少劳少得，才能更好地调动员工的积极性。

（5）以身作则，发挥榜样作用　管理者应言传身教，自己起到带头和表率作用。事实证明，管理者的榜样作用和激励作用是很大的。同时管理者也应善于发现典型树立榜样激励员工。

激励过程中应注意以下方面的问题：①激励员工从结果均等转移到机会均等，并努力创造公平竞争环境；②激励要把握最佳时机；③激励要有足够力度；④激励要公平准确、切忌奖罚不分明；⑤激励措施要执行到位，切忌成为空谈；⑥通过激励允许造成员工分配格局的合理落差。

二、案场业务流程管理

（一）来电流程管理

通常情况下，当项目通过各种诸如电视、广播广告等媒体或活动推广营销手段释放出相关销售信息后，很多意向购买者首先会通过打电话的方式进行咨询。因此，销售案场的接听来电工作十分重要，它承担着挖掘意向客户、促成最终成交的主要功能。来电管理要在掌握标准接听行为步骤的基础上，加强每个环节的个性化服务（见图9-4）。

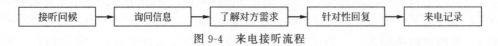

图 9-4　来电接听流程

来电接听时，案场工作人员或置业顾问应本着礼貌、专业、高效的原则，提高电话咨询转化率。具体注意以下几个方面：①面带微笑，声音柔和；②原则上铃响三声之内就必须接听电话；③使用礼貌用语，清晰地报出开发企业的名称及在售项目名称；④对于顾客的询问，抓住重点进行介绍，需要详细解释的问题，尽量邀请客户到案场考察；⑤根据实际情况进行应变，对首次打进电话的顾客与老客户的电话区别对待；⑥对话过程要注意口齿清楚、语速适中、话音高低适当，遇到对方过激言辞时要保持冷静、平静对答；⑦通话结束，对顾客表示感谢和祝愿，待对方挂线后方可挂线；⑧在来电登记录上要对来电情况进行及时记录，对第一次打进电话咨询的客户发送短信补充相应的置业顾问的联系电话等，以做好后续的客户跟踪工作。

（二）来访接待流程管理

来访接待流程如图9-5所示。

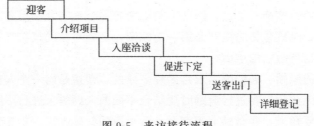

图 9-5　来访接待流程

1. 迎客

迎客前，要对销售人员进行系统的培训，使其熟练掌握项目的基本信息和相关业务。并准备好相应的营销道具，如销售夹、名片、笔、计算器等。

一见到客人走进项目营销中心，销售人员应马上微笑相迎，表达欢迎光临；询问客户是否第一次来参观项目，如是，置业顾问则马上递上自己的名片，做简要自我介绍，询问顾客姓名；如是老客户，询问为其服务的置业顾问姓名，并及时通知该置业顾问做相应的服务。

2. 介绍项目

将客户引进售楼中心后，先对其进行概括性的介绍，可借助沙盘、影视制作等介绍项目的总体规划、周边环境、工程进度、产品类型、配套设施等，然后突出本项目的特点、开发商、物业管理公司的实力等，以增加客户对项目的信心和理解；重点还要挖掘项目未来的升值价值点，使客户受到一定的冲击。

带领客户参观样板间，同时对产品进行详解；陪同客户参观施工现场，向其介绍施工进度和质量；这些工作均可大大增加客户的购买意向。

3. 入座洽谈

待客户了解楼盘后，将客人引入洽谈区并奉上茶水，根据客户的质疑或提问有针对性地进行耐心解答，同时站在客户立场上帮其分析楼市政策或趋势，填写客户置业计划书，运用专业知识和心理战，消除其购买抗性，增加客户的购买欲，力争成交。

渲染现场的销售气氛，注意现场配合，争取客户尽快落定。

4. 送客

完成接待、销售程序，无论客户是否认购，在表示离开时，要礼貌送客到门口，并再次进行下定的提醒和相应的话术，以最后给客户留下良好的印象，以便日后继续保持联系。

5. 做好客户登记

待送走客户，要及时、详细地做好客户资料的整理和来访情况的登记工作，方便日后的销售跟进工作。

从客户到访之日起，要根据项目的推盘情况和在售情况提前、及时地对客户进行跟踪访问，每次也要做好跟踪记录，直至客户明确表示不购买或最终达成购买协议。

营销人员也需要不断分析这些客户登记，对于制定或调整销售策略，有着重要意义。

（三）签约流程管理

1. 签订《认购协议书》的注意事项

签约流程如图9-6所示。

① 客户确定购买的房源后，经办置业顾问应先向销售部经理确定认购的单位和价格，并为客户详细计算并解释购房的价格、银行按揭还款数额以及相关的收费等。

② 签署认购单时，需要请客户认真核对并确认认购书上的认购楼座、单元、总价款和付款时间、方式等。

③ 字体一定要整齐、清晰，不得涂改；置业顾问不得私自废除认购单。

④ 签署完毕的认购单一律交案场秘书统一保管。

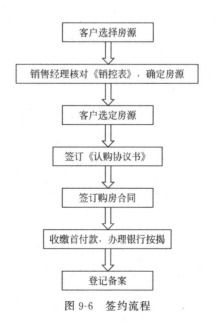

图9-6 签约流程

2. 签订合同的注意事项

① 认购书签订后，置业顾问要负责及时通知客户在规定的时间内交款、签订购房合同，并办理购房的相关手续。

② 主动帮助客户备齐按揭资料，约请银行人员到现场办理相关手续，积极配合开发商办理按揭工作。

③ 与客户签订的购房合同，必须由案场秘书统一负责和管理。

三、销售现场的礼仪规范

（一）仪容仪表

销售人员的仪容仪表非常重要，它不仅反映出个人的精神状态和修养，更重要的是它是与客户交往的第一印象和代表企业公司的形象。

总体要求销售人员仪容仪表干净整洁，自然舒适。具体规范如下。

（1）头发整洁　无论男女，要经常洗头，做到没有头屑。男性不得留长发；发型及染发不得夸张、怪异。

（2）面部清爽　女性淡妆为宜；男性胡须要修整齐，尤其是鼻毛不可露出；均保持面部清爽。

（3）身体无异味　要求销售人员要勤洗澡、勤换衣；同时保持口气清新。

（4）着装整洁　统一着工装，并将工号牌要佩戴工整。

（二）举止仪态

（1）站姿　做到"站如松"：给人自然、有精神的印象。

（2）坐姿　做到"坐如钟"：给人端正、大方、稳定的感觉。

（3）行姿　做到"行如风"：给人轻盈、稳健的感觉。

四、把控核心销售动作

1. 初次接触，与客户迅速建立关系

当客户第一次进入售楼处，不论男女老幼，销售人员就要以亲切的笑容表示欢迎，尽快建立友善的关系。通过对客户的赞美或找关联，拉近与客户的距离，使顾客产生信任和好感。

2. 投其所好，产生共鸣

通过与客户的对话，尽量通过观察了解和判断出客户的文化背景、职业、行为习惯甚至思维方式等，并寻找其感兴趣的话题，以求共鸣，增进亲切感。

3. 主动建议，减少选择

企业在每次开盘计划中会推出数种房源供买家选择，但为了加快销售流程，帮助客户减少选择疑虑和犹豫，在初步掌握了顾客的购买意向和心理后，如楼层的高低、价位、户型、面积等，应主动提出并帮其分析一些适合客户需求的单位建议。

4. 营造竞争气氛，加速购买决定

营造紧张激烈的气氛往往会起到加速购买决定的作用。因此销售人员可以提醒客户，

其看中的房源往往也会被很多人看中,如不下定可能会被其他客户买走;甚至可以安排购买意向类似的顾客坐在相邻的位置,以加速他们的购买决定。

5. 化解抗性,避免冲突

房地产产品不同于低值易耗品,因此客户在购买时会考虑周全,甚至过于谨慎。销售人员应有极大的耐心,对客户提出的种种质疑或产生抗性的问题给予耐心、专业的解释。对于一些尽挑楼盘缺点的客户,售楼人员也要采用规避措施,转而多强调优点,以化解其不满和疑虑,切忌与客户争执,恶化双方关系。

6. 练习销售话术,提高效率

准确把握客户购房心态,灵活运用恰当的销售语言,往往能够对最终的购买达成起到关键的作用。因此,营销人员需要在系统的学习心理学、语言学等相关的知识基础上,注意掌握各销售节点阶段的不同话术。

在初次接待阶段,要使用关系话术。客户初次进入售楼处,身处陌生的环境,一般均会产生不安全感和不信任感,戒备心理较重。此时,营销人员热情、友好、专业的话语至关重要。通过和客户的初步沟通,大体判断出客户的需求,进而投其所好,赞扬客户的眼光等,都能够拉近主客关系。

在跟单的过程中,要使用控制话术。客户提出要参观楼盘、施工现场等,给予销售人员非常重要的信号,要增强销售信心,在此后的跟单阶段,要积极主动突出楼盘的卖点和优点,客观实际地消除楼盘的抗性,采用比较法为客户分析利弊,以此控制局面,说服客户。

在最后的决策阶段,要使用谈判话术。在售楼过程中,直至最终决定阶段,客户对价格及其优惠都会成为一个关键要素。以此,营销人员要把握好两点:一是初期就要开出高于客户心理预期的价格,这样就有谈判的空间;二是将价格浮动的上下线之间分好阶段,不要一次就报上所有的优惠累计,以避免给客户肯定还有可下降空间的感觉。

第三节 房地产销售会议管理

一、会议管理的目的及意义

会议是一个集合的载体。会议使不同的人、不同的想法汇聚一堂,相互碰撞,许多高水准的创意就是开会期间不同观念相互碰撞的产物。会议是一种多项交流,可以集思广益。其中有效沟通是会议的一个主要目的。通过会议可以向员工通报一些决定及新决策,即向员工传达来自上级或其他部门的相关资讯;通过会议还可以检查员工对工作任务的执行情况,了解员工的工作进度,同时,借助会议这种"集合"的、"面对面"的形式,来有效协调上下级以及员工之间的矛盾;此外,利用开会汇集资源、开发创意或者激励士气,以期达到相互帮助,共同进步的目的。总之,会议的主要目的是解决问题。

房地产销售工作是一项时间较长、内容较庞杂的工作,包括制订销售计划、酝酿价格策略、选择销售模式、确定开盘时机以及销售人员培训等多方面的内容,期间不同目的的会议会频繁召开。只有清晰会议管理的目的及意义,把握销售中重要会议的类型和内容,着实进行房地产销售会议管理,逐一搞好统筹,才能做到有条不紊、万无一失。

二、销售会议的管理

20世纪70年代，全球著名企业管理专家麦克肯斯（MacKenzie）博士曾指出："要世界上任何一个企业经理人列出3项最花费时间的企业活动，'开会'一定名列其中。在受调查的200多个企业中，有超过1/3的受采访者认为，他们花在会议上的时间有一半是浪费掉的。而令人心惊的是，很少的人能确切说出到底时间浪费在哪里了。"

会议作用的发挥程度取决于众多的因素，一般说来，会议管理可以从会议召开的必要性、会议管理的要素、会议成本的管理等几个方面进行。

1. 会议召开的必要性

必要性涉及考虑召开会议是否是最合理、有效的方式；会议议题是什么；所有议程上的所有事项都有必要涉及；会议的目标是什么等几个方面。如果时间紧张、没有足够的费用等情况出现，则可以选择其他方式来代替召开会议。

2. 会议管理的要素

会议管理的要素有会议时间、会议地点、会议组织者、与会者、会议议题和内容、会议议程及会议成果；其中，召开会议的目的性是影响会议效率的重要因素。

3. 会议成本

召开会议需要大量的人力、物力、财力等费用，所以召开会议必须进行细致的预算和安排。

时间成本包括所有与会者旅行时间、参加会议时间；所有会议工作人员培训时间、服务时间；主持人时间；会务组工作时间等。若将如此多的时间折合成人均小时工资，会议的时间成本将是巨大的。会议财务成本包括会场使用费、设备租赁或折旧费、交通费、住宿费、餐饮费、会议材料费、会议纪念品或奖品费等。会议期间间接损失，所有参会人员因离开岗位导致工作暂停或工作效率下降的损失。

会议管理就是在会前对会议成本进行全面计划和费用预算，调动所有与会相关的人员积极投入到会议中；会中对会议议程严格把控，对会议议题进行慎重选择，争取达到预期会议目标；会议后对会议进行及时的整理和总结，并将会议成果及时发布或存档。总之，在保证会议的质量的前提下，尽量控制会议成本。

现代化科学技术尤其是现代通讯和网络技术的发展，为人们提供了电话、电话视频、网络视频等手段用以召开会议。新型会议使得与会者之间、与会者与组织者之间可身在异处，实现实时沟通，避免了与会者参加传统会议的奔波，大大节省了交通费、场地租用费、住宿费等会议费用。新型会议需要现代化的技术和设备，而且要求组织方熟练掌握运用，并且与会者亦需要具备较高综合素质，才能实现良好的沟通。

【案例】 ××房地产销售会议管理规定

第一章 总则

第1条 为规范销售工作，及时掌握各项目的销售情况，保证销售任务能够顺利实现，特制定以下规定。

第2条 销售管理部、各售楼处经理、主管均应遵循以下规定，及时参加销售会议，违者按相关规定处理。

第二章 销售例会

第3条 销售例会应于每周××下午××点进行，由销售管理部经理主持，各售楼处销售团队参加。

第4条 每周的销售例会应解决的问题：①各项目售楼处汇报工作完成情况；②分析、解决上周销售过程中出现的问题；③协调各部门、各售楼处工作；④下周销售工作安排；⑤企业有关工作安排。

第5条 销售例会后24h内，销售内勤完成《会议纪要》的整理上报工作，并以工作档案的形式存档保密。

第6条 要求参加销售例会的相关人员在会前及时完成销售任务管理统计表，会后交送销售管理部办公室。

第7条 要求参加例会人员准时出席，如遇特殊情况需提前向销售管理部经理或其助理请假。

第8条 无法参加销售例会的人员也应及时将销售任务管理统计表送至销售管理部经理办公室或内勤处。

第三章 售楼员工作会议

第9条 售楼员工作会议每周召开一次，由各售楼处经理主持，售楼员参加，时间由各售楼处自行安排。

第10条 会议内容安排：①检查销售情况，检查售楼员工作日记，布置工作；②针对销售中遇到的问题进行分析解决，遇特殊情况及时上报，并及时反馈；③传达企业有关工作安排。

第11条 各售楼处经理应在会后24小时内完成情况反馈的整理工作，将所做工作上报至销售管理部经理，或在销售例会上汇报，并作为档案及时存档。

第四章 临时会议

第12条 销售管理部经理或各售楼处经理有权就工作中出现的紧急情况临时召开会议。

第五章 销售月度例会

第13条 每月第××周××下午××点召开销售月度例会，由营销总监主持，销售管理部经理及相关人员、各售楼处经理、内勤等参加。

第14条 销售月度例会的主要内容：①企业销售工作总结；②分析、解决本月销售过程中出现的问题；③协调各部门、各售楼处工作；④下月销售工作安排；⑤企业有关工作安排。

第15条 销售月度例会后24h内，内勤完成《会议纪要》的整理上报工作，并以工作档案形式存档保留。

第16条 要求参加例会人员准时出席，如遇特殊情况需提前向营销总监或总监助理说明。

第17条 无法参加会议的人员也应及时补阅《会议纪要》，不要因缺席而耽误工作。

第六章 附则

第18条 本规定由营销管理部制定，经营销总监审批后执行。

第19条 本制度自××年××月××日起执行。

三、房地产销售中会议类型及内容

房地产销售会议越来越多地应用于工作之中,组织方需要根据会议性质、议题的重要性、与会者数量、与会者的距离、会议的紧急程度等因素综合考虑采取会议形式。

房地产销售中日常化的会议主要有早会、晚会和例会三种形式,分别对每日、每阶段的重要工作进行总结和部署。每种会议会要求不同级别的人员参加,解决不同的问题。

(一)早会

销售早会又称之为晨会,各种行业、各个城市都能经常见到上班伊始在店门口或店内众多员工参与的早会。不同的行业其早会形式也不同,会议目的基本包括传递信息、调动人员精神状态、塑造团队文化,所以早会的召开是非常必要的。

房地产销售早会是带有励志性的,主要是总结前一天工作,计划安排当日工作。内容以鼓励为主,一般不涉及批评及处罚,用热烈、欢快的背景音乐营造轻松愉悦、热烈的氛围,参与人员全身心的投入、热烈的回应。早会的目的主要是激励销售人员以饱满的热情和昂扬的斗志投入到工作中,同时明确当日的工作目标。

一般地,房地产项目早会的要求主要包括以下几点。

① 早会主持人可由置业顾问轮值,借此机会锻炼置业顾问的演讲能力、组织能力、统筹能力、调动情绪能力。当值置业顾问需提前精心准备早会主题及内容。每天早会有一个明确的主题,会议主题切合团队现状及项目进展、房地产市场动态。

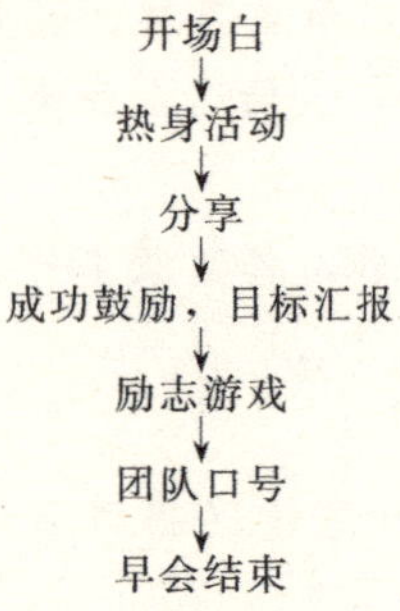

② 要求项目全体人员参加早会,包括销售经理、策划经理、策划师、文员、置业顾问。

③ 会议时间控制在20~30min内,不宜过长,以免客户到场后,干扰客户参观项目。

④ 会议需要设置一定的流程和环节来实现早会的目的。

一般的房地产销售早会流程如图9-7所示。

开场白要有创新、幽默、具有煽动性,要有开场问候和口号等;热身活动要熟练、统一;分享内容可以为激励故事、羊皮卷、时事新闻等为主;成功鼓励环节需温馨,置业顾问汇报目标时,要声音洪亮,时间控制在5min以内;励志游戏项目上可自由选择,每天不能重复;所有置业顾问单手搭起,主持人带领团队喊团队口号,结束早会。

开场白 → 热身活动 → 分享 → 成功鼓励,目标汇报 → 励志游戏 → 团队口号 → 早会结束

图9-7 销售团队早会流程

【房地产销售早会案例】

某市房地产项目销售人员早会内容:

环节一:主持人开场白

开场白形式:报数(以军人集合形式,进行开场)。

主持人开场白:不管是晴天、阴天、雨天,只要幸福,就是最美丽的一天;不管是昨天、今天、明天,只要快乐就是最美好的一天。祝愿各位最最优秀的销售精英们天天快乐,天天幸福!

今天的早会由我为大家主持,首先问候大家一声:大家早上好!

开场口号:真心尊重、服务一生!

环节二:仪容仪表检查,热身活动(时间在3min以内)

仪容仪表检查：按照销售人员规范，互相检查仪容仪表，如有不合格者，检查人员当场指出，并于会后进行更改；标准站姿及微笑练习。

热身活动：形式可以是舞蹈、体操二选一，时间控制在5min以内。

环节三：分享

分享内容：激励羊皮卷。《羊皮卷》共十卷，分为今天我开始新的生活，我要用全身心的爱来迎接今天，坚持不懈直到成功，我是自然界最伟大的奇迹，假如今天是我生命中的最后一天，今天我要学会控制情绪，我要笑遍世界，今天我要加倍重视自己的价值，我现在就付诸行动，我要祈求指导。

羊皮卷针对人的一生中不同的经历，不同的心态，遇到不同困难进行鼓励，语言生动，富有极强的感染力，建议各项目团队经常阅读，进行分享。

环节四：成功鼓励、目标汇报

主持人宣读前一天成交数据，所有人员对成交置业顾问进行拥抱或鼓掌，表示鼓励。置业顾问按顺序大声喊出当天目标。

环节五：励志游戏

此环节是早会的最高潮部分，所有成员情绪达到热烈程度。游戏最好是团队游戏，增加两小组间团队竞争。

例如"猜名人"：所有成员分成人数相等两组，每一组成员共同写出名人的名字，名人不限性别、时代、行业、年龄、国籍，但是要求被多数人所熟知。主持人收集两组写出的名单，有两组分别猜测对方组的名人，竞猜组的成员轮流问主持人问题，主持人只能回答"是"或"不是"，竞猜组员按照主持人的答案慢慢缩小猜测范围，最后猜出人名。两组给予相同的竞猜时间，正确猜出名人个数多的为胜利组，胜利组可以要求失败组进行惩罚行为。惩罚行为也是以娱乐互动为主。

环节六：团队口号

我们的团队是"有战斗力的和谐团队"；我们的口号是"坚持不懈，直到成功"，加油！加油！加油！

（二）晚会

晚会主持人由销售经理或销售主管来主持，销售经理、策划经理、策划师、置业顾问等每天必须参加，时间控制在30min以内，以座谈会的形式开展，营造轻松、愉悦、温馨的氛围。晚会目的主要是跟进当日工作，汇总并解决客户问题，提高置业顾问的销售技巧及综合能力，另外还要对置业顾问进行及时的安慰及鼓励。

晚会一般流程如图9-8所示。

根据日报表，销售经理对当日工作及客户情况进行汇报
↓
分享鼓励环节
↓
项目支持事项汇总
↓
晚会结束

图9-8 销售团队晚会流程

晚会主要内容包括消息站、客户分析、工作情况分析等方面。

1. 晚会消息站

首先，置业顾问讨论在工作过程中遇到的障碍；需项目支持事项以及需要项目管理人员协调各部门的事项汇报。销售经理需当场给予回复或明确回复时间。

其次，进行信息传递和交流，包括经济、政治等宏观信息分享；房地产法律法规解读；房地产市场成交及发展趋势；竞争楼盘的销售及促销信息；项目自身来自策划、工程、财务、客服、物业等各部门的最新信息传达。

2. 客户分析

汇总所有置业顾问当日接待客户数量、接听电话批数，针对意向较强的客户进行重点客户分析。分析内容主要包括客户的基本信息，包括客户年龄、行业、单位、职位、交通工具、家庭人口数、认知渠道；客户需求，包括需求物业类型、面积、楼层、关注问题等；客户承受能力（经济实力），包括现有物业类型、楼层、面积、位置、购买物业目的、首付金额、月供金额等。

了解客户的基本信息后，回顾接待客户的整个过程，包括客户参观过程、谈及重要信息、客户兴趣、客户语录等，进而分析出造成客户成交的障碍点，群策群力找出下一步追踪客户的方法，达成成交的详细计划和说辞（见表9-1）。

表 9-1　客户追踪记录表

客户基本信息	到访时间		客户类别(A-D)		
	客户姓名		性别		联系方式	
	客户特征				
	客户年龄		单位/行业		职位	
	交通工具		家庭人口		认知渠道	
客户需求	物业类型		面积		楼层	
	关注问题				
客户承受力	现有物业		楼层		面积	
	地址		首付/万元		月供/元	
客户初次到访的接待过程(谈及重点信息、参观过程、客户兴趣点、客户语录等)			成交障碍核心问题		下一步如何追踪	
客户追踪记录(客户再次来访、电话追访客户、客户来电、客户往来短信息等)						
成交时间		成交房号		面积/金额		

客户分析要求所有置业顾问积极参与，锻炼每个人的分析能力、表达能力、总结能力，达到提高置业顾问销售技能的目的。

3. 工作情况分析

工作情况分析是指对当天的工作目标及工作计划进行梳理总结。此环节由销售经理引导置业顾问对自己的工作做出客观评价，置业顾问统计当天的工作完成情况对比早上制定的工作计划，找出当天的工作差距，分析超额完成或未完成计划的原因，并制订有针对性的更改计划。

可以专门建立晚会记录本，用以记录晚会传达的各项信息及制订的各项计划和措施，所有参会人员会后签字确认，缺席者后期阅读会议纪要，并及时签字确认（见表9-2）。

表 9-2 晚会记录

日期		时间		天气	
地点		主持人		记录	
参加人员					
成交情况					
鼓励					
成交分析					
障碍分析					
信息传达	公司信息				
	市场及政策				
	项目信息				
签名					

（三）例会

例会分为周例会及月例会，一般由销售经理主持周例会，由项目经理主持月例会，项目组全体成员包括项目经理、销售经理、策划经理及策划师等必须参加。例会前需准备好项目报表，销售汇报的依据为上一阶段数据，数据需准确。需项目解决的事项，当场解决或给出回复意见。部分需企业合力解决的事项，记录并给予明确回复时间。例会目的主要是清晰前一阶段的工作状况，并制定下一阶段的工作计划，以解决实际问题。

例会的内容主要是上一阶段的工作情况及下一阶段的工作计划，引出置业顾问汇报工作。首先是置业顾问通过关键价值链分析，分别汇报自己当周及当月的工作情况，并对自己薄弱环节进行分析总结。其次，销售、策划经理根据周报/月报分别汇报当周/当月的工作情况，并对上一阶段工作进行总结分析。第三，销售经理针对下一阶段的工作目标进行任务分解，并做出工作计划。第四，项目组成员分别提出支持需求，并提出对项目目前存在的问题的意见及建议。最后，主持人对会议进行总结（见图9-9）。

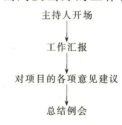

图 9-9 销售团体例会流程

【案例】 济南××项目周例会纪要

　　会议时间：2010年××月××日上午9:30

　　会议地点：项目会议室

　　会议主持：×××

　　参加人员：×××

　　会议记录：×××

　　会议内容：

　　第一部分　主持人开场

　　第二部分　汇报上周来电、来访、成交、签约情况分析

　　　　　　××项目销售周汇报（2010.××.29-2010.××.05）

1. 周数据表

×月 8～14 日	35	111	5
×月 15～21 日	36	116	6
×月 22～28 日	47	119	10
×月 29～次月 4 日	25	100	14

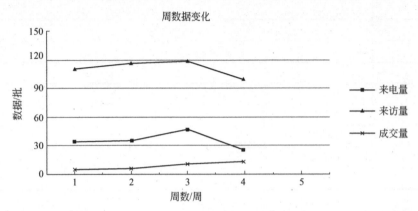

本周来访 100 批，来电 25 批，成交 14 批。由于天气渐冷、又无大量营销推广，所以本周来电、来访数量渐少。

2. 来访客户分析

（1）来访客户总量

本周首次来访量分析如下表和下图所示。

星期	日期	来访数量	比例
星期一	11 月 29 日	15	15.15％
星期二	11 月 30 日	16	16.16％
星期三	12 月 01 日	22	22.2％
星期四	12 月 02 日	6	6.06％
星期五	12 月 03 日	4	4.04％
星期六	12 月 04 日	11	11.11％
星期日	12 月 05 日	16	16.16％
合计		90	90.91％

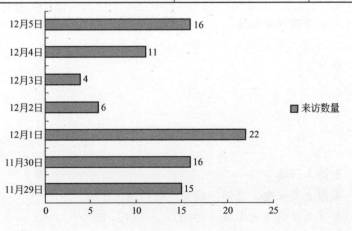

分析：本周客户来访100批，其中首次来访90批，二次来访9批，未登记客户1批。各类分析中主要针对90批首次来访客户进行分析。从来访时间上看，11月29日～12月1日由于高层产品尚处于内部认购阶段，所以来访客户较多，平均为17.7批。12月2日～12月3日客户数量下降明显，12月4日～12月5日周末客户有所上升。

（2）本周来访客户渠道分析如下表和下图所示。

来访客户渠道	本周批数/批	比例/%	上周批数/批	比例/%	较上周变化/批
工地围挡	13	14.44	24	24.00	−11
朋友介绍	39	43.3	42	42	3
网络	3	3.33	8	8.00	−5
交通导示牌	10	11.11	7	7.00	3
报广	6	6.67	7	7.00	−1
××户外	1	1.11	1	1.00	0
电台	1	1.11	1	1.00	0
××户外	0	0.00	0	0.00	0
机场灯箱	0	0.00	0	0.00	0
电梯间	0	0.00	0	0.00	0
其他	17	18.89	10	10.00	7
合计	90	100.00	100	100.00	−10

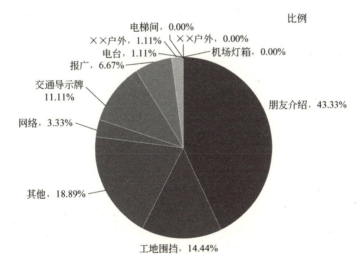

来访客户渠道所占比例

朋友介绍、工地围挡、交通导示分别占到39批，13批，10批，所占比例较大；另报广为6批，其他为17批。数据变化较多的是工地围挡下降11批，网络下降5批，结合本周总数的变化情况，显示出季节变化带来的客户关注热情有所下降。

（3）居住区域分析 如下表和下图所示。

地区	本周批数/批	比例/%	上周批数/批	比例/%	较上周变化/批
槐荫区	43	48	40	40	3
市中区	23	26	28	28	−5
历下区	11	12	11	11	0
其他	5	6	9	9	−4

续表

地区	本周批数/批	比例/%	上周批数/批	比例/%	较上周变化/批
天桥区	4	4	5	5	-1
历城区	1	1	4	4	-3
高新区	3	3	2	2	1
合计	90	100	99	100	-9

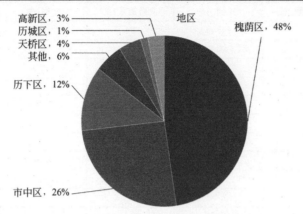

各区域客户所占比例变化不大，槐荫区客户数量有所增加，其他区域客户下降较为明显，说明本周以地缘性客户为主。

(4) 客户需求分析　如下表和下图所示。

	户型面积/m²	本周批数/批	比例/%	上周批数/批	比例/%	较上周变化/批
	140以下	39	43.33	58	58.59	-19
	141~170	29	32.22	15	15.15	14
	171~270	3	3.33	8	8.08	-5
客户需求	271~400	4	4.44	8	8.08	-4
	401~500	3	3.33	2	2.02	1
	500以上	2	2.22	2	2.02	0
	不详	10	11.11	6	6.06	4
	合计	90	100.00	99	100.00	-9

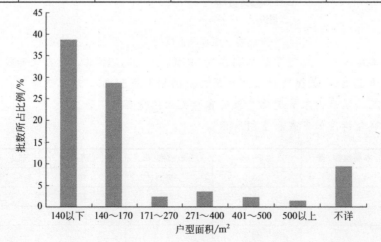

本周来访客户需求 140 以下小户型的客户数量为 39 批，比例为 43.33%，较上周 58.59% 下降明显，需求 140m² ～170m² 的客户数量为 29 批，主要考虑花园洋房；其他面积需求均为 5 批以下；说明项目吸引高端客户数量不足。

3. 来电客户分析

（1）来电客户总量　如下表和下图所示。

日期	本周批数/批	比例/%	来电渠道
2010 年 11 月 29 日 星期一	3	12.00	路过 1 介绍 1 网络 1
2010 年 11 月 30 日 星期二	4	16.00	介绍 1 路牌 1 报广 1 路过 1
2010 年 12 月 1 日 星期三	4	16.00	电视 1 路过 1 八一 1 网络 1
2010 年 12 月 2 日 星期四	2	8.00	网络 1 路牌 1
2010 年 12 月 3 日 星期五	6	24.00	报广 1 介绍 2 网络 1 路过 1 八一 1
2010 年 12 月 4 日 星期六	3	12.00	路过 2 路牌 1
2010 年 12 月 5 日 星期日	3	12.00	网络 1 路牌 1 专访 1
合计	25	100.00	

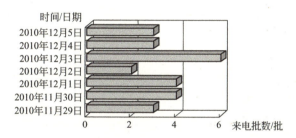

本周总来电量 25 批（有效登记），平均日来电量为 3.57 批。较上周 47 批，下降 22 批。主要原因包括项目没有大量报广推广，楼市开始进入传统的季节性淡季，市民对房地产市场关注度下降。

（2）来电渠道分析　如下表和下图表示。

来电渠道	本周批数/批	比例/%	上周批数/批	比例/%	较上周变化/批
工地围挡	4	16.00	8	8.00	−4
朋友介绍	4	16.00	9	9.00	−5
其他	2	8.00	1	1.00	1
网络	7	28.00	6	6.00	1
交通导示牌	4	16.00	7	7.00	−3
报广	2	8.00	11	11.00	−9
××户外	2	8.00	1	1.00	1
电台	0	0.00	0	0.00	0
××户外	0	0.00	2	2.00	−2
机场灯箱	0	0.00	2	2.00	−2
电梯间	0	0.00	0	0.00	0
合计	25	100.00	47	47.00	−22

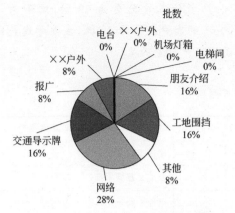

来电渠道所占比例

本周报广渠道来电共2批,较上周下降9批,下降最为明显;所占比例较大的朋友介绍及工地围挡分别较上周下降4批、5批;户外及网络分别较上周增加1批;网络的宣传效应一直较为稳定,建议网络信息及时更新、及时维护,保持项目良好的口碑。

(3)来电居住区域分析 如下表和下图所示。

地区	本周批数/批	比例/%	上周批数/批	比例/%	较上周变化/批
槐荫区	14	56	20	43	−6
市中区	7	28	13	28	−6
历下区	0	0	1	2	−1
其他	3	12	8	17	−5
天桥区	1	4	2	4	−1
历城区	0	0	1	2	−1
高新区	0	0	2	4	−2
合计	25	100	47	100	−22

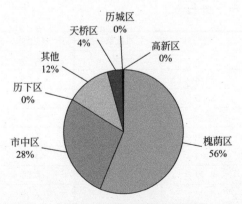

来电数量所占比例

本周25批客户,来自槐荫区的客户14批,占总来电量的56%,比例较上周上升较多,结合来访客户区域分布情况验证了周边客户增加,其他区域客户数量减少。

(4)来电客户需求分析 如下表和下图所示。

	户型面积/m²	本周批数/批	比例/%	上周批数/批	比例/%	较上周变化/批
	140 以下	12	48.00	18	38.30	−6
	141～170	5	20.00	11	23.40	−6
	171～270	2	8.00	8	17.02	−6
客户需求	271～400	3	12.00	5	10.64	−2
	401～500	1	4.00	0	0.00	1
	500 以上	1	4.00	2	4.26	−1
	不详	1	4.00	3	6.38	−2
	合计	25	100.00	47	100.00	−22

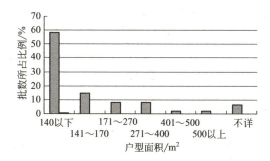

本周总来电量25批,其中咨询140平方米以下的占48%;141～170平方米的占20%,此面积段为项目主力户型产品,需要增加客户来电量。从所占比例上来讲171～270平方米客户数量下降幅度较大,下降幅度为9%。

4. 工作总结与工作计划

上周工作总结:①对于成交客户进行梳理和分析,提交了高层成交客户分析;②提交××大赛活动方案初稿,并与××报沟通落实活动细节;③××活动的沟通落实,形成初步方案;④提交××月份的工作计划表并开始实施;⑤与××酒店、××公司等沟通合作举办活动事宜,并形成初步意向;⑥成功举办第一次业主三分球投篮比赛的活动;⑦对于洋房和高层的储藏室和车位,进行销售技巧培训;⑧组织统一学习第一期客户通讯、邀请公司讲师培训高绩效团队课程;⑨高层意向客户积累。

工作障碍梳理:①天气渐冷,客户来电、来访量下降较为明显;②预售许可证的办理时间为客户签约速度带来一定影响。

下周工作计划:①根据××月份的推广计划,落实相关推广工作,包括报广、短信、网站、直投、活动等方面;②高层业主档案的调研与完善;③全力签约,争取本周签约90%以上,配合银行按揭工作;④继续为后期高层开盘蓄客;⑤制定高层3号楼的认购方案和价格表,包括车位和储藏室的定价,与甲方确定。

第三部分　汇报项目竞品上周销售情况

会议成果:汇报济南中高端项目上周的销售情况。

第四部分　提交业主档案及老带新政策

会议成果:为了业主信息的安全性考虑,保证业主的隐私权,销售总监提出,业主档案必须由指定专人负责,与销售部经理共同负责和妥善保管;不经过允许,任何人不得查看。会后把老带新政策提交给销售总监。

第五部分　提交本周发送短信内容

会议成果：总监指出，以短信的形式进行宣传，有损项目的形象，因此不会针对高端客户资源发送短信。可以针对以前的来访客户，选用方案二或方案三，对意向客户发送短信。

第六部分　周末客户私享活动沟通

会议成果：周末客户篮球赛确定开展，最好本周开始执行。为主业准备的烧烤品鉴，销售总监与其他部门再沟通。并尽快完成活动方案，把流程和人员都安排好，本周就可以邀请客户前来参与。

第七部分　高层推售沟通

会议成果：确定×号楼对外销售，尽快撰写高层的销售选房方案，最好从下周一开始执行，对外认筹；同时，要对高层意向客户进行房源和价格的详细摸底，并预估高层客户的真实成交率。

第八部分　广告公司提议内容

1. 车牌确认

会议成果：会上没有讨论。

2. 客通第一期正稿确认

会议成果：会后提交公司董事，由领导确定。

3. 户外及围挡方案

会议成果：机场户外：主画面可以，"实景拍摄"的设计和位置再考虑，国际团队及大师的资料给到后，再统一调整方案；围挡：销售总监认为，客户进入社区，首先应感受到大盘的气场和气势，停车场的围挡展示城市的规划会过于具象，可以从享受生活的境界再做一个方案；调整后提交两种方向的两个方案。

4. 产品手册小样

会议成果：会后提交公司董事，由领导确定。

5. 关于专属接待日实施的讨论推进

会议成果：由于工程的进度和工地现场比较危险，实施本方案对于项目并不会带来很好的效果，如果准备不周会暴露问题，反而对项目不利，因此实施的可能性不大。

第九部分　领导工作布置

1. 工作计划执行情况

会议成果：严格按照工作计划执行和落实，具体由×××负责督导。

确定的具体事项：

①摄影大赛已确定不合作；②项目与时报合作钢琴大赛，由策划指定策划专人与主办方策划部进行沟通和对接，共同讨论和完成活动方案；③鉴于项目的高端性，确定不用夹报的形式进行推广；④项目画册的发行渠道，与《城色》和《精品》杂志合作，《城色》由策划联系；《精品》由×××联系；⑤考虑到在实体楼的清水样板房里做工法展示，准备时间会很长，销售经理提出对于用材及工艺可以先以展板的形式，在会所内对客户进行展示，得到销售总监认可。

2. 年底各媒体评奖方案的价值及必要性讨论

会议成果：会上经过讨论，达成共识。两种方案，一是各个奖项都不参与；二是只参与晚报的2010年住交会的奖项评选。会后由策划提出书面建议。

工作事项列表如下。

序号	工作事项	完成方	提交时间
1	老带新政策	策划	×月17日(周三)
2	年底奖项的建议	策划	×月17日(周三)
3	上周高层客户摸底情况	销售	×月16日(周二)
4	工法展示的方案	销售、工程	×月18日(周四)
5	业主篮球赛的方案	销售、策划	×月18日(周四)
6	高层的销售选房方案	销售、策划	×月20日(周六)
7	对于来访客户发送短信	广告	×月19日(周五)
8	钢琴大赛方案的沟通与讨论	策划	×月25日(周四)
9	户外、围挡、诗意栖居调整方案	广告	×月17日(周三)

参 考 文 献

[1] 吴翔华. 房地产市场营销 [M]. 南京：东南大学出版社，2005.
[2] 徐一千，刘颖春. 房地产金融 [M]. 北京：化学工业出版社，2005.
[3] 赵延军，薛文碧. 房地产策划与开发 [M]. 北京：机械工业出版社，2005.
[4] 何子干. 房地产项目开发与策划 [M]. 北京：国防工业出版社，2008.
[5] 姚玉蓉. 房地产营销策划 [M]. 北京：化学工业出版社，2007.
[6] [美] 舒尔茨. 房地产营销策划 [M]. 何西军，黄鹏等译. 北京：中国财政经济，2005.
[7] [美] 科特勒等. 营销管理 [M]. 卢泰宏，高辉译. 北京：中国人民大学出版社，2009.
[8] [美] 巴巴拉·明托. 金字塔原理 [M]. 王德忠，张询译. 北京：民主与建设出版社，2002.
[9] 楼江. 房地产市场营销理论与实务. [M]. 第三版. 上海：同济大学出版社，2007.
[10] 栾淑梅. 房地产市场营销实务 [M]. 北京：机械工业出版社，2010.
[11] 苗长川. 房地产市场营销 [M]. 北京：清华大学出版社，2010.
[12] 廖志宇. 房地产推广操盘手册 [M]. 北京：中国电力出版社，2008.
[13] 陈友玲. 市场调查预测与决策 [M]. 北京：机械工业出版社，2009.
[14] 冯丽云. 现代市场调查与预测 [M]. 北京：经济管理出版社，2008.
[15] 贾士军. 房地产项目策划 [M]. 北京：高等教育出版社，2005 年.
[16] 杨成贤. 房地产市场调研推广与定价策略 [M]. 北京：经济科学出版社，2008.
[17] 余源鹏. 房地产实战定价与销售策略 [M]. 北京：中国建筑工业出版社，2006.
[18] 陈利文. 房地产营销 19 讲 [M]. 广州：广东经济出版社，2010.
[19] 余源鹏. 房地产广告策划与媒介传播实操指南 [M]. 北京：中国建筑工业出版社，2010.
[20] 余源鹏. 社区商业街项目开发全程策划 [M]. 北京：中国建筑工业出版社，2009.
[21] 余源鹏. 写字楼项目开发全程策划 [M]. 北京：中国建筑工业出版社，2010.
[22] 余源鹏. 专业市场项目开发全程策划 [M]. 北京：中国建筑工业出版社，2009.
[23] [日] 水越丰. BCG 战略思想：竞争优势原理 [M]. 崔永成译. 北京：电子工业出版社，2010.
[24] [美] 迈克尔·波特. 竞争优势 [M]. 陈小悦译. 北京：华夏出版社，2005.
[25] [美] 迈克尔·波特. 竞争战略 [M]. 陈小悦译. 北京：华夏出版社，2005.
[26] 李传勇，蒋冬梅. 房地产定价策略分析研究 [J]. 产业经济，2008，(8)：47-49.
[27] 龚惠明，龚雪. 房地产营销价格策略选择 [J]. 产业经济，2009，(10)：32-34.
[28] 张焯. 住宅开发项目的产品定位 [J]. 中山大学学报，2005，(4)：352-356.
[29] 王伟琳. 浅谈房地产项目总体定价策略 [J]. 中国科技财富，2009，(2).
[30] 廖志宇. 房地产定位案头手册 [M]. 北京：中国电力出版社，2008.
[31] 郭红丽，袁道唯著. 客户体验管理 [M]. 北京：清华大学出版社，2010.
[32] [美] B. H. 施密特等. 体验营销 [M]. 周兆晴译. 南宁：广西民族出版社，2003.
[33] 郭国庆. 营销理论发展史 [M]. 北京：中国人民大学出版社，2009.
[34] 马连福. 体验营销——触摸人性的需要 [M]. 北京：首都经济贸易大学出版社，2005.
[35] 彭加亮. 房地产市场营销 [M]. 北京：高等教育出版社，2006.
[36] 廖志宇. 房地产推广操盘手册 [M]. 北京：中国电力出版社，2008.
[37] 余源鹏. 房地产包装推广策划 [M]. 北京：中国建筑工业出版社，2005.
[38] 祖立厂. 房地产营销策划 [M]. 北京：机械工业出版社，2004.
[39] 王永刚. 主题售楼处 [M]. 天津：天津社会科学院出版社，2009.
[40] 余源鹏. 房地产项目整合营销实操一本通 [M]. 北京：中国财富出版社，2009.
[41] 杰克·西瑟斯等. 广告媒体策划 [M]. 第六版. 闫佳等译. 北京：中国人民大学出版社，2006.
[42] 刘洪玉. 房地产开发经营与管理 [M]. 北京：中国建筑工业出版社，2008.
[43] 李志宏，王学东. 客户关系管理 [M]. 广州：华南理工大学出版社，2004.
[44] 吴应良. 电子商务系统的规划与设计 [M]. 北京：人民邮电出版社，2001.
[45] 祁明. 电子商务实用教程 [M]. 北京：高等教育出版社，2001.

[46] 祁明. 电子商务安全与保密 [M]. 北京：高等教育出版社，2001.
[47] 黄梯云. 管理信息系统 [M]. 北京：高等教育出版社，2000.
[48] 汉斯. 客户关系营销技巧 [M]. 北京：机械工业出版社，2002.
[49] 托马斯. 客户至上 [M]. 北京：机械工业出版社，2002.
[50] 矫佩民. 房地产客户关系管理 [M]. 北京：中国建筑工业出版社，2007.
[51] 张沈生. 房地产市场营销 [M]. 大连：大连理工大学出版社，2009.
[52] 彼得·德鲁克（Peter Drucker）. 管理的实践 [M]. 齐若兰译. 北京：机械工业出版社，2006.
[53] 杨文士，张雁. 管理学原理 [M]. 北京：中国人民大学出版社，1994.
[54] 李晓光. 管理学原理 [M]. 北京：中国财政经济出版社，2004.
[55] 胡伟，成海涛，王凌. 会议管理 [M]. 大连：东北财经大学出版社，2009.
[56] 喻颖正，章伟杰，林旭东. 地产销售职业操盘手册 [M]. 广州：暨南大学出版社，2001.
[57] 中国房地产信息集团. 房地产开发营销策划 [M]. 北京：中国经济出版社，2011.
[58] 中国房地产信息集团. 房地产开发销售策划 [M]. 北京：中国经济出版社，2011.
[59] 李小圣. 客户关系管理一本通 [M]. 北京：北京大学出版社，2008.